戦争史入門

祝田秀全

A Beginner's Guide to War History

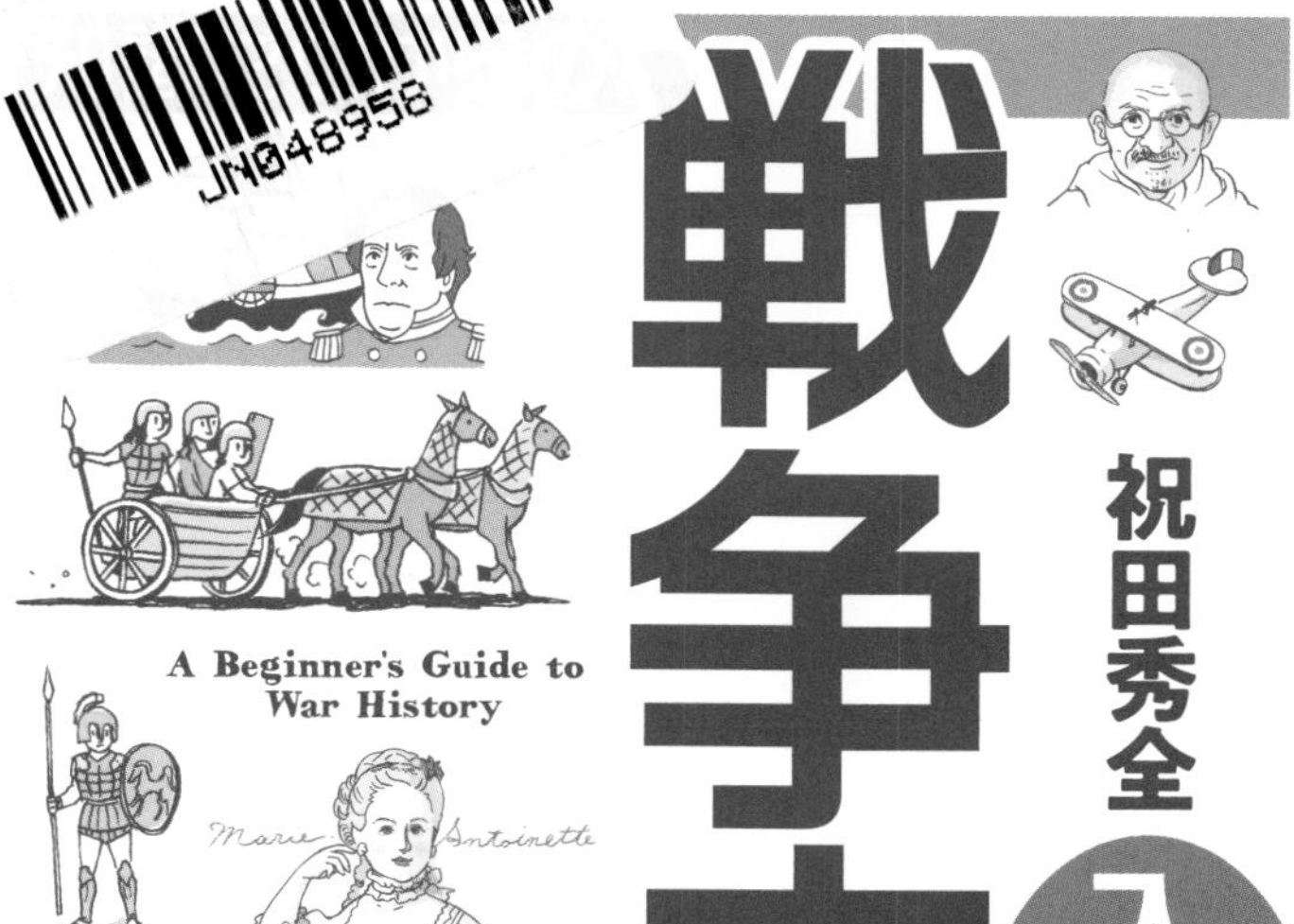

幻冬舎

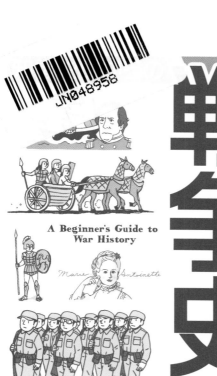

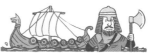

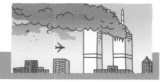

はじめに

戦争の残像は 私たちによびかける

ようこそ　戦争の世界史劇場へ！

平和な現代社会に生まれ育った私たちにとって、戦争は縁がないモノ。ですが、身のまわりに目をやると、ずいぶんと「戦争の風景」が残っています。

例えば、各地で「日露戦争記念」碑を目にすることがあります。碑文は出征した地元男性諸氏を顕彰するものが多いようです。明治になって日本は、国を挙げて大戦争をやった。職業軍人だけでなく、徴兵制で多くの一般市民も戦地に送られた。こういった史実にもう少し踏み入ると、次のような話に突き当たります。

東京・銀座に「煉瓦亭」という名代の洋食店があります。生キャベツの千切りを初めて、とんかつ（ポークカツレツ）の添え物にした老舗です。それ以前はというと、ジャガイモやニンジンなどを揚げたり、炒めたりしたものを添えていたといいます。

ところが日露戦争（1904～05年）で、若手のコックさんが戦争に行ってしまう。当然、人手不足に。そこで手のかからない、キャベツの千切りが添えられるようになりました。揚げ物とさっぱりした生キャベツの取り合わせは、日本人の口に見事にマッチし、今に至っています。「とんかつ」から日露戦争が見える――それは明らかに「戦争の残像」です。

本書は「戦争史」の本です。が、戦争を切り口にして、古代から現代までの世界史がわかる、というスタイルをとっています。世界史の進展において、戦争が大きなブースター（推進力）になっていた。そういう観点からつくられた画期的な一冊だと自負しています。

しかも各ページには、読者の方々に理解を深め、さらに関心をもっていただくために、楽しい図版やコラム、エピソードなどが満載。ついついヒトに言いたくなるような戦争に絡んだ世界史情報もいっぱい取りそろえています。

本書は「知識ゼロ」からの入門書ですが、世界史理解のレベルを落とすことなく、かつわかりやすく、をモットーにつくられています。読者のみなさんに可愛がっていただけるものと信じています。最後になりましたが、縁あって、本書を手にされたあなたに感謝いたします。

では戦争の世界史劇場、開幕と参りましょう！

2020年1月吉日

祝田秀全《いわたしゅうぜん》

はじめに……1

第1章 古代地中海世界とアジアの戦争

漢の匈奴遠征〈前201～前129年〉
シルクロードは戦争交渉人が歩いた道から発展……10
ヒッタイト王国のバビロン第1王朝打倒〈前1595年頃〉
鉄製武器と戦車の勝利……12
アッシリア王国のオリエント統一〈前7世紀〉
異民族征服が図書館をもたらした……14
アケメネス朝のオリエント征服〈前550～前525年〉
聖書はペルシア人がつくらせた……16
図解 聖書と世界史……18
ペルシア戦争〈前500～前449年〉
民主政治は戦争から生まれた……20
アレクサンドロス大王の遠征〈前334年〉
仏像はギリシア文化からでき上がった……22
アクティウムの海戦〈前31年〉
「クレオパトラ美人説」の真実とは!?……24
ローマ帝国の戦争〈前133～前30年〉
なぜ、すべての道はローマに通ずるのか……26
ユダヤ戦争〈66～74・131～135年〉
こうしてユダヤ人は世界に広がった……28
コラム 戦争の英雄カエサルが世界カレンダーをつくった……30

第2章

中世ヨーロッパとイスラーム世界の戦争

トゥール・ポワティエ間の戦い〈732年〉
イスラームの侵略がヨーロッパを誕生させた……34

図解　ヨーロッパの誕生と1200年後のEU……36

アッバース革命【ザーブ川の戦い】〈750年〉
イスラーム帝国誕生のとき……38

ヘースティングズの戦い〈1066年〉
イギリスはヴァイキングの戦争から生まれた……40

ノルマン人のイタリア戦争〈1061〜1130年〉
「打倒！　ローマ帝国」の野望を抱いたノルマン人……42

図解　十字軍とはキリスト教国を攻めること!?……44

十字軍派遣の時代〈1096〜1291年〉
商業・都市・大学・キリスト教・旅行はこのとき発達した……46

モンゴルの世界征服〈1206〜1368年〉
なぜ、チンギス・ハンは世界征服を企んだのか……48

ウェールズ侵攻〈1276〜1283年〉
なぜ「プリンス・オブ・ウェールズ」がイギリス国王なのか……50

鄭和の南海遠征〈1405〜1433年〉
中華の「国際」づくりは東アフリカまで及んだ……52

百年戦争〈1339〜1453年〉
ヨーロッパ世界を大きく変えるきっかけとなった……54

コラム　製紙技術が世界に広がったのは戦争から！……56

第3章 主権国家の成立とヨーロッパの戦争

イタリア戦争〈1494～1559年〉
外交官の派遣と大使館設置はここから始まった……60
ドイツ宗教戦争〈1546～1547年〉
メディア革命が宗教改革をもたらす……62
オランダ独立戦争〈1568～1609・1621～1648年〉
徳川幕府の鎖国をリードした……64
三十年戦争〈1618～1648年〉
「主権国家同士は対等である」はここから始まった……66
アンボイナ事件〈1623年〉
イギリス産業革命のルーツが見えるとき……68
図解　イギリスの産業革命がつくりだしたもの……70
イギリス・オランダ戦争【英蘭戦争】
〈1652～1654・1665～1667・1672～1674年〉
ニューヨークはオランダではない……72
ウィーン包囲【第2次】〈1683年〉
クロワッサンとベーグルとカプチーノをもたらした……74
スペイン継承戦争〈1701～1714年〉
バブル経済のバブルとは南海の「泡」の意味……76
北方戦争〈1700～1721年〉
こうしてロシアの帝都ペテルブルクは誕生した……78
コラム　カリブ海でコーヒー栽培！……80

第4章 近代世界の革命と国際戦争

七年戦争〈1756～1763年〉
イギリス植民地帝国の成立……84
アメリカ独立戦争〈1775～1783年〉
紅茶か、コーヒーか！　運命の分かれ目……86
アブキール湾の海戦〈1798年〉
エジプト古代文字解読のきっかけはナポレオン……92
アヘン戦争〈1840～1842年〉
明治維新の精神的原点を見る……94

図解　王妃マリ・アントワネットの最期 …… 88

フランス革命戦争〈1792~1799年〉
メートル法を決めた革命とは!? …… 90

クリミア戦争〈1853~1856年〉
反ロシア国際秩序の形成と蘭学の発達 …… 96

イタリア統一戦争〈1859年〉
国際赤十字の旗はどうして「赤十字」なのか …… 98

南北戦争〈1861~1865年〉
アメリカ大陸横断鉄道をつくろう! …… 100

日清戦争〈1894~1895年〉
中華の消滅と朝鮮近代改革の失敗 …… 102

コラム　ゴールド・ラッシュと苦力《クーリー》のカリフォルニア・ドリーミング …… 104

第5章　戦争の世紀と二つの世界大戦

アメリカ・スペイン戦争【米西戦争】〈1898年〉
暴走するピューリツアとアメリカの帝国化 …… 108

南アフリカ戦争【ボーア戦争・ブール戦争】〈1899~1902年〉
金とダイヤはイギリスがいただく! …… 110

日露戦争〈1904~1905年〉
日本はアジアのリーダーとして期待された …… 112

第一次世界大戦〈1914~1918年〉
世界は女性の社会進出を見た …… 114

イーペルの戦い〈1915年〉
初の毒ガス戦争となった …… 116

図解　世界大戦を招いた一発の銃弾――サライェヴォ事件 …… 118

スペイン内戦〈1936~1939年〉
ピカソにパリ万博出品作「ゲルニカ」を描かせた …… 120

第二次世界大戦〈1939〜1945年〉
コンピューター時代の幕開け……122
独ソ戦争〈1941〜1945年〉
ソ連が戦後「鉄のカーテン」をつくることになった……126
ソ連の日本侵攻〈1945年〉
なぜ朝鮮半島は分割されたのか……128
コラム　史上まれに見るジェノサイド……130

第6章 戦後世界の戦争

印パ戦争〈1947・1965・1971年〉
なぜインドとパキスタンは衝突するのか……134
パレスチナ戦争〈1948〜1949年〉
今も続くパレスチナ問題のはじまり……136
朝鮮戦争〈1950〜1953年〉
日本の自衛隊のルーツはここにあった……138
ベトナム戦争〈1960〜1975年〉
Tシャツ、ジーンズ、ロック、フォーク・ソングの誕生……140
図解　カウンター・カルチャー　若者たちの叛乱……142
図解　戦後の日本文化と学生運動……144
ソ連のアフガン侵攻〈1979〜1989年〉
オリンピック大会に亀裂を生んだ……146
イラン・イラク戦争〈1980〜1988年〉
アメリカとイラクの蜜月時代……148
湾岸戦争〈1991年〉
日本政府のトラウマとなった「感謝されなかった」衝撃……150
ユーゴスラヴィア内戦【ボスニア＝ヘルツェゴヴィナ紛争】〈1992〜1995年〉
民族と宗教が戦火を引き起こす……152
アフガニスタン紛争〈2001年〉
21世紀はテロとの戦争……154
クリミア危機〈2014年〉
クリミア半島はロシア固有の領土か……156
あとがき　〜H氏を思う〜……158

第1章

古代地中海世界とアジアの戦争

漢の匈奴遠征〈前201～前129年〉……10
ヒッタイト王国のバビロン第1王朝打倒〈前1595年頃〉……12
アッシリア王国のオリエント統一〈前7世紀〉……14
アケメネス朝のオリエント征服〈前550～前525年〉……16
ペルシア戦争〈前500～前449年〉……20
アレクサンドロス大王の遠征〈前334年〉……22
アクティウムの海戦〈前31年〉……24
ローマ帝国の戦争〈前133～前30年〉……26
ユダヤ戦争〈66～74・131～135年〉……28

第1章で見る世界史

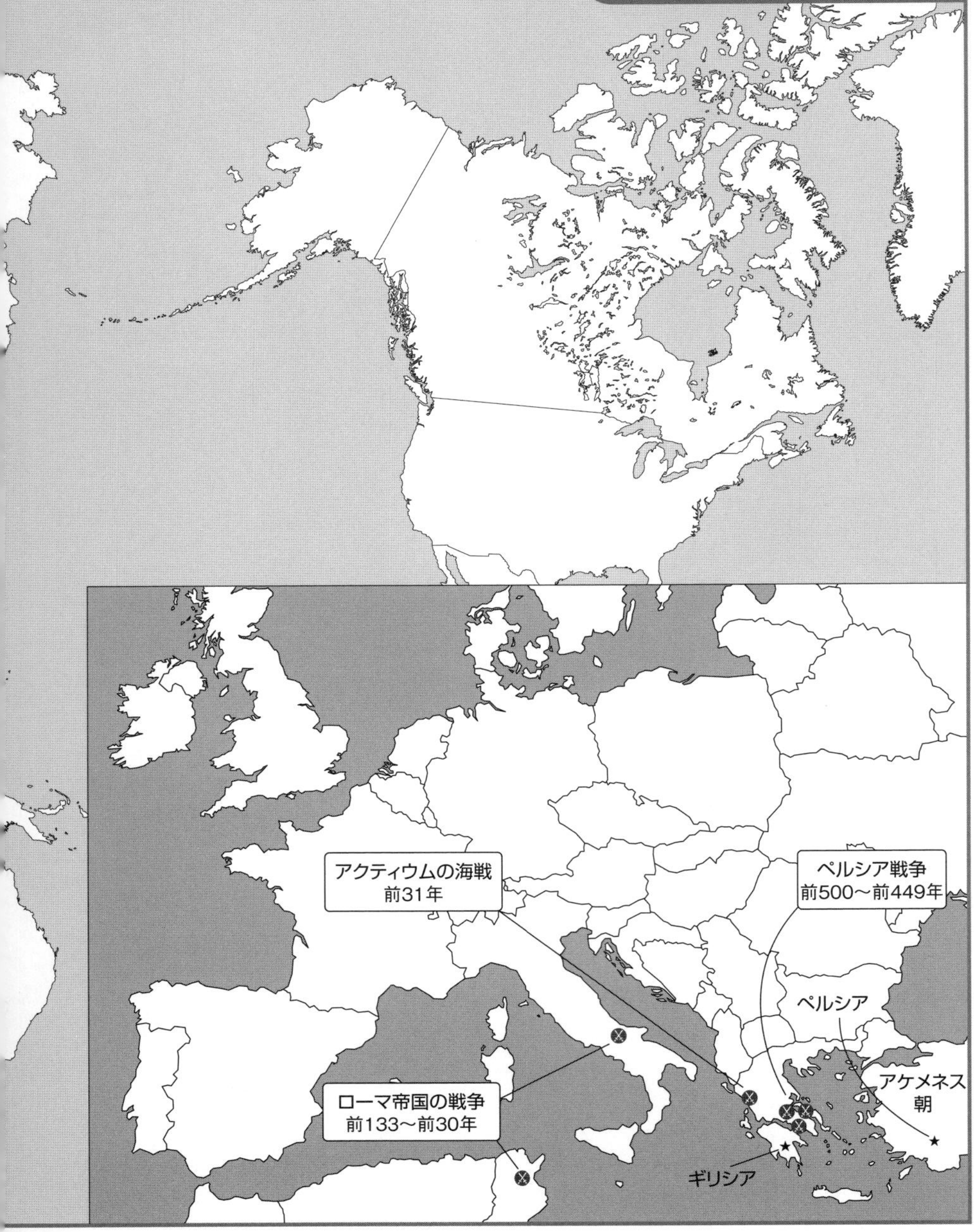
アクティウムの海戦
前31年
ペルシア戦争
前500～前449年
ペルシア
アケメネス朝
ローマ帝国の戦争
前133～前30年
ギリシア

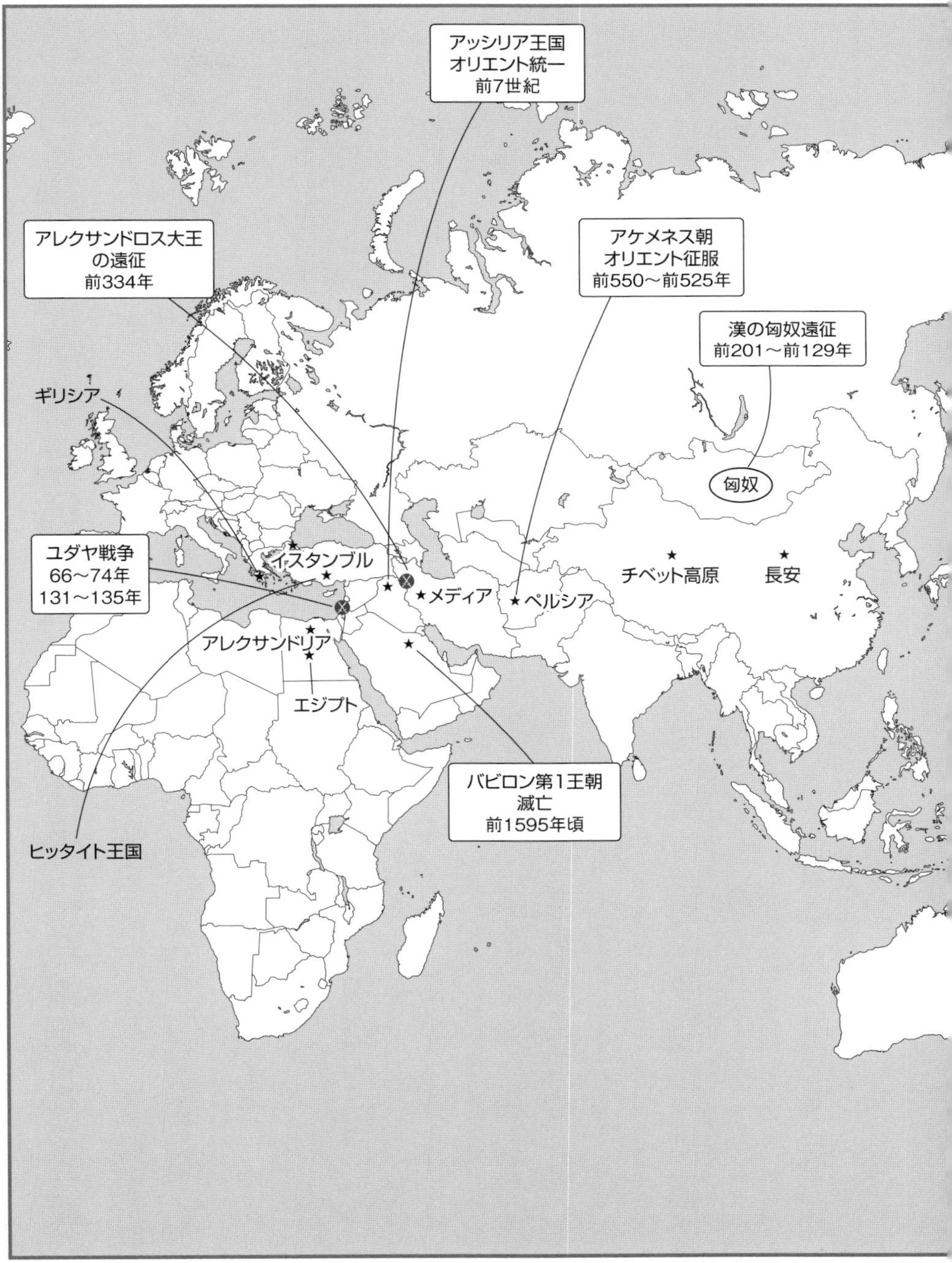
アッシリア王国
オリエント統一
前7世紀
アレクサンドロス大王
の遠征
前334年
アケメネス朝
オリエント征服
前550～前525年
漢の匈奴遠征
前201～前129年
ギリシア
匈奴
ユダヤ戦争
66～74年
131～135年
イスタンブル
メディア
ペルシア
チベット高原
長安
アレクサンドリア
エジプト
バビロン第1王朝
滅亡
前1595年頃
ヒッタイト王国

漢の匈奴遠征 前201〜前129年

シルクロードは戦争交渉人が歩いた道から発展

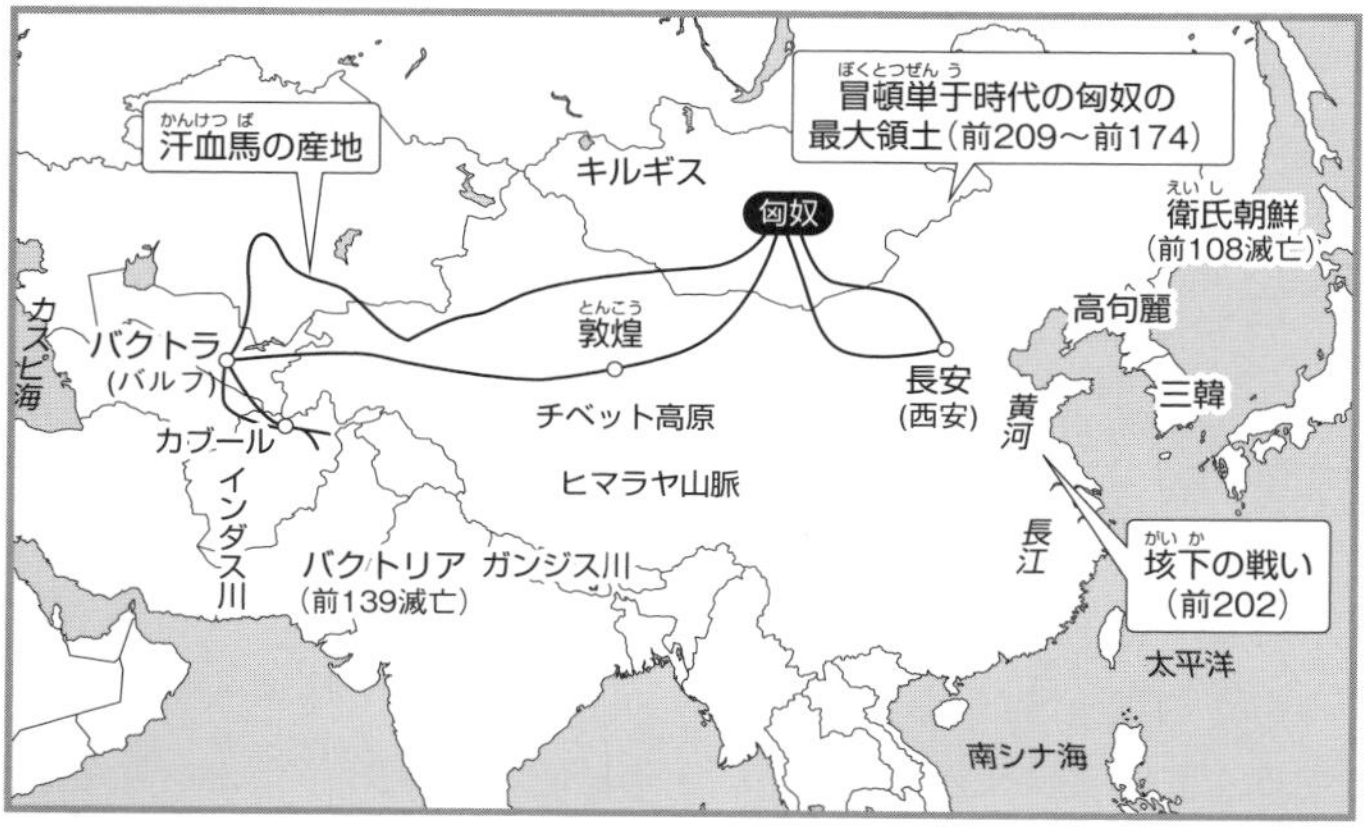
汗血馬《かんけつば》の産地
冒頓単于《ぼくとつぜんう》時代の匈奴の最大領土（前209〜前174）
キルギス
匈奴
衛氏《えいし》朝鮮（前108滅亡）
高句麗
三韓
カスピ海
バクトラ（バルフ）
敦煌《とんこう》
長安（西安）
黄河
チベット高原
カブール
インダス川
ヒマラヤ山脈
長江
バクトリア（前139滅亡）
ガンジス川
垓下《がいか》の戦い（前202）
太平洋
南シナ海

日本人も好きな東西の貿易路

シルクロード——この言葉にロマンをかき立てられる方も多いのではないでしょうか。中国の長安からトルコのイスタンブル、そしてエジプトのアレクサンドリアへ。**東西世界を結ぶ一大交易路**です。

20世紀初め、このシルクロードに日本人の姿がありました。東京帝国大学教授（建築史専攻）の伊東忠太《いとうちゅうた》です。途中、京都西本願寺第22世法主の大谷《おおたに》光瑞《こうずい》と出会って、意気投合したといいます。日本人はシルクロードが好きなんですね。

戦争から発展したシルクロード

この交易路開拓のきっかけは、実は戦争にありました。紀元前3世紀、今のモンゴル高原から黄河上流の西方にかけて匈奴《きょうど》とよばれるモンゴル系の遊牧民が勢力を築き、中国の漢王朝（前漢）を圧迫していました。

紀元前201年、冒頓単于《ぼくとつぜんう》が率いる匈奴軍は、万里の長城を越えて中国に侵攻し、翌年、黄河中流屈曲部のオルドス地方を占領しました。これに反発して匈奴撃退を講じたのが、漢王朝の**第7代武帝**（在位前141〜前87年）でした。

人物に迫る！

司馬遷

（前145／135？～前87／86年？）

前漢武帝時代、『史記』を完成させた司馬遷《しばせん》という歴史家がいます。彼は、漢と匈奴の戦いで捕虜になった李陵《りりょう》の評価をめぐって武帝とぶつかりました。自分の主張を曲げなかった司馬遷は、武帝から私刑を強いられ、性器を失います。歴史家は権力におもねってはいけない。そして歴史は、事実を客観的に分析しなければならない。そういう思いを自らに厳しく問うたのが、司馬遷だったのです。

司馬遷の『史記』は、全130巻の大作。範囲は古代から現代（前漢の武帝時代）までの全史を扱っています。特徴は皇帝の在位期間の記録である「本紀《ほんぎ》」と、特記すべき人物を紹介した「列伝《れつでん》」などから成っていることです。

こうした史書の編纂スタイルを紀伝体といい、その後の各王朝の史の手本となりました。中国史上いちばん古い王朝は殷《いん》ですが、『史記』には、それ以前に夏《か》王朝があったと書かれています。実在したかどうかは謎です。

前１３７年頃、武帝は今のアフガニスタンにあった大月氏国に特使を送ります。抜擢されたのは張騫《ちょうけん》。ねらいは匈奴を挟み撃ちにしようというものでした。この交渉は残念ながら失敗に終わります。しかし**張騫がたどった行路こそが、シルクロードのもと**になったのです。

そして前１２９年になると、武帝は独自に匈奴遠征を行い、領土を回復しました。

シルクロード成立の歴史には、中国とモンゴルの血なまぐさい戦争があったのです。

では、この後はシルクロードの終点である古代オリエントにテレポートしていきましょう。この地では、世界史に多くの影響を及ぼした戦争が起こります。

鉄製武器と戦車の勝利

ヒッタイト王国のバビロン第1王朝打倒

前1595年頃

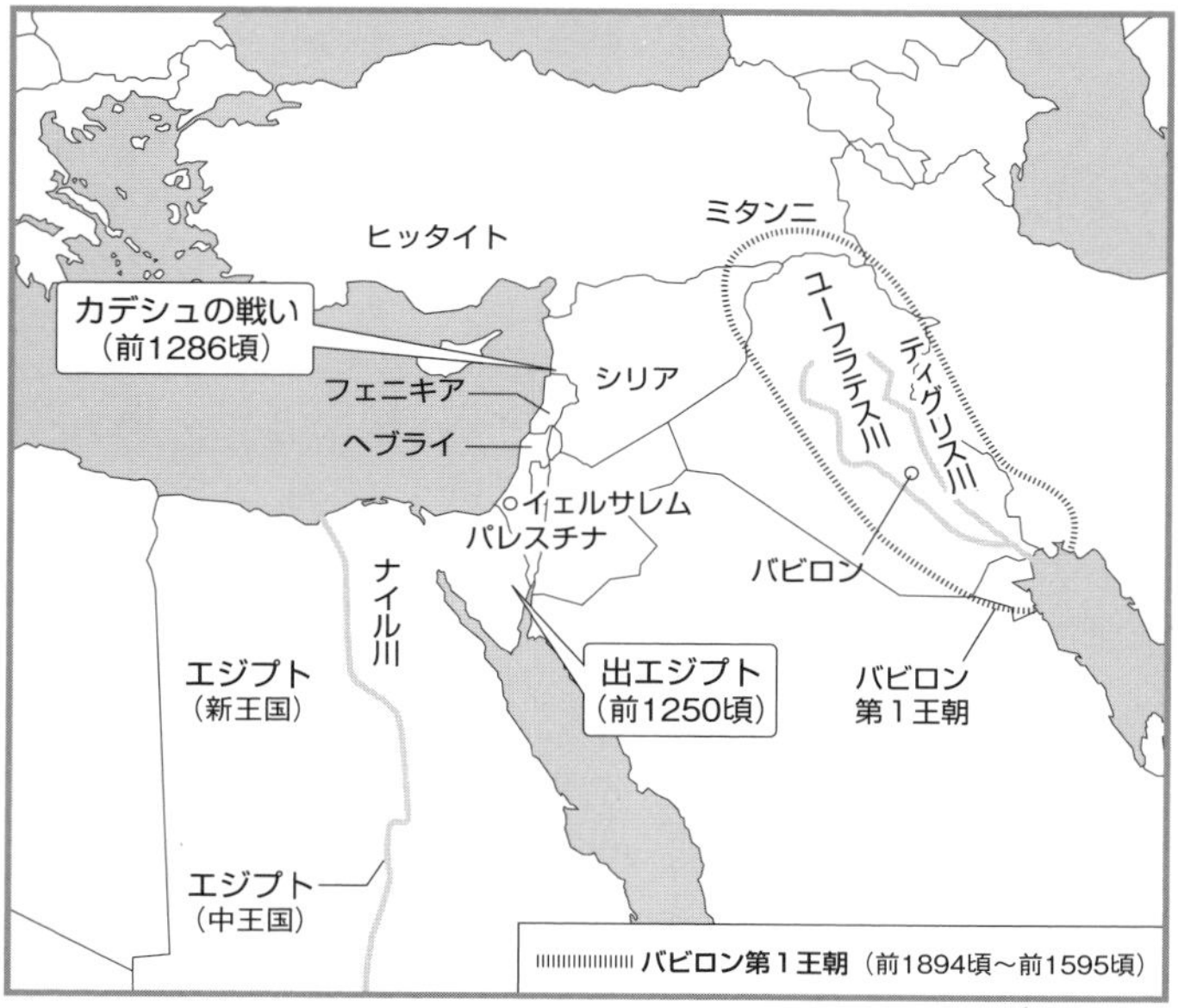
ヒッタイト
ミタンニ
カデシュの戦い
（前1286頃）
シリア
フェニキア
ヘブライ
イェルサレム
パレスチナ
ユーフラテス川
ティグリス川
バビロン
ナイル川
エジプト
（新王国）
出エジプト
（前1250頃）
バビロン
第1王朝
エジプト
（中王国）
バビロン第1王朝（前1894頃～前1595頃）

ヒッタイト王国の戦争には戦車が使われるようになった。

鉄と戦車が戦争を変えた

紀元前16世紀初めオリエントの中心で、歴史を塗り替える事態が起こりました。「目には目を、歯には歯を」で有名な**ハンムラビ法典をつくった国――バビロン第1王朝**（前1894頃～前1595年頃）が滅んだのです。首都バビロンの繁栄は、メソポタミア文明の継承と発展の上に築かれたものでした。

この王朝を滅亡に追いやったのは、今のトルコに誕生した**ヒッタイト王国**（前1650～前1200年頃）でした。ヒッタイトの台頭は、世界の戦争スタイルを大きく変えるものでした。戦争

EPISODE

ヒッタイト王国の技術

●ヒッタイトの戦車

ヒッタイトが戦車を開発したのは、今から4000年前のこと。戦車の左右には車輪があり、６本のスポークで支えられています。戦車には、戦車を操縦する御者《ぎょしゃ》と弓を射る兵士の２人が乗ります。その威力はなんといっても、スピードによる攻撃戦、戦争の形態を大きく変えるものでした。

●ヒッタイトの鉄剣

鉄剣は使い勝手がよくなければダメ。ヒッタイトの鉄剣は、銅剣や青銅剣に比べて硬いつくりでしたが、その割には軽いという特徴がありました。実戦で敵を斬ったり、刺したりするには、うってつけの武器だったのです。

●製鉄技術

ヒッタイトは鉄鉱石を焼いて、ドロッとした海綿状の純鉄を取り出すことができました。それを加熱して鍛造《たんぞう》、つまり叩いて鋼《はがね》をつくり出します。製法は国家の最高機密。高度な製鉄技術を身につけた者こそが、オリエントの覇者になれたのです。

に不可欠な金属といえば**「鉄」**です。ヒッタイトは三千数百年前の戦争ステージで、**製鉄技術をもって強靭な鉄器を生産し、オリエントの雄**に伸しあがったのです。

もうひとつは、戦闘スタイルに一大変革をもたらしたことです。それが「**戦車**」です。戦車は馬に取り付けられ、スピード攻勢で相手に打撃を与えるものです。以来、戦車の使用は、勝敗を左右する重要な要素とされます。

メソポタミア地方(現イラク中心)は、ティグリス川とユーフラテス川に挟まれた豊かな大地です。それだけにたくさんの民族が移動、出入りしました。

前13世紀末になると、今度は地中海から「海の民」とよばれる大群がオリエントからギリシアにかけて進撃、上陸してきました。ヒッタイトは、この混乱のなかで、衰亡に向かうことを余儀なくされたのです。

アッシリア王国のオリエント統一　前7世紀

異民族征服が図書館をもたらした

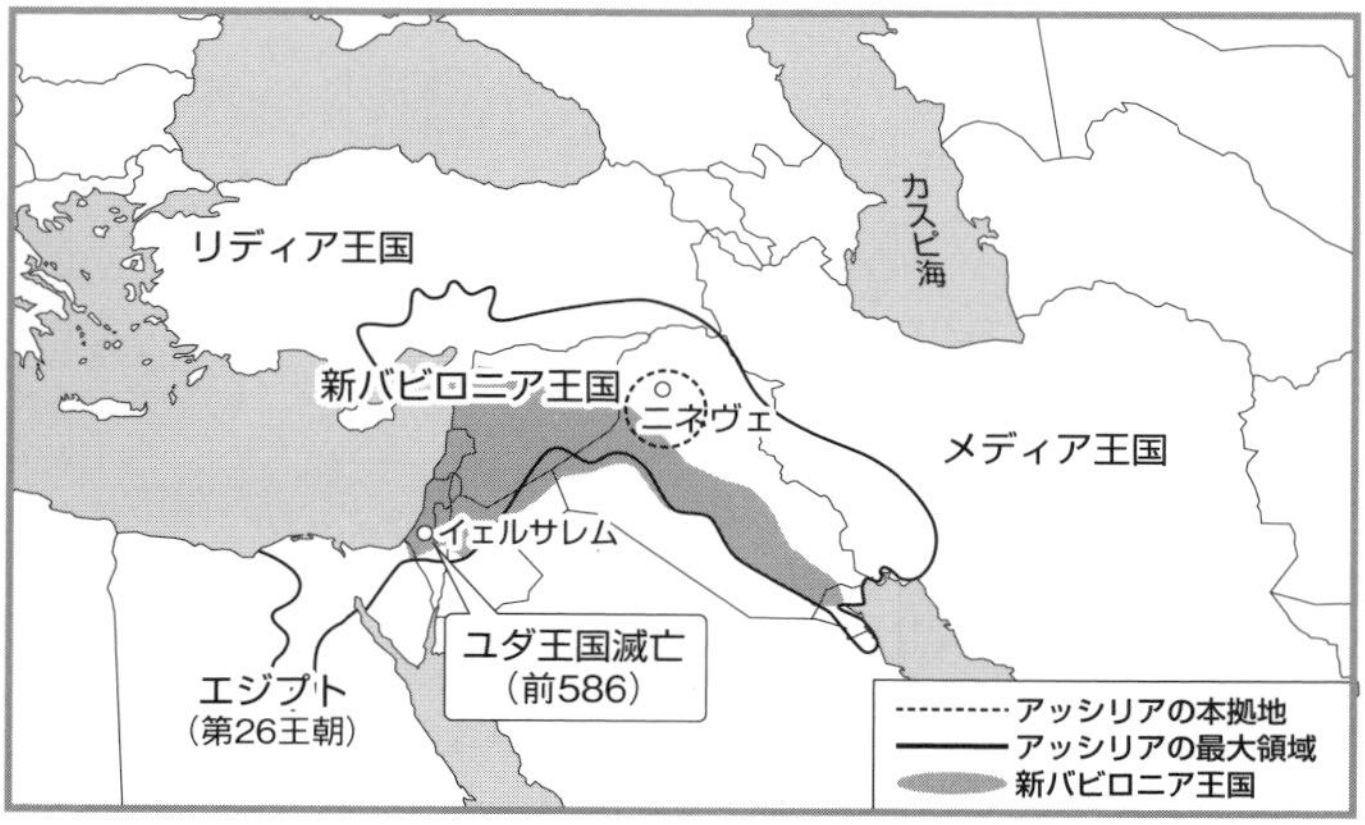

アッシリアによる支配と消滅

オリエントを初めて統一したのは、**アッシリア王国**です。紀元前11世紀頃、メソポタミア（現イラク）北部に拠点をかまえたアッシリア人は、馬を使って流通商業に励みました。東西の中継点として、この地は**交通条件も良好な場所**です。

前8世紀中頃のことです。彼らは商業圏の拡張を求めて、地中海東岸にあるシリア、パレスチナ地方の征服に出ます。そして海上交易も手にしました。また、ダマスクスには、**「陸の商人」**とよばれたアラム人がいました。その後は、繁栄のシンボルとなった都市バビロンを占領し、メソポタミアを握ります。この間、ユダヤ人のイスラエル王国を滅ぼし、ユダ王国を朝貢国としました。

アッシリアの強さは、軍制改革にありました。戦車の車輪を強化して、その大型化を図ります。また、各地から集められ、訓練された精鋭軍人を常備軍としたのです。

研究のための資料が保管された

最盛期を飾ったのは、前7世紀中頃に出現した**アッシュール・バニパル王**。エジプトを含め、全オリエントの征服

人物に迫る!

アッシュール・バニパル王

(在位前668～前627年頃)

紀元前7世紀、アッシリア帝国の全盛期を飾った王です。紀元前8世紀以来アッシリアは、今のイラク、ヨルダン、シリア、レバノン、イスラエル、トルコを取り込み、領土を広げます。アッシュール・バニパル王のときに、エジプトとイラン南西部も制して、全オリエントの統一を成し遂げました。首都はティグリス川上流のニネヴェ。

19世紀の発掘調査で、アッシリアの遺産が次々と見つかりました。その一つが、戦車の上から槍でライオンを射止めようとする勇姿のレリーフです。

アッシュール・バニパル王は、武力で他民族を抑えつける武断統治を行いました。ライオン狩りは、それを彷彿《ほうふつ》させます。ライオンは宗教儀式の生贄《いけにえ》として祭壇にまつられましたが、やはり王の強さ、怖さに圧倒されます。また、アッシュール・バニパル王は初めて図書館を建てた人物です。彼は異民族を支配するために〈相手を知れ!〉をモットーとしました。各地の民族の利点や弱点を、その歴史や文化から探ろうとしたのです。そのため各地からたくさんの文書が集められました。それを保管する場所としてでき上がったのが、図書館だったのです。

者として君臨しました。首都ニネヴェには**世界初の図書館**も建てられました。各地で収集された文献は、ここに集められます。文献を解析する情報センター、そして統治方策を研究するための資料保管所、それが図書館でした。今の図書館とは、ずいぶん違いますね。

しかし軍事力による強圧な支配は、各地の反感を招きます。その結果アッシュール・バニパル王が亡くなると、国内は4国に分立。前612年アッシリア王国消滅のときとなりました。

聖書はペルシア人がつくらせた

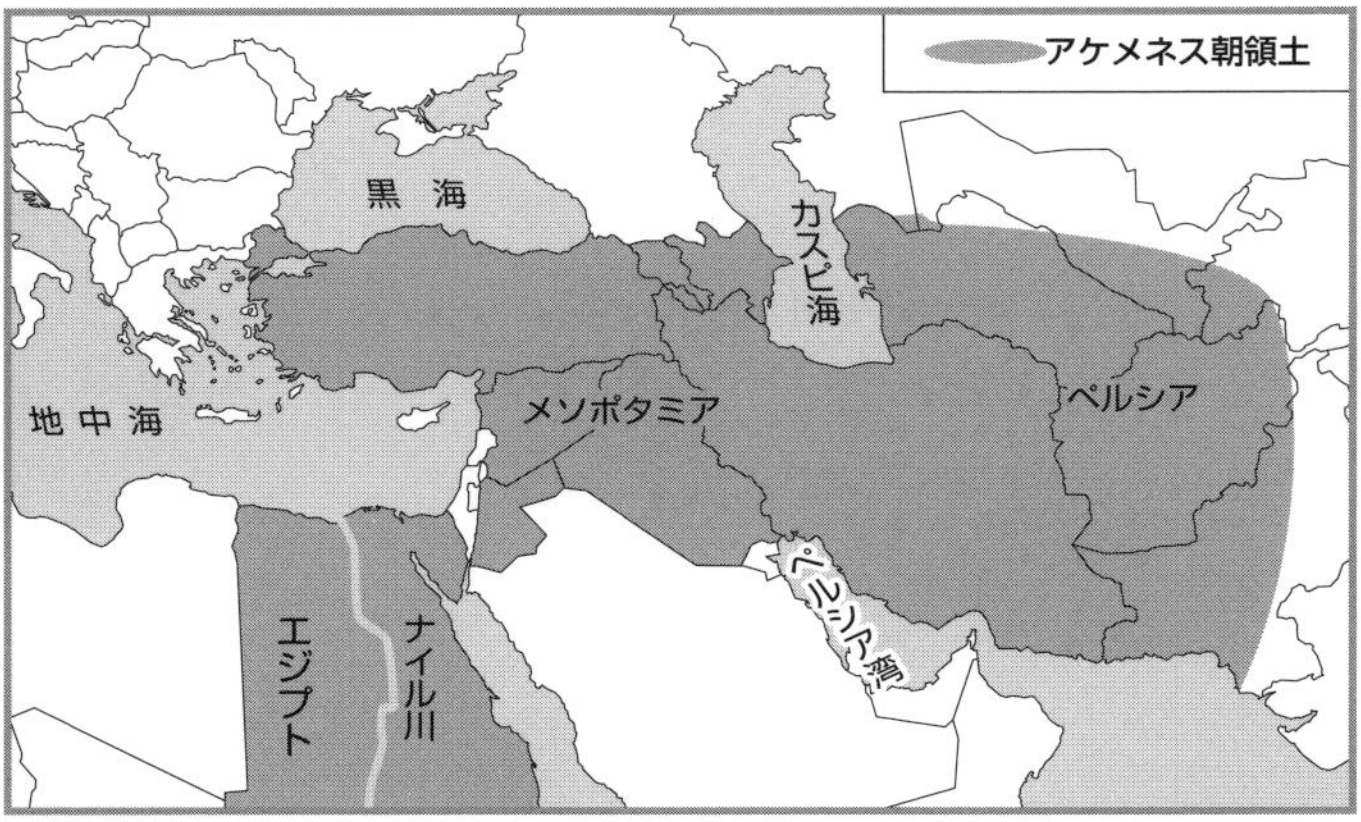
アケメネス朝領土
黒海
カスピ海
地中海
メソポタミア
ペルシア
ペルシア湾
エジプト
ナイル川

民族の文化を認めることが聖書につながった

紀元前612年、アッシリア王国が新バビロニア（現イラク、シリアなど）、メディア（現イラン中心）、リディア（現トルコ）、エジプトの4国に分裂すると、再びオリエントをまとめようという勢力が現れました。**アケメネス朝（前550～前330年）**です。

建国者はペルシア人のキュロス2世。彼は、まず今のイランに分立したメディア王国を倒し、この地を領土拡張戦争の拠点としました。そしてリディア、新バビロニアの両王国を打倒。キュロス2世一代でこれだけの領土を取り込むことに成功したのです。

エジプトを獲得したのは、彼の死後のことですが、こうして前525年、**オリエント全土は、アケメネス朝の掌中**に入りました。

抑え込むのではなく認めて支配する

支配領域は、なんと**エーゲ海、ナイル川のエジプトからインダス川**までになります。広いですね。それだけに領内には、たくさんの民族が暮らしていました。アケメネス朝は、こういった諸民族をどのように治めたのでしょう。実は、武力で上から抑え込むようなマネはしませんでした。むしろ逆に各民

●アケメネス朝の中央集権体制

中央
- 国王
- ↓
- 官僚

中央 ― 王直属の監察官「王の目」「王の耳」
- 多くの異民族の実情に合わせて州を統治する中央集権体制を設けた。
- 金・銀貨を造り、貨幣を統一。
- 税制の整備。
- 「王の道」を建設し、駅伝制を整備。

↓

州（サトラピー）
- 服属民族の伝統や慣習を尊重する。
- アラム語も公用語。
- フェニキア人・アラム人などの商業活動を保護する。

EPISODE

聖書に描かれたもの

聖書には、神はヒトをどんな素材でつくったかが書かれています。実は粘土です。ユダヤ人の言葉で粘土は「アダモ」。神はアダモからヒトをつくりました。

アケメネス朝の文化的土台は、メソポタミア文明です。この文明は粘土の文明でした。建築資材の日干しレンガ、記録媒体（粘土板）もそう。あの有名なバベルの塔の話も、メソポタミアのジッグラト（聖塔〈天空の神殿〉）がヒント。聖書にはオリエントの香りがいっぱいなんです。

族の昔ながらの文化や社会の慣習というものを認めてあげたのです。

例えばユダヤ人は、神ヤハウェを信じ、その教え（＝律法）を守ることで、救いが得られるという信仰をもっていました。ならば、**神との約束（＝契約）事項**をきっちりと本にしてまとめなさい。そういう策を彼らに与えたのが、アケメネス朝でした。それが**聖書（旧約聖書）**となったのです。

建国のために戦争をやっても、国家の維持と発展には、ソフトなやり方も必要なんだということですね。

古代メソポタミアで造られたジッグラト。
階段式のピラミッド状のものが多い。

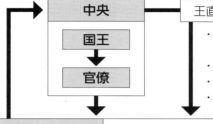

ユダヤ教の誕生

聖書はユダヤ教とキリスト教の聖典。神の言葉や行い、それに教訓的な話などが集められた本です。それはユダヤ教に始まります。紀元前13世紀エジプト奴隷民のヘブライ（ユダヤ）人は、モーセに導かれてエジプトから脱出します。

このときモーセは、シナイ山で神から**「十戒《じっかい》」**を授かります。ヤハウェを唯一の神とすること。その代わり、ヘブライ人は神に救われるだろう。ただし、神に姿形を求めてはいけない。神の像をつくって、拝んではダメ。神とのこういった約束を「契約」といい、この宗教は**ユダヤ教**とよばれます。

ユダヤ教が民族の宗教となったきっかけは、紀元前586年の**バビロン捕囚**です。隣国の新バビロニアに攻められたのです。国を奪われ、ヘブライ人はバビロンに捕虜として連行されました。

このとき神の救いを求め、**神が遣わすメシア（救世主）**の出現を待ち望んだのです。

聖書がつくられた

こうしてヤハウェ信仰は、ヘブライ人全体の民族宗教――ユダヤ教へと発展しました。アケメネス朝のキュロス2世によって捕囚から解放されると、ヘブライ人のなかにはバビロンに残る者も少なくなく、**メソポタミア文明の歴史と文化**に関心をもちました。そこで得た話題をヒントに聖書はつくられます。

紀元30年頃、ローマ帝国の奴隷だったヘブライ人たちの前にメシアのイエスが現れました。彼は「神の国」に入る運動を仕かけます。これに反発したユダヤ教指導層は、イエスを十字架刑に追いやりました。イエスの運動は、ローマに対する反乱罪にされたのです。

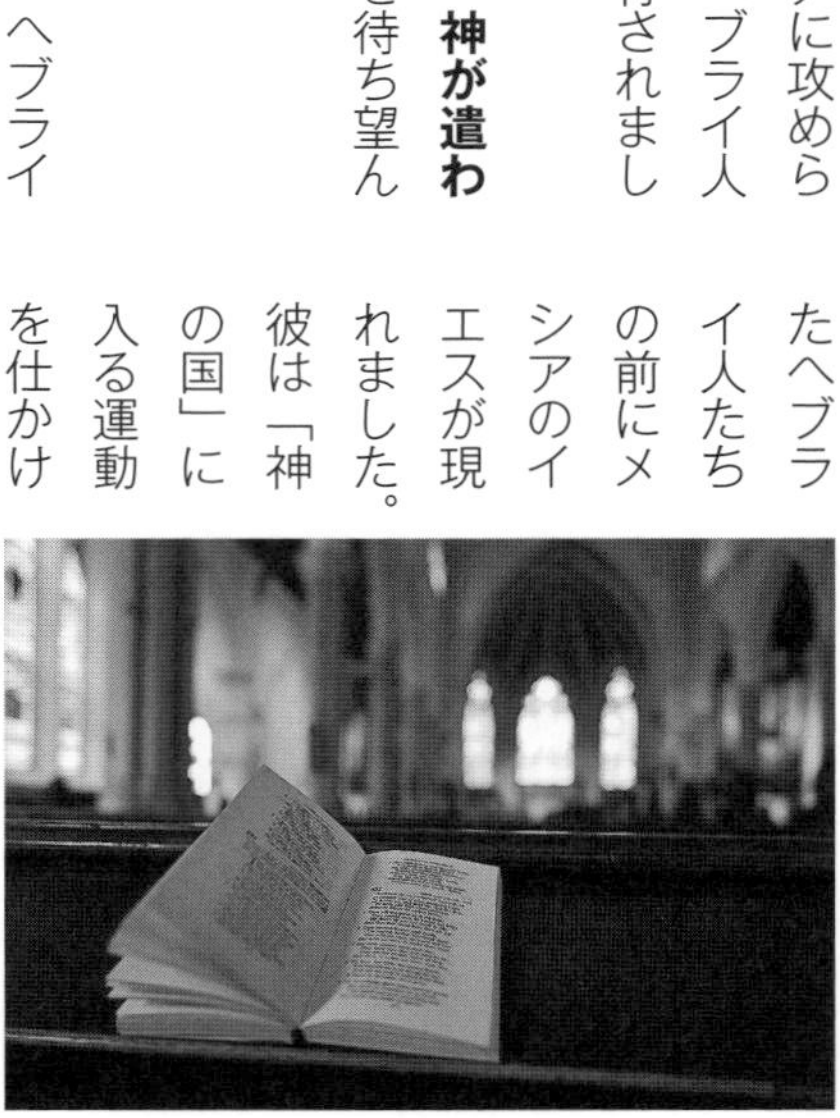

再生＝神である

ところが、イエスは処刑の3日後、十字架から消えていました。これを弟子たちは昇天、つまりイエスは神のもとへ帰ったと見たのです。それは**再生（復活）**を意味しました。

人間は死んだら再生しません。「ならば、イエスは何なのだ？⇓人間ではないのではないか⇓イエスは神である」というように、イエス信仰が生まれました。これはもう、ユダヤ教ではありません。ユダヤ教から分かれた新興の宗教です。

もともと聖書は一部の聖職者だけのものでしたが、15世紀中頃にグーテンベルクが発明した活版印刷で出版されて以降、一般にも広く読まれるようになり、宗教改革の広がりに大きく貢献しました。

キリスト教の誕生

しかもメシアという言葉はコイネー（世界共通語の意）の「キリスト」に言い換えられ、〈**イエスはキリスト＝神とする信仰**〉――イエス・キリスト教が、世界宗教へと発展します。

イエスの言行は、ユダヤ教から始まりました。それを引き継ぐ彼の言葉と行動は、「新しい一神教の契約」（新約）となりました。このため、キリスト教には「旧約」と「新約」のふたつの聖書があります。

このようにユダヤ教とキリスト教は、**地中海東岸域の民族の受難の歴史**を背景に誕生したのです。

ペルシア戦争

前500〜前449年

民主政治は戦争から生まれた

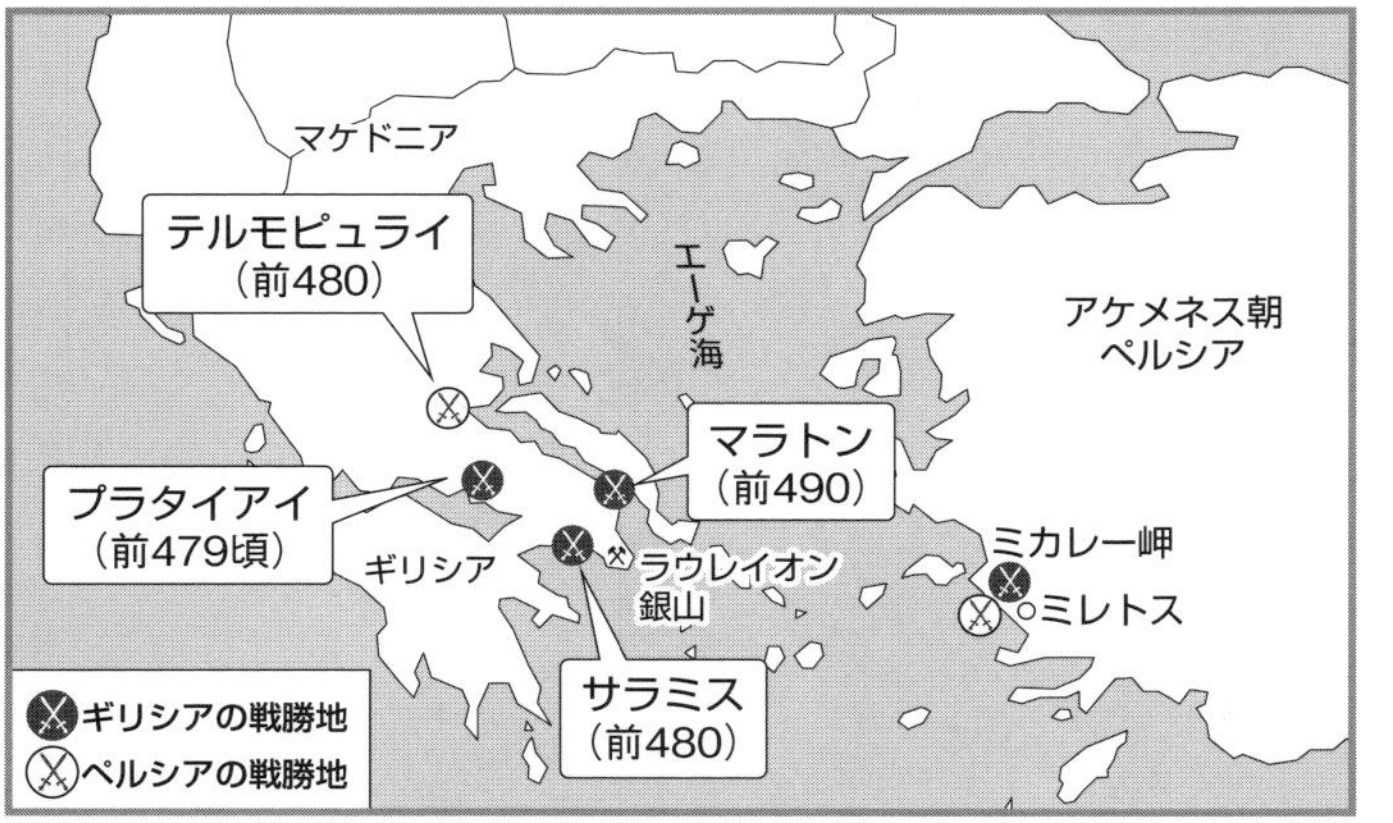
マケドニア
テルモピュライ（前480）
エーゲ海
アケメネス朝ペルシア
マラトン（前490）
プラタイアイ（前479頃）
ギリシア
ラウレイオン銀山
ミカレー岬
ミレトス
サラミス（前480）
ギリシアの戦勝地
ペルシアの戦勝地

ペルシアとギリシア 大戦争で生まれた政治

アケメネス朝ペルシアが隆盛を迎えた紀元前5世紀、ギリシアとの間で一大戦争が起こりました。このため東洋か、西洋か、その雌雄を決する文明の戦争といわれました。これが**ペルシア戦争**です。

ペルシアの支配がギリシア文化圏のイオニア地方（現トルコ南西岸域）に及ぶと、ギリシア市民たちがこれに反発して起《た》ち上がります。アケメネス朝にしてみれば、エーゲ海に面するこのエリアに**海上交易の地の利**を見たことでしょう。

事態を重く見たギリシア側は、諸ポリス（都市国家）が連合してアケメネス朝との戦いに挑みます。こうしてペルシア戦争の幕が切って落とされたのです。

注目されるのは、アテネが活躍した前490年の**マラトンの戦い**です。なんとアテネ軍の3倍を擁するアケメネス朝軍を破ったのです。当時アテネの街は悲愴感に包まれていました。当然です。アテネの敗色は誰もが感じていました。

それを突き破ったのが、マラトンから疾走してきた伝令の声でした。

「われらアテネが勝ったぞ！」

感動的でした。アテネはサラミス湾

●重装歩兵と密集隊形

兜《かぶと》、楯、槍を装備した歩兵。戦闘形態は前後左右に隙間をつくらないで、隊列をなして敵陣に突撃する。

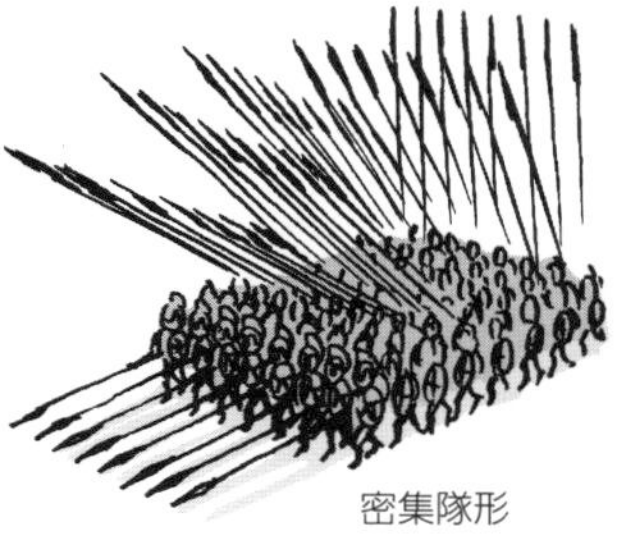

PICK UP

ペルシア戦争の華はマラトンの戦い。それがレジェンドとして世界に広まったのは、近代オリンピック第1回アテネ大会（1896年）のときです。マラソンコースは、マラトンの戦いの地点からアテネまでの、伝令が走った約40キロメートルです。マラソン（marathon）という競技名は、Marathonの地名に由来しています。ラテン系言語ではｈ音が無音のため「マラトン」と発音されます。

●アテネの直接民主政

民会（最高決定機関）
18歳以上の男性全市民
月3～4回開催

→ **民衆裁判所**
陪審員は30歳以上の男性市民

→ **将軍（ストラテゴス）**
1部族1人×10部族

→ **五百人評議会**
1部族50人×10部族

→ **執政官（アルコン）** 9人
（五百人評議会 ⇢ 執政官）

下級役人 任期1年・再任不可

での海上戦でも、軍船の漕手となって無産市民が活躍。こうしてペルシア戦争はギリシア側の勝利で終わりました。

市民の力が認められ民主政治が誕生

アテネでは、**戦勝のエネルギーは市民にある**と見られました。これをきっかけに18歳以上の男子で運営される民会（直接民主政）が政治の最高機関となりました。**ポリスの守り手こそが、政治家**であるべきだという考え方が定着したのです。

このように民主政治は、戦争によってかたちづくられることになった、といえるのです。民主政治はここから始まりました。

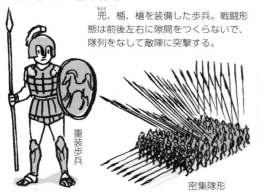

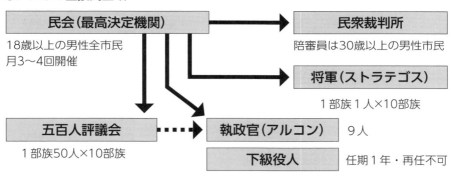

アレクサンドロス大王の遠征

前３３４年

仏像はギリシア文化からでき上がった

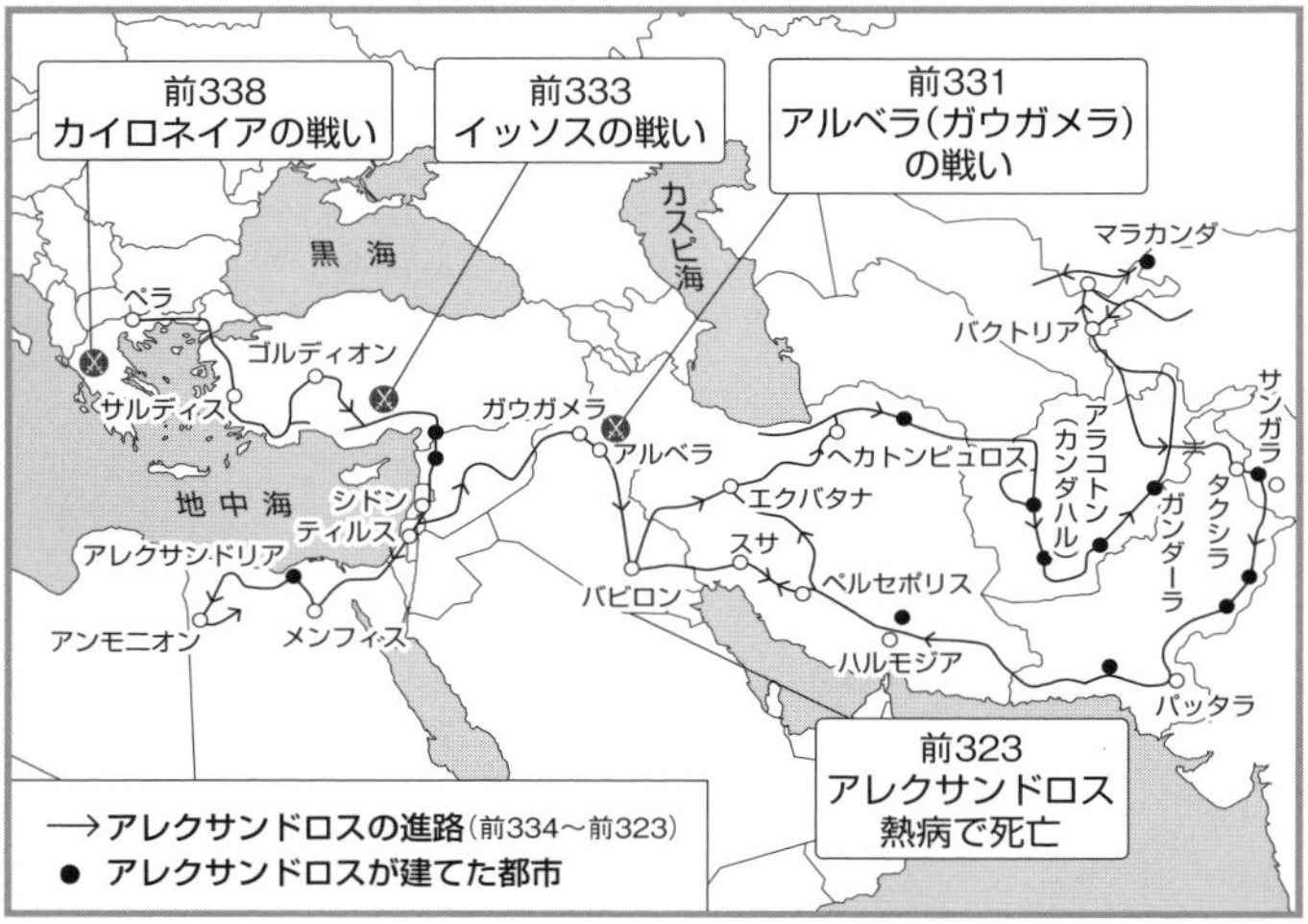

前338
カイロネイアの戦い
前333
イッソスの戦い
前331
アルベラ(ガウガメラ)
の戦い
黒海
カスピ海
地中海
ペラ
ゴルディオン
サルディス
ガウガメラ
アルベラ
シドン
ティルス
アレクサンドリア
アンモニオン
メンフィス
バビロン
スサ
エクバタナ
ヘカトンピュロス
ペルセポリス
ハルモジア
マラカンダ
バクトリア
アラコトン
(カンダハル)
ガンダーラ
タクシラ
サンガラ
パッタラ
前323
アレクサンドロス
熱病で死亡
→アレクサンドロスの進路(前334～前323)
● アレクサンドロスが建てた都市

大王の遠征により広がるギリシア文化

ペルシア戦争が終わると、ギリシアでは次に、**ポリス（都市国家）間戦争**が起こります。アテネか、スパルタか、どこのポリスがギリシア世界を仕切っていくのか。そんな思惑が背景にありました。

戦争は長期化したため、街は壊され、ポリスは没落しました。感染症であるペストもはびこる始末で、最悪の事態です。

この局面を打開するため、ギリシアは隣国マケドニアの**アレクサンドロス大王の遠征**に命運を託しました。ポリスの復興を、オリエント（東方世界）に求め、ギリシア文化を世界に広めようとしたのです。

紀元前３３４年、この大胆な遠征が始まると、その勢いは止まることを知らず、アケメネス朝ペルシア領をそっくり呑み込むほどでした。つまり西はエジプトから東はインダス川までを取り込んだのです。侵攻を受けた東端インダス川にも、ギリシア文化は伝わります。

遠征によって、オリエントの各地に大王の名をかざした**東方ポリス＝「アレクサンドリア」**が建てられました。その数およそ70。こうした都市を統治

人物に迫る！

アレクサンドロス大王
（前356～前323年）

アレクサンドロス大王は紀元前333年のイッソスの戦いで、アケメネス朝を破り、世界帝国建設へと弾けます。ギリシア人（ヘレネス）の文化は、「世界共通」のもの。ギリシア語はエジプト、トルコからインダス川、中央アジアにまで広がりました。

大王没後、帝国が分裂しても、イランのパルティア王国ではギリシア語が公用語とされ、ギリシア諸神の信仰が根づいていました。13歳から3年間、万学の祖と讃えられた哲学者アリストテレスにポリス（都市国家）政治の何たるかを学んだアレクサンドロスは、それをひっくり返すように都市民ではなく、世界市民の帝国を目指したのです。

EPISODE

文明と繁栄のシンボル

♪さらば　地球よ　旅立つ船は　宇宙戦艦ヤマト♪

これは有名なアニメソングの出だしです。宇宙戦艦ヤマトは、地球を離れて、どこに旅立ったのでしょう。それは高度な文明をもつ**惑星イスカンダル**。このイスカンダルというのは、実はアレクサンドロスをインドの言語で表したものです。アレクサンドロス帝国が世界の文明と繁栄のシンボルであった。『宇宙戦艦ヤマト』には、こうしたメッセージが読み取れるのです。　(JASRAC 出 2000978-001)

の柱にアレクサンドロス帝国は繁栄を見ました。

しかし大王が33歳の若さで亡くなると、帝国は分裂しました。後世、アレクサンドロス帝国はローマ帝国の傘下に組み込まれます。

仏像とブッダへの信心との関わり

一方、北インドでは紀元1世紀、仏教の開祖ブッダを敬う運動が高まっていきました。このときの信徒たちの熱い想いが、仏像を誕生させることになったのです。

仏像は、神々をヒトの姿にたとえるというギリシアの文化的精神の表れでした。仏像とは、ヘレニズム文化とブッダへの信心が混ざり合った、まさに東西世界の文化融合の象徴だったのです。

アクティウムの海戦　前31年

「クレオパトラ美人説」の真実とは!?

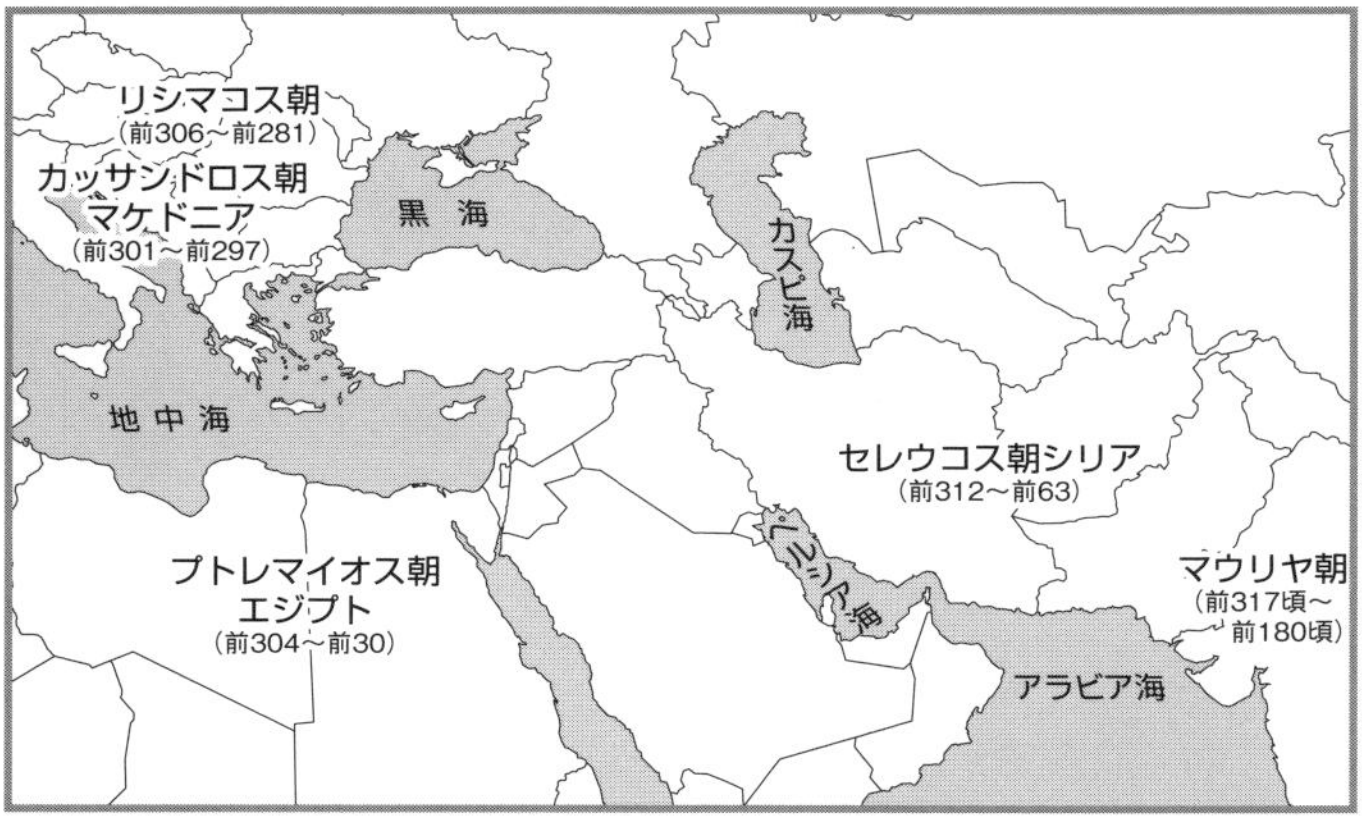
リシマコス朝
（前306～前281）
カッサンドロス朝
マケドニア
（前301～前297）
黒 海
カスピ海
地 中 海
セレウコス朝シリア
（前312～前63）
ペルシア湾
マウリヤ朝
（前317頃～
前180頃）
プトレマイオス朝
エジプト
（前304～前30）
アラビア海

帝政ローマの誕生とクレオパトラの自殺

アレクサンドロス大王の没後、エジプトに建ったのは**プトレマイオス朝**（前３０４～前30年）。あの有名な女王クレオパトラを生み出した王朝です。

首都はナイル川河口の**アレクサンドリア**。地中海に面したエジプトの表玄関です。海上航路・交易の要衝で、湾内には世界最大級の大灯台（高さ１３４メートル）が建てられました。

ところが紀元前1世紀後半、ローマ帝国が右肩上がりの時代。ローマは海外領土の拡張に邁進し、今やエジプトを取ってしまえば、地中海帝国は完成というシーンを迎えていました。

そのときローマ政界でトップを争う２人の政治家がぶつかり覇権抗争がきわだちました。

ひとりは、後の初代ローマ皇帝**オクタウィアヌス**です。エジプトの併合をねらいます。相対するは**アントニウス**。このときエジプトの女王**クレオパトラ**は自国を守るため、ローマ内の覇権抗争を利用して、アントニウスと手を組みます。

こうして起こったのが、紀元前31年**アクティウムの海戦**でした。戦場はギリシア西岸の海上。オクタウィアヌス軍は飛び道具を使って、アントニウス軍の船を次々と炎上させます。帝政

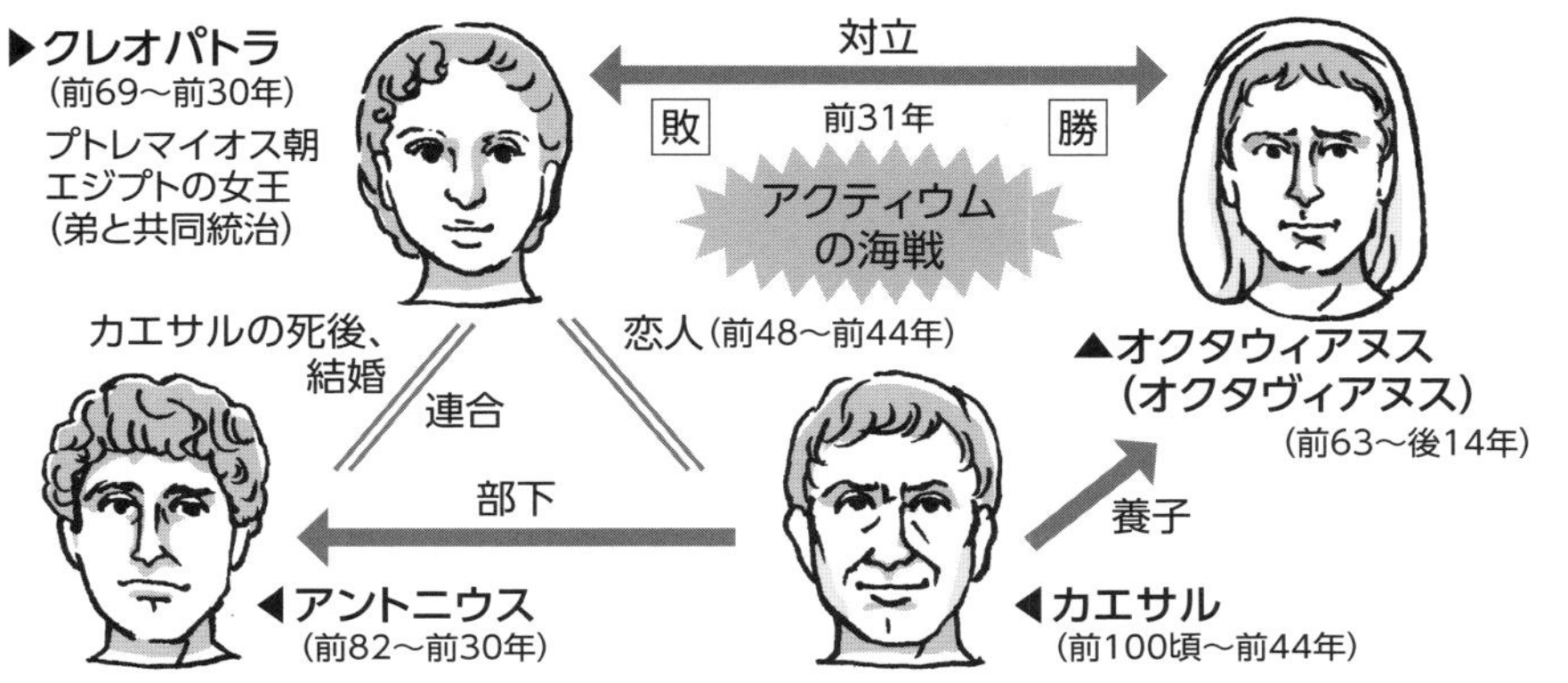
▶クレオパトラ
（前69〜前30年）
プトレマイオス朝
エジプトの女王
（弟と共同統治）
対立
敗
前31年
勝
アクティウムの海戦
カエサルの死後、
結婚
連合
恋人（前48〜前44年）
▲オクタウィアヌス
（オクタヴィアヌス）
（前63〜後14年）
部下
養子
◀アントニウス
（前82〜前30年）
◀カエサル
（前100頃〜前44年）

PICK UP

英語で博物館はmuseumですね。この語源はプトレマイオス朝のアレクサンドリアに設立されたMūseion（ムセイオン。研究所のこと）に由来します。ここには自然科学系の研究者が集まり、地球球体論を説いて、子午線の周囲を計算したり、太陽が宇宙の中心だといって、すでに地動説が唱えられていました。

数学者のユークリッドも、ここで幾何学を研究しました。その成果である『幾何学原本』は17世紀イエズス会によって中国に紹介され、漢訳されています。

●学術都市アレクサンドリア

ムセイオンの学術都市。そして国際商業都市として発展。高さ134メートルの大灯台は、繁栄のシンボルでした。

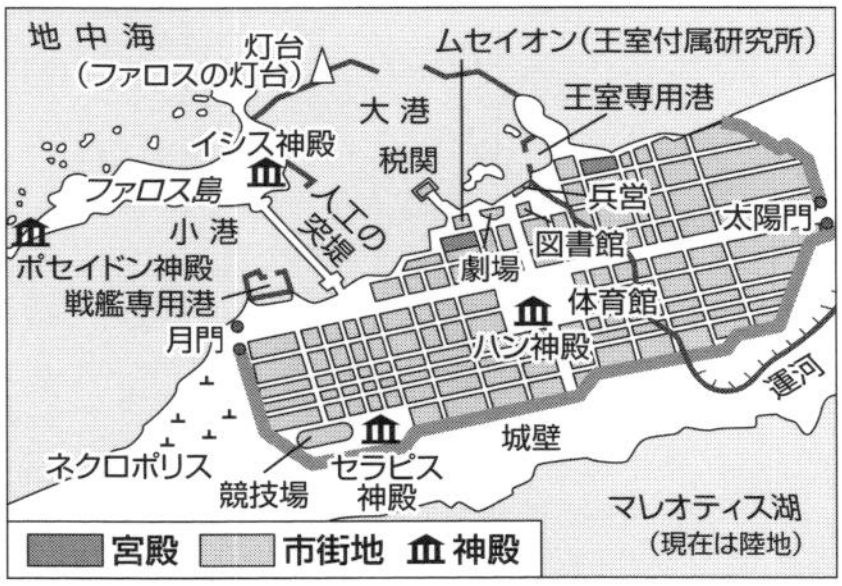
地中海
灯台
（ファロスの灯台）
ムセイオン（王室付属研究所）
大港
王室専用港
イシス神殿
税関
ファロス島
人工の突堤
兵営
太陽門
小港
劇場
図書館
ポセイドン神殿
戦艦専用港
体育館
月門
パン神殿
運河
城壁
ネクロポリス
セラピス神殿
競技場
マレオティス湖
（現在は陸地）
宮殿
市街地
神殿

ローマの誕生を決定づける戦いとなりました。

クレオパトラの美しさとは

クレオパトラはエジプトに逃げ帰り、失意のなかで自殺してしまいます。生前の彼女は、美しく誉れ高いことで有名でした。

プルタルコスの『英雄伝』には「**逃れようのない魅力**」の持ち主で、「甘美さが漂い、その舌は多くの弦楽器のようだった」とあります（聴きた〜い）。そして7つの言語に長けた才女。美しさとは、彼女の人格かもしれませんね。

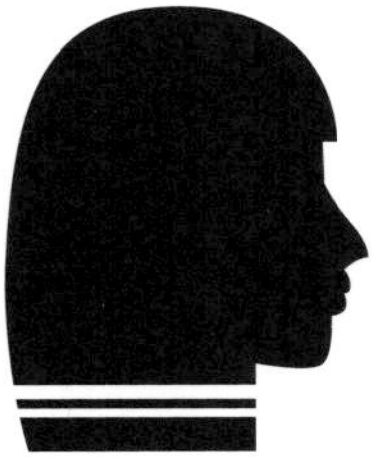

ローマ帝国の戦争

前133～前30年

なぜ、すべての道はローマに通ずるのか

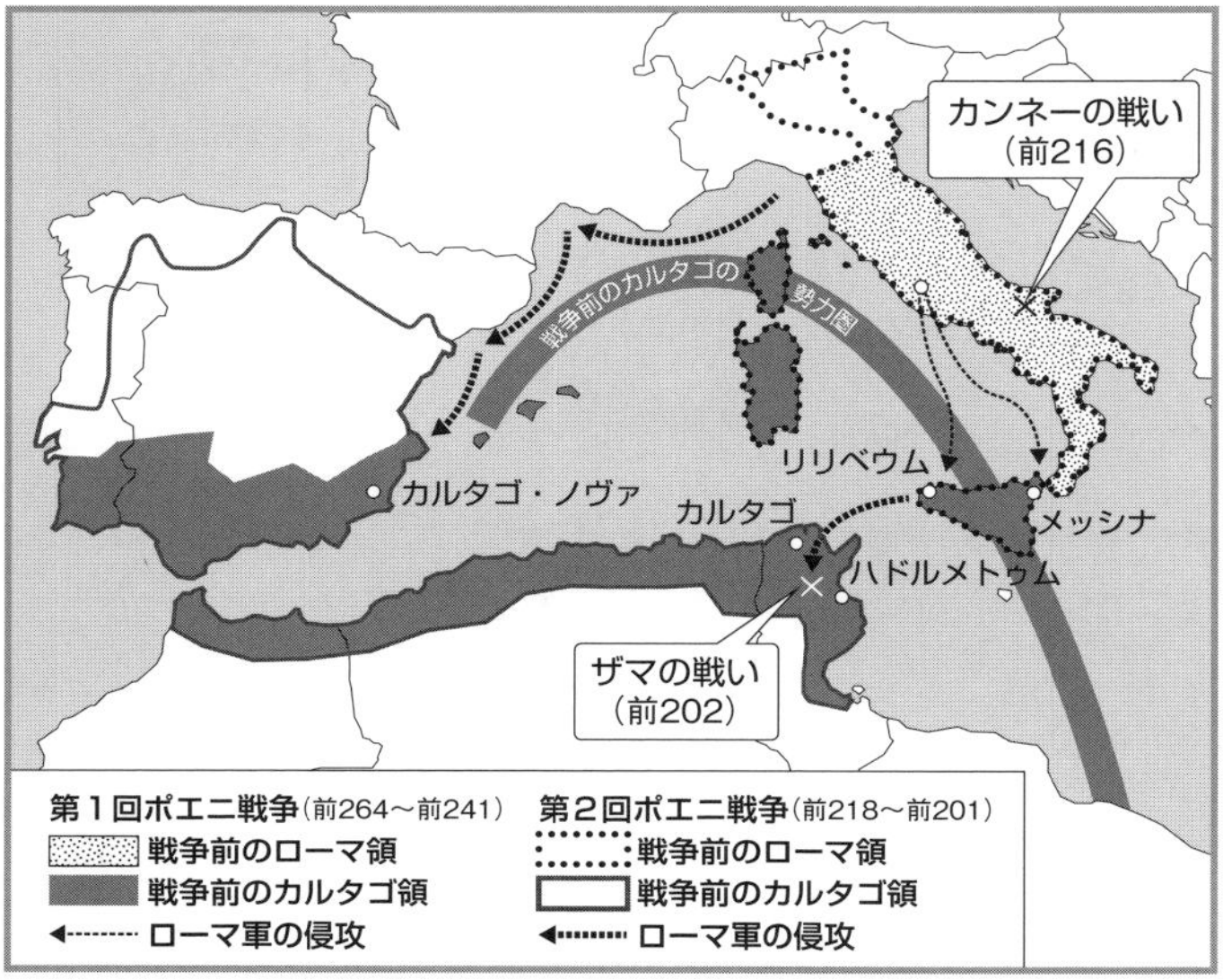

カンネーの戦い（前216）
戦争前のカルタゴの勢力圏
リリベウム
カルタゴ・ノヴァ
カルタゴ
メッシナ
ハドルメトゥム
ザマの戦い（前202）
第１回ポエニ戦争（前264～前241）
戦争前のローマ領
戦争前のカルタゴ領
ローマ軍の侵攻
第２回ポエニ戦争（前218～前201）
戦争前のローマ領
戦争前のカルタゴ領
ローマ軍の侵攻

ローマにできた闘技場。水道も通っている。

ローマ帝国が誕生し道路が生活をつなぐ

紀元前30年、クレオパトラ女王を破ったローマは、エジプトを獲得して、名実ともに地中海帝国となりました。

前272年、イタリア半島をまとめ上げると、次は**ポエニ戦争**（前264～前146年）。この戦争はシチリア島を小麦生産地にしようとしたローマと、ここを勢力下に治めていたカルタゴ（現チュニジア）との衝突から始まります。ローマ軍は、カルタゴの名将ハンニバルに苦戦を強いられながらも勝利。

その後はエジプトをふくむ東地中海を次々と属州（＝海外領土）にして**ロー**

EPISODE

マンガ『テルマエ・ロマエ』といえば、ローマ風呂。紀元3世紀カラカラ帝のときに建てられた1600人収容の施設です。ここは風呂だけではありません。アスレチックで汗を流し、蒸気浴、水浴、温浴が楽しめる健康ランドのフルコースになっていました。入浴の後はサロンでおしゃべり、あるいは図書室で読書などを楽しめる場所となっており、市民のレクリエーションの場だったのです。

●カラカラ浴場

カランカラ〜ン！　午後1時の鐘の音が鳴り響きます。これはお風呂の湯が沸いた知らせです。老若男女の社交の場、それがカラカラ浴場。広さは東京ドームのグラウンド（1万3000平方メートル）9面分。室内の床は大理石づくしで、38.5メートルの大ドームは圧巻です。

お風呂の楽しみ方は「コース」になっています。まずは、アスリート気分で体育室に。若い人たちは、ここでレスリングに興じ汗を流します。次は、ぬるめの温浴室、そしてサウナ効果の熱浴室と続きます。最後は、ほてりを冷ます冷水浴。別料金でオイル・マッサージもあります。館内では、男は腰に布をまき、女は裸。ちなみに混浴です。

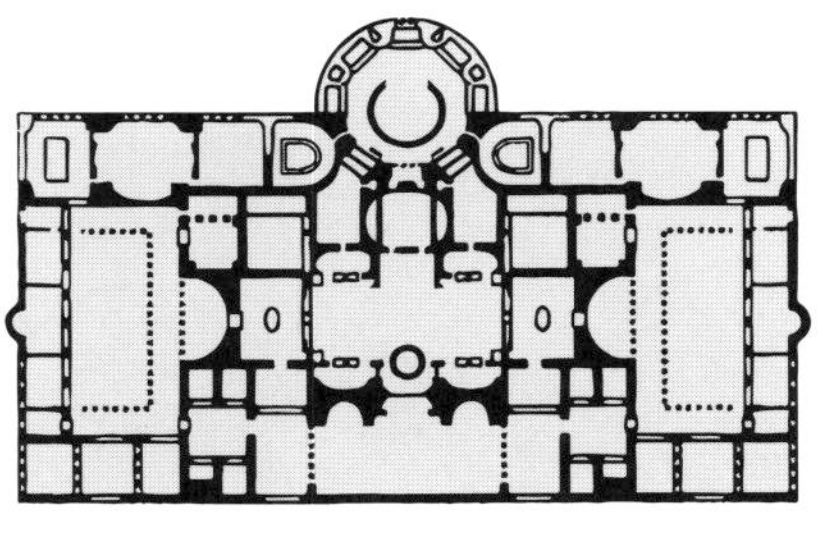

マ帝国は誕生します。

前50年代には、英雄として名高い**カエサル（シーザー）**がヨーロッパに勢力を広げます。以来ケルン、パリ、ウィーン、ロンドンといった名立たる都市が建てられます。紀元3世紀カラカラ帝の時代には奴隷を除き、帝国領に暮らす人々に、ローマ市民権が与えられました。結婚や就職などの社会的平等が実現したのです。

市民社会を結んだのが、石畳で敷き詰められた**道路**です。縦横に張りめぐらされた道路網は、戦時には軍事道路として機能しますが、ふだんは市民生活に欠かせないもの。安定した通行を確保してくれます。そして市民は、**浴場**でくつろぎ、**闘技場**では剣闘士の闘いに興奮し、**水道**が運んでくれる水の恩恵を受けます。すべての道はローマに通ずとは、市民平等社会の成立と軌を一にしていたのです。

ユダヤ戦争

66～74・131～135年

こうしてユダヤ人は世界に広がった

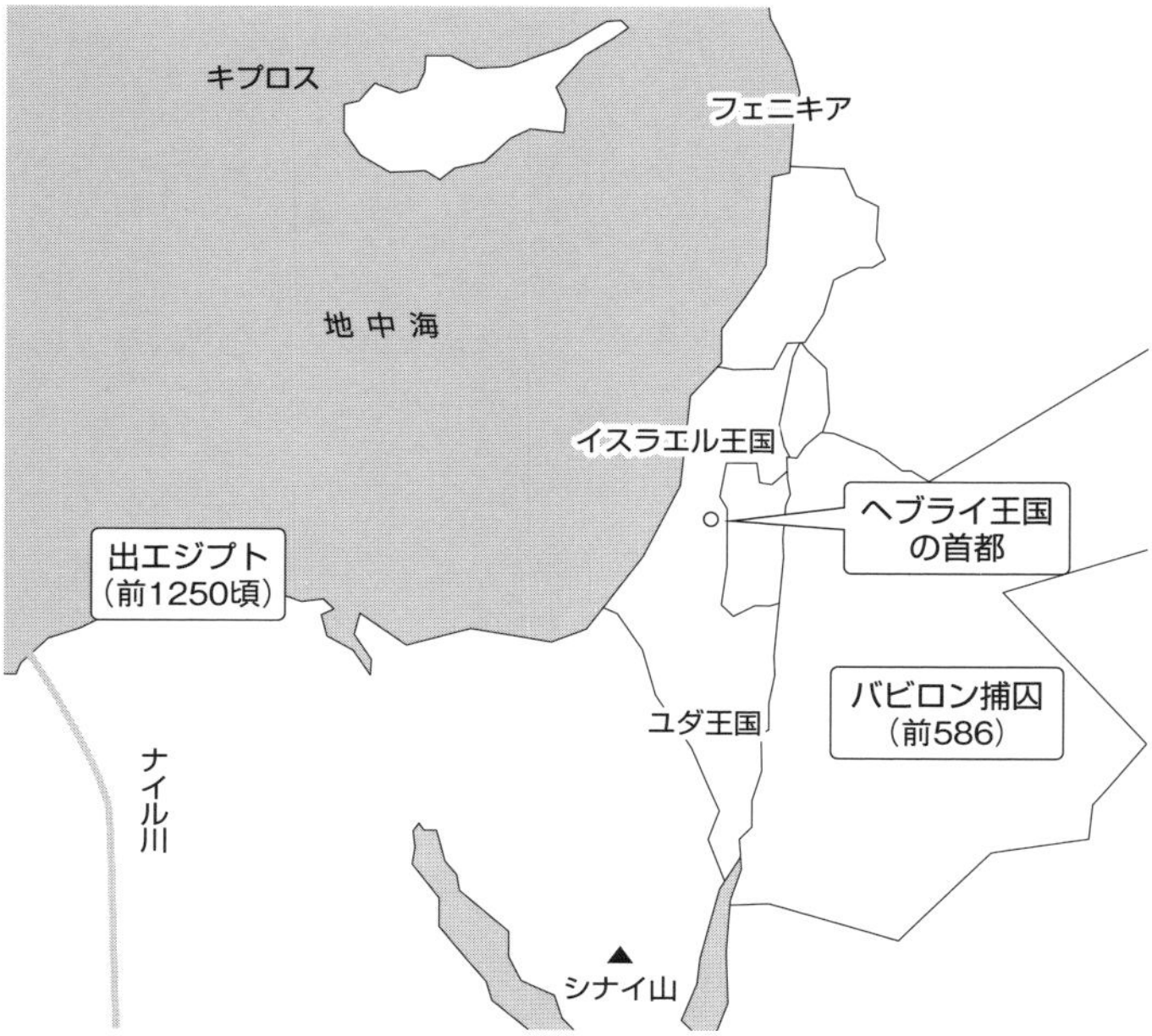

ユダヤ人が始めた金を貸す商売。こうして金融業が広まった。

ユダヤ人の広がり 金融業の発展

3世紀ローマは、民族を超えた「ローマ市民の帝国」となりました。しかし、地中海東岸のパレスチナ地方（現イスラエル国）のユダヤ人たちは、残虐と苦渋のステージに立たされていました。

ユダヤ人は前1000年頃、この地に自分たちの国をもちました。前4世紀、ヘレニズム（ギリシア人の支配）圏に組み込まれても、唯一の神ヤハウェの教えを守り抜きました。しかし66年ローマ皇帝ネロのとき、ユダヤ人への圧迫が強まります。パレスチナは海洋、陸路の中継貿易で栄え、聖書に

●ユダヤ人の歴史

前1250年頃	「出エジプト」モーセの「十戒」	ヘブライ王国
前10世紀	ヘブライ王国の最盛期（第3代ソロモン王の繁栄）	
前922年頃	北のイスラエル王国、南のユダ王国に分裂	
↓		
前722年	イスラエル王国がアッシリア王国に滅ぼされる	ユダヤ教の成立
前586年	ユダ王国が新バビロニアに滅ぼされる（バビロン捕囚）	
前538年	イェルサレムに帰国し、神殿を再建	
↓		
後6年	ローマの直接統治下になる	ローマ帝国支配
66〜74年	第1次ユダヤ戦争	
131〜135年	第2次ユダヤ戦争（ディアスポラの進展）	

は**「乳と蜜の流れる」土地**として紹介されるほどで、パレスチナ州知事は、この地からあらゆる富を持ち去っていきます。ユダヤ戦争はこうした不満が膨れ上がるなかで起こったのです。

　しかし圧倒的なローマ軍に歯が立ちません。ユダヤ人は決断します。パレスチナを出て再びこの地に戻らない、と。これを**ディアスポラ**といいます。ユダヤ人はこうしてヨーロッパ、ロシアへと移って行きました。

　ユダヤ人を待っていたものは、決して明るい未来ではありませんでした。ユダヤ人は土地の取得を認めてもらえなかったため、「働いて得た富はタンス貯金に」というわけにもいかず、泥棒が入ったらどうしようと不安でした。そこで考えたのが**金を貸すという商売**でした。これなら安心。しかも金が儲かる。ユダヤ人の間に金融業が広まったのは、歴史の結果だったのです。

column

戦争の英雄カエサルが世界カレンダーをつくった

毎日の生活のなかで欠かせないもの。そのひとつにカレンダーがあります。1年＝12ヵ月＝365日という国際スタンダードのカレンダーは、2000年以上前の、はるか昔につくられました。

このカレンダーは、当時政治抗争から発展した**ローマ内戦**（紀元前49～前45年）のたまものだったといっても過言ではありません。カレンダーが広まったことで、内戦の勝者の威厳を示すことになったからです。発信したのは、ローマの英雄ユリウス・カエサル。「**賽《さい》は投げられた**」という有名な言葉は、イタリア北東のルビコン川を渡るとき、内戦突入の決意を表したものだといわれています。

ガリア遠征（現フランス・ベルギー・オランダ征服）で力をつけたカエサルは、紀元前48年、元老院議会と結託した政敵ポンペイウスを討ちます。この戦いがカエサル独裁の出現を決定づけました。

そして紀元前46年「**ユリウス暦**」がつくられます。ユリウス暦元年は紀元前45年1月1日とされ、ローマ帝国の最高神祇官《じんぎかん》と独裁官を兼ねたカエサルによって発令されました。

興味深いのは、7月がユリウス（Julius）と名づけられたこと。これはカエサルがユリウス氏族の出であることにちなみます。8月はアウグストゥス（Augustus）。神々しさをかもし出す「尊厳者」の意味です。

ユリウス暦は4年に一度、閏年《うるうどし》を入れて太陽の周期と合わせていましたが、どうしてもズレが起こってしまうため、1582年ローマ教皇グレゴリウス13世の名で調整が行われました。その目的は、キリスト復活祭の正確な月日を計算することでした。単純に言えば、ユリウス暦の閏年は400年に100回。調整版は400年に97回に変更されました。こうした若干の修正を経て、ユリウス暦（改訂ユリウス暦）は今に至っているのです。

なお、**2月が閏年（2月29日）の月になっているのは、ローマ社会の年度はじまりが3月であったから。**最後の月で時間調整を行ったのです。このようにカレンダーは、戦争から生まれたものといえますね。

第2章

中世ヨーロッパとイスラーム世界の戦争

トゥール・ポワティエ間の戦い〈732年〉……34
アッバース革命【ザーブ川の戦い】〈750年〉……38
ヘースティングズの戦い〈1066年〉……40
ノルマン人のイタリア戦争〈1061～1130年〉……42
十字軍派遣の時代〈1096～1291年〉……46
モンゴルの世界征服〈1206～1368年〉……48
ウェールズ侵攻〈1276～1283年〉……50
鄭和の南海遠征〈1405～1433年〉……52
百年戦争〈1339～1453年〉……54

第2章で見る世界史

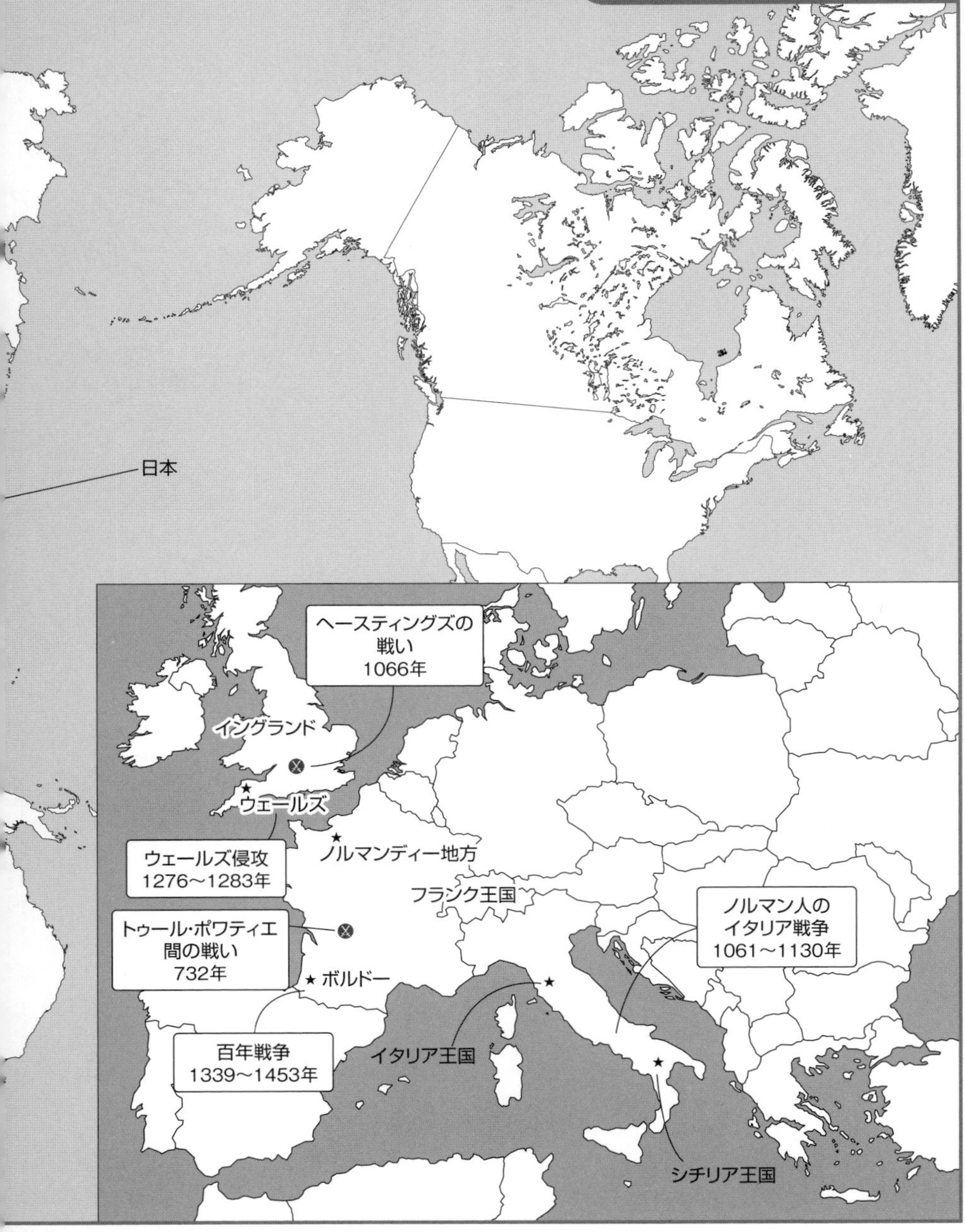
日本
ヘースティングズの
戦い
1066年
イングランド
ウェールズ
ウェールズ侵攻
1276～1283年
ノルマンディー地方
フランク王国
トゥール・ポワティエ
間の戦い
732年
ボルドー
百年戦争
1339～1453年
イタリア王国
ノルマン人の
イタリア戦争
1061～1130年
シチリア王国

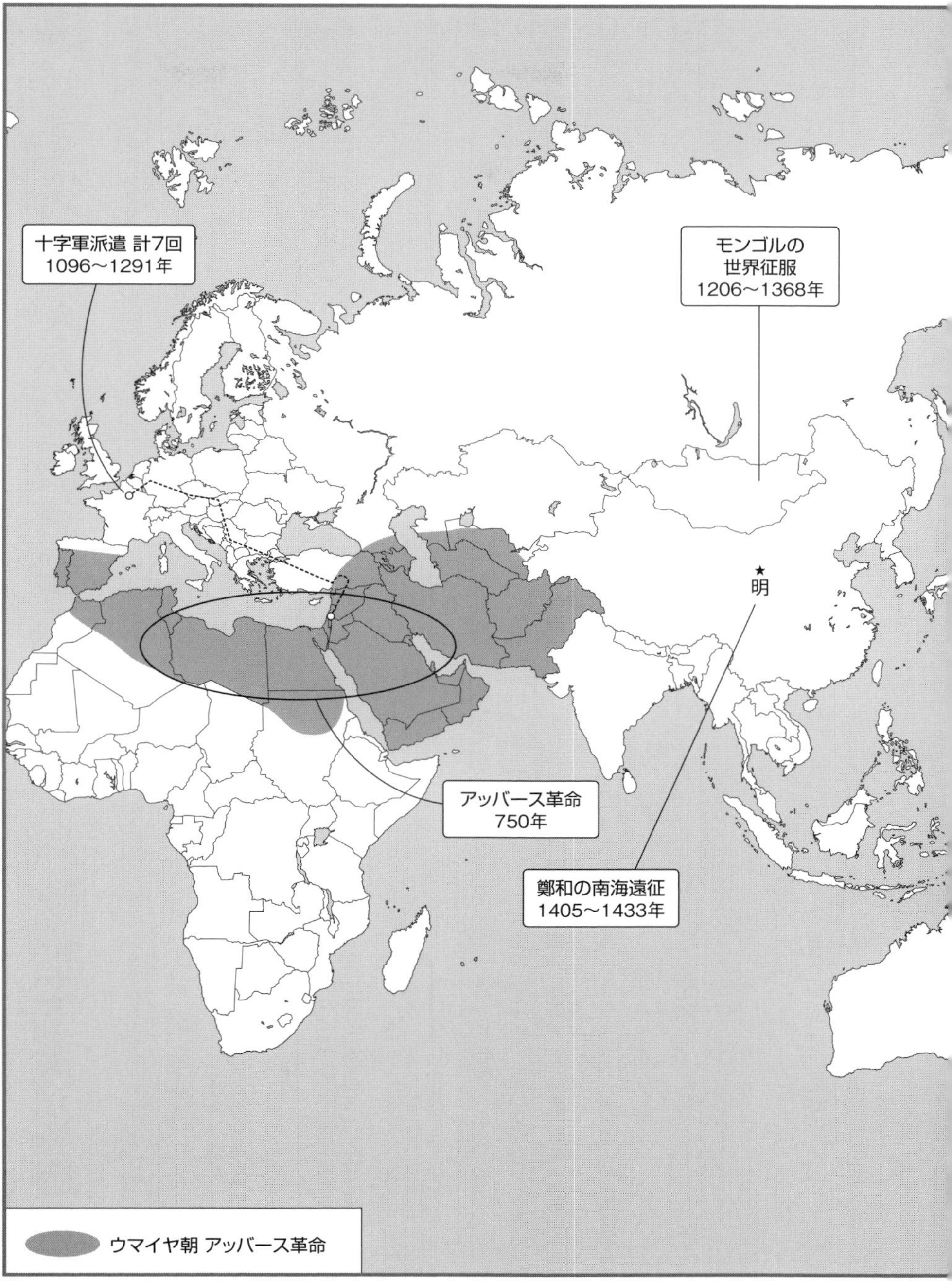
十字軍派遣 計7回
1096〜1291年
モンゴルの
世界征服
1206〜1368年
明
アッバース革命
750年
鄭和の南海遠征
1405〜1433年
ウマイヤ朝 アッバース革命

トゥール・ポワティエ間の戦い　732年

イスラームの侵略がヨーロッパを誕生させた

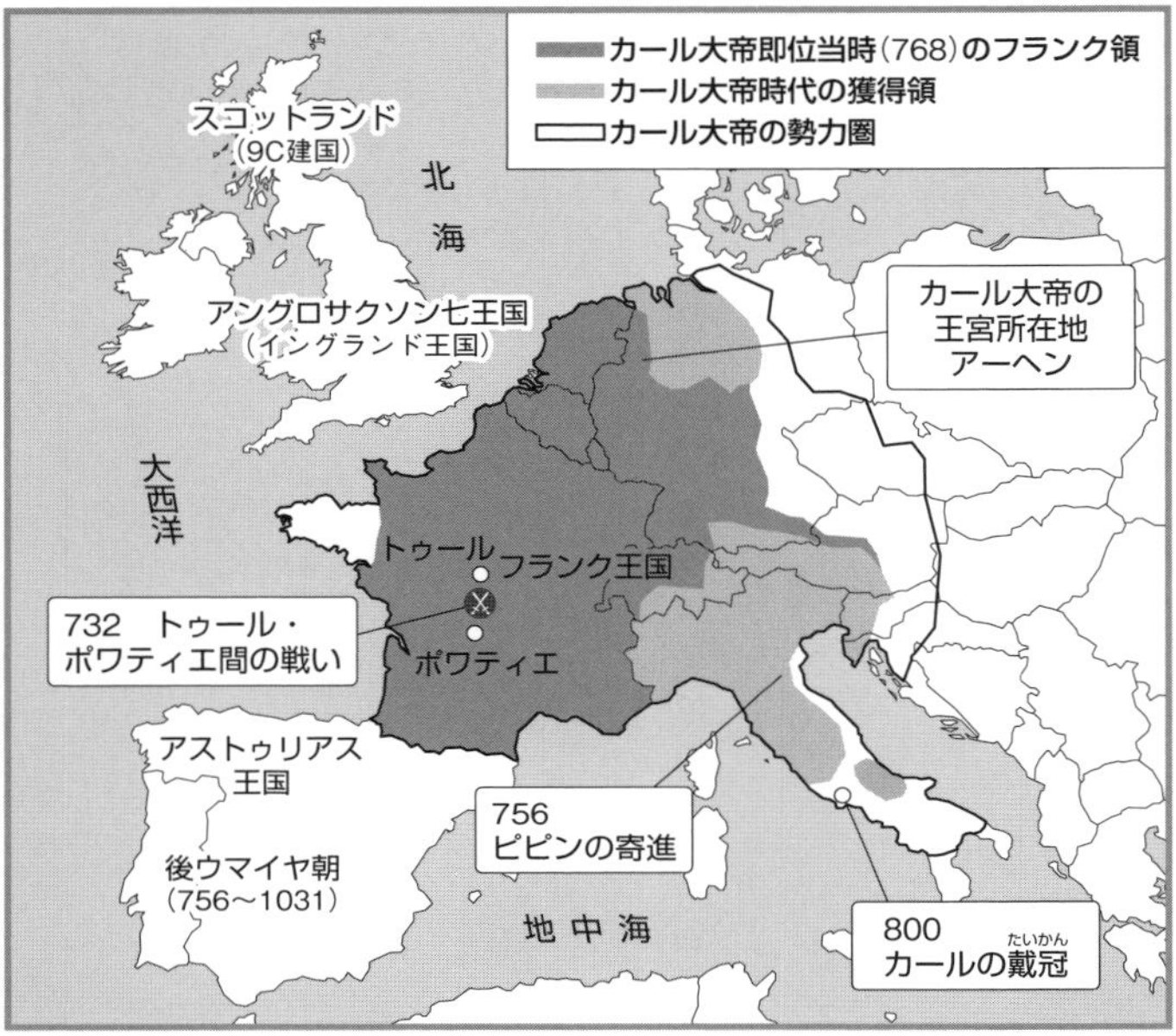
カール大帝即位当時(768)のフランク領
カール大帝時代の獲得領
カール大帝の勢力圏
スコットランド
(9C建国)
北海
アングロサクソン七王国
(イングランド王国)
カール大帝の
王宮所在地
アーヘン
大西洋
トゥール
フランク王国
732　トゥール・
ポワティエ間の戦い
ポワティエ
アストゥリアス
王国
後ウマイヤ朝
(756〜1031)
756
ピピンの寄進
地中海
800
カールの戴冠《たいかん》

即位式でカール１世はローマ教皇から帝冠を受けた。フランク国王はローマ皇帝を兼ねたのだ。

キリスト教の広まりと戦争の関わり

地中海・西ヨーロッパに浸透したキリスト教は、ローマ帝国の版図と重なります。３９２年、ローマ帝国がキリスト教を唯一の宗教にしたからです。ところが４８１年、西ヨーロッパに**ゲルマン人のフランク王国**が誕生しました。フランク王はガチガチのキリスト教のエリアを押さえていくには、その地の宗教文化と上手く付き合っていかないと安定した統治はできないと踏みました。

７３２年、フランク王国がヨーロッパの覇者として試されるときとなりま

人物に迫る！

カール1世（カール大帝）

（742～814年）

カール大帝は「ヨーロッパをつくった男」。今の時代にひっかけると、こう言えるのではないでしょうか。彼が築いたフランク王国から後に、フランス、イタリア、西ドイツ、オランダ、ベルギー、ルクセンブルクができ上がったからです。この国々はEC（ヨーロッパ共同体・1967年）の原加盟国で、後にEU（ヨーロッパ連合・1993年）へ発展します。EUが「フランクの復活」といわれる所以《ゆえん》ですね。

さて、カール大帝の武勲には、ドイツ北西部のザクセン人制圧、イタリアのランゴバルド王国打倒、侵攻してきたアジア系アヴァール人の撃退などがあります。スペインにあった後ウマイヤ朝にも遠征をかけました。一方、イスラーム帝国とよばれたアッバース朝の君主ハールーン・アッラシードとは使節の交換をしています。字は読めませんでしたが、文化の育成には熱心で、イギリスの神学者アルクィンを招いて、ラテン語の普及やキリスト教の保護にも力を入れました（カロリング・ルネサンス）。

カール大帝は小太りで、身長は195㎝のビッグ・ボディ。乗馬、狩猟、水泳に長けていました。なかでも水泳は、得意中の得意。アーヘン（現ドイツ領）の王宮には温水プールがつくられたほどで、泳ぎでは勝てる家臣はいなかったようです。好物は焼肉。さしずめカール大帝は、肉食系武闘派男子といったところでしょうか。

した。イスラーム勢力が西ヨーロッパに攻め込んできたのです。これが**トゥール・ポワティエ間の戦い**。現在のフランスを走るロワール川の南側でぶつかりました。フランク王国はカロリング家のカール・マルテルが大活躍。イスラーム勢力を撃退し、領土を守り抜きました。同時に、この戦いは東西二大宗教の衝突となりました。フランク王国は**イスラーム勢力の侵略からローマ帝国以来のキリスト教圏を守った**ということです。

そして800年、最強の君主カール1世が、キリスト教会の指導者であるローマ教皇から帝冠を受けます。これを**戴冠**《たいかん》といいます。皇帝の即位式のことです。この儀式によってフランク国王は、ローマ皇帝を兼ねることになりました。ヨーロッパ世界成立の瞬間です。教会が最大の権威として君臨することになる時代が始まったのです。

ヨーロッパの誕生と1200年後のEU

EU（ヨーロッパ連合）は、1993年「ヨーロッパはひとつ！」という思いから誕生しました。それには次のような歴史事情がありました。「ヨーロッパの争乱は、大概ドイツとフランスの対立から起こっている。ならば、独仏両国がガチで和解すればいい」

こうして考えられたのが、ライン川域の石炭と鉄鋼の共同運営でした。これが1952年**ECSC**（ヨーロッパ石炭鉄鋼共同体）となって実現すると、独仏の戦いにたびたび巻き込まれてきた周辺のベルギー、オランダ、ルクセンブルク、イタリアも加盟します。この6ヵ国連合が、**後のEU**につながることになるのです。その姿は、1200年前ヨーロッパの誕生となったカール大帝の**フランク帝国領**そのものだったのです。

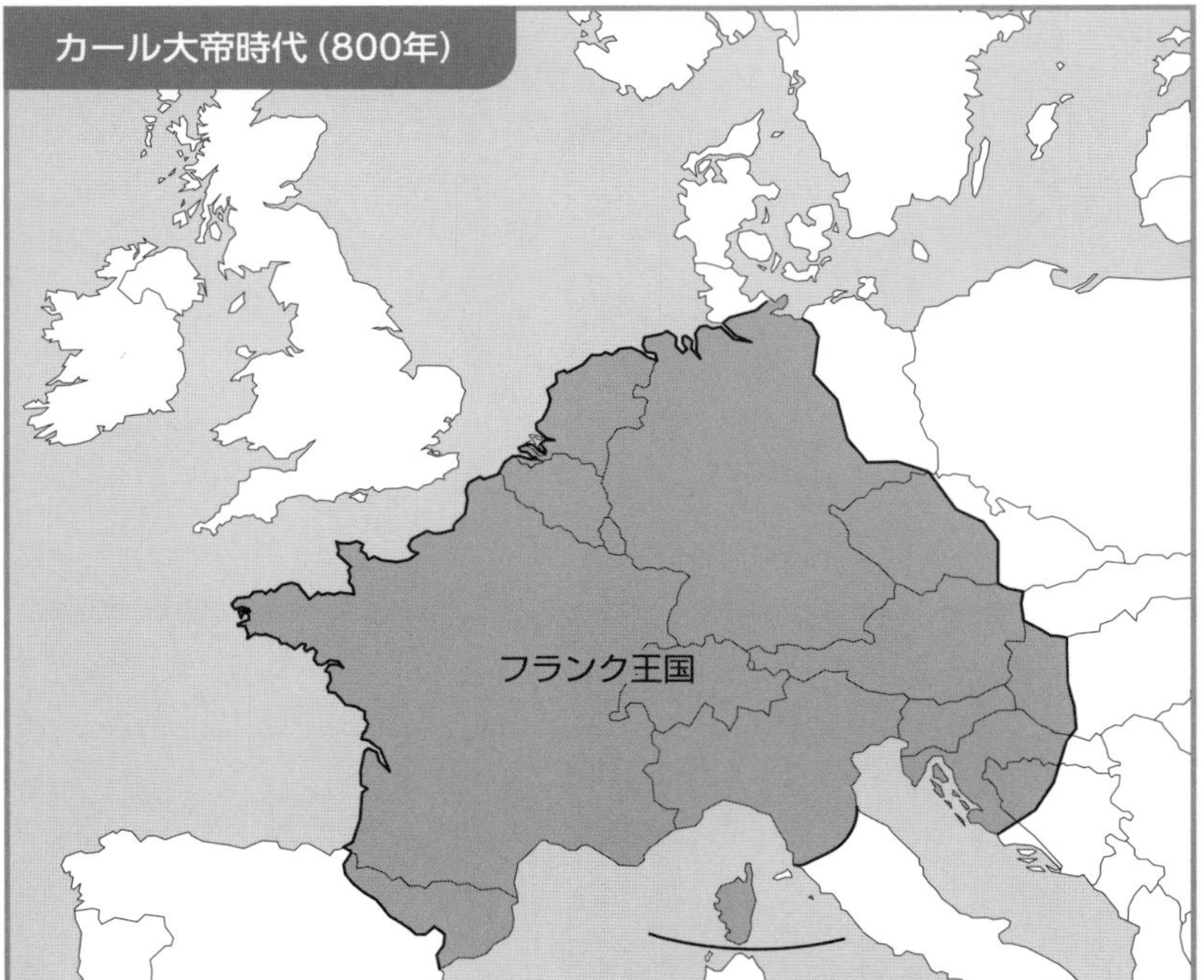

1952年のECSC（黒く塗った国）と現在のEU（アミかけの国）

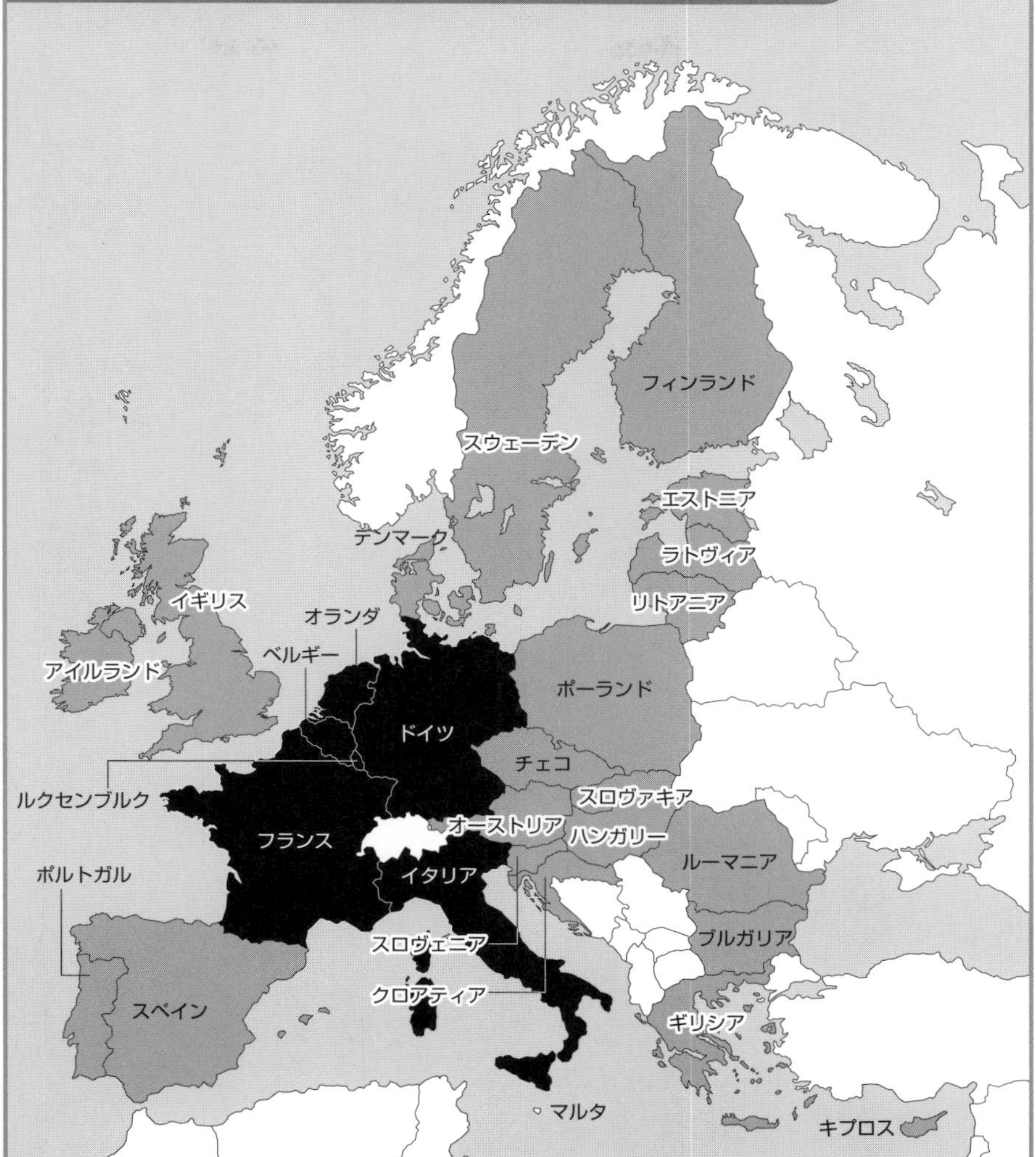
フィンランド
スウェーデン
エストニア
ラトヴィア
デンマーク
リトアニア
イギリス
オランダ
アイルランド
ベルギー
ポーランド
ドイツ
チェコ
ルクセンブルク
スロヴァキア
オーストリア
ハンガリー
フランス
ルーマニア
ポルトガル
イタリア
ブルガリア
スロヴェニア
クロアティア
スペイン
ギリシア
マルタ
キプロス

800年のフランク王国と、1952年にできたECSC（後のEU）はほぼ同じ形をしている。ECSCの加盟国は、フランス、西ドイツ、オランダ、ベルギー、ルクセンブルク、イタリア。

（2020/1/31 イギリスEU離脱）

アッバース革命
ザーブ川の戦い・750年
イスラーム帝国誕生のとき

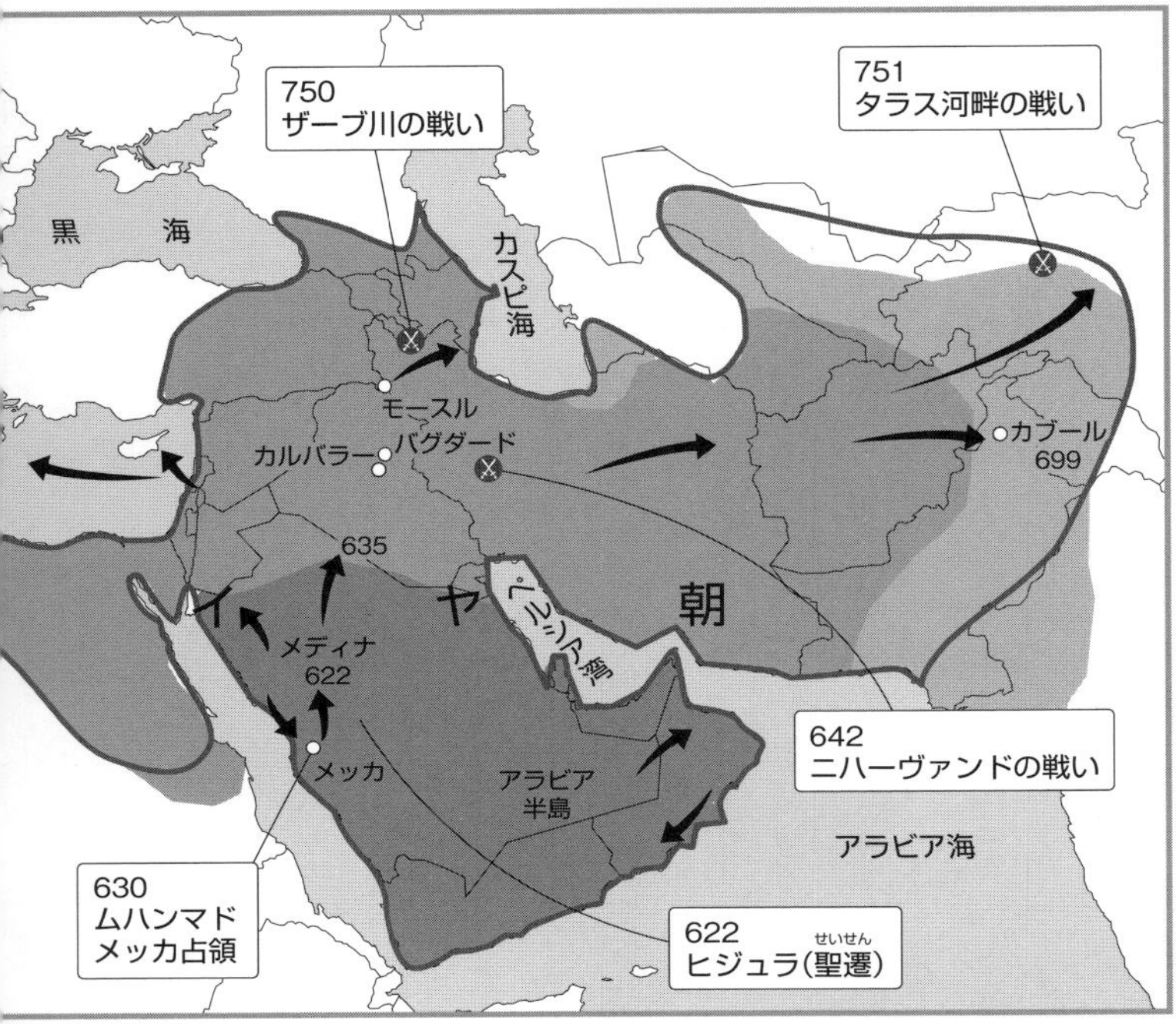

750
ザーブ川の戦い
751
タラス河畔の戦い
黒海
カスピ海
モースル
バグダード
カルバラー
カブール
699
635
イ
ヤ
朝
メディナ
622
メッカ
ペルシア湾
アラビア
半島
アラビア海
642
ニハーヴァンドの戦い
630
ムハンマド
メッカ占領
622
ヒジュラ（聖遷《せいせん》）

税

非アラブ人は重い税の負担に苦しめられていた。

みんなでの税負担が イスラーム帝国を成立させた

中世ヨーロッパが生まれた8世紀、メソポタミア地方を拠点に**イスラーム帝国**が誕生、これがアッバース朝（750~1258年）です。イスラーム教の聖典『クルアーン』（コーラン）には、**キリスト教同様、神の前では信徒はみな平等**と書かれています。ところが7世紀後半になると、ウマイヤ家の出身者がイスラーム社会の指導権（カリフ）を握りました。これがウマイヤ朝（661~750年）です。

イスラーム教は、侵略で世界に領域を広げると、征服された異民族から税

EPISODE

アラビアン・ナイトの誕生

アッバース朝はキリスト教ヨーロッパのフランク王国と良い関係をつくりました。最盛期のカリフとして名高いハールーン・アッラシード（在位786～809年）は、フランク国王カール大帝にインド象を贈ったといいます。このカリフは、『千夜一夜物語』（アラビアン・ナイト）に登場する王さまです。この作品には「アラジンと魔法のランプ」や「アリババと40人の盗賊」などの話も入っています。

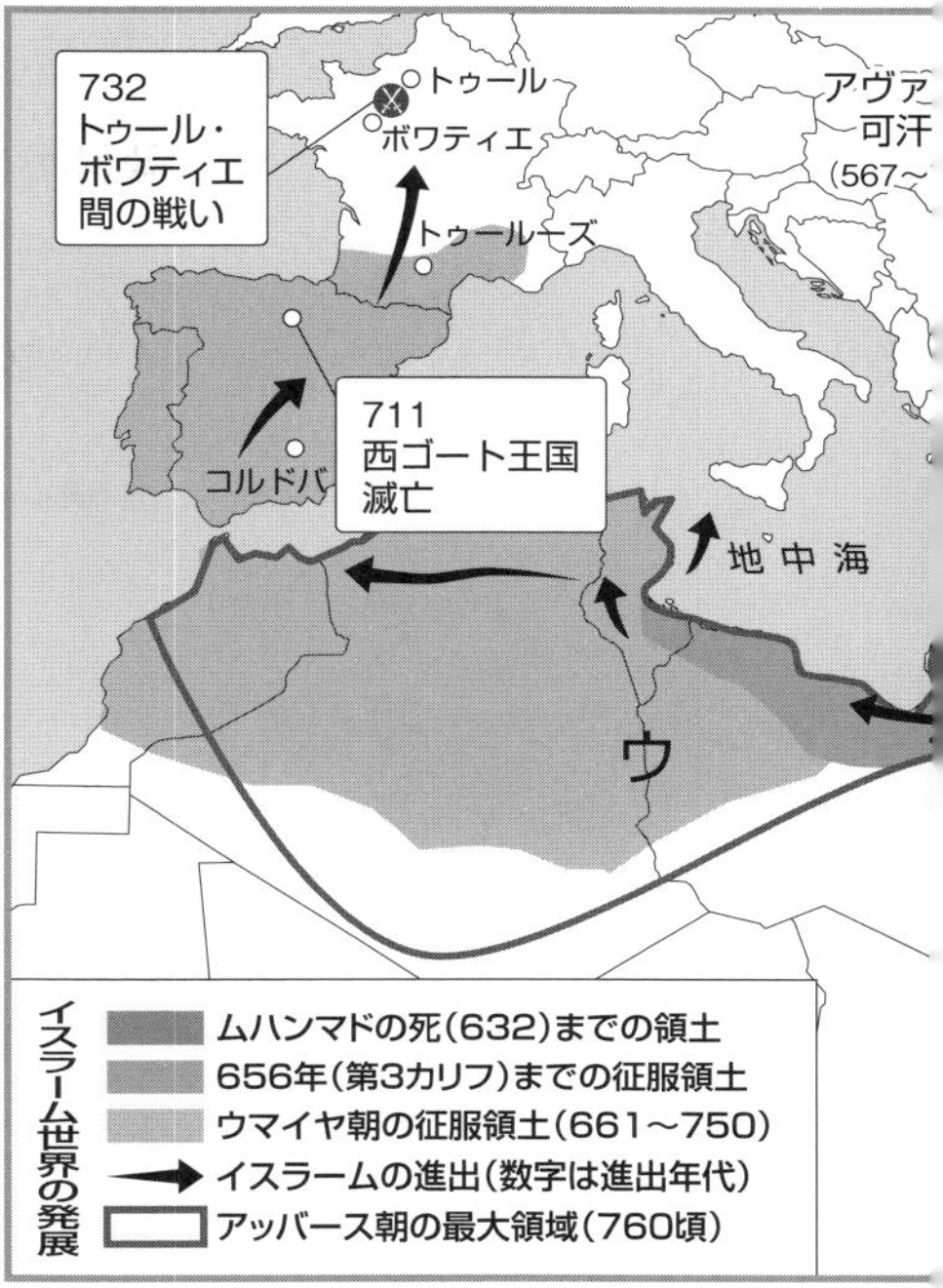
732
トゥール・ボワティエ間の戦い
トゥール
ボワティエ
トゥールーズ
アヴァ
可汗
(567～
711
西ゴート王国滅亡
コルドバ
地中海
ウ
イスラーム世界の発展
ムハンマドの死（632）までの領土
656年（第3カリフ）までの征服領土
ウマイヤ朝の征服領土（661～750）
イスラームの進出（数字は進出年代）
アッバース朝の最大領域（760頃）

税
税

を取りました。一方でアラブ人はなんと免税。非アラブ人はイスラーム教に改宗しても税を負担させられます。

「こんなバカな話はない」。怒りの声が今のイランを中心に広がりました。

反ウマイヤ朝の声をまとめ上げて、新たにカリフを宣言したのが、**アブー・アルアッバース**。これに激怒したウマイヤ朝は750年ティグリス川支流のザーブ川で、アッバースの革命軍と激突。結果、ウマイヤ朝は滅亡し、アッバース朝の誕生を見ました（アッバース革命）。アッバース朝は東はインダス川、中央アジアから、西は地中海のスペインまでの広大な領域を手にしました。**人種や言葉の違いを超えて、イスラーム教でつながる一大社会**が誕生したのです。首都はバグダード（現イラク）。そして税（ハラージュ〈地税〉）は、みんなで負担する。民族と国境を超えたイスラーム帝国成立の瞬間です。

ヘースティングズの戦い　1066年

イギリスはヴァイキングの戦争から生まれた

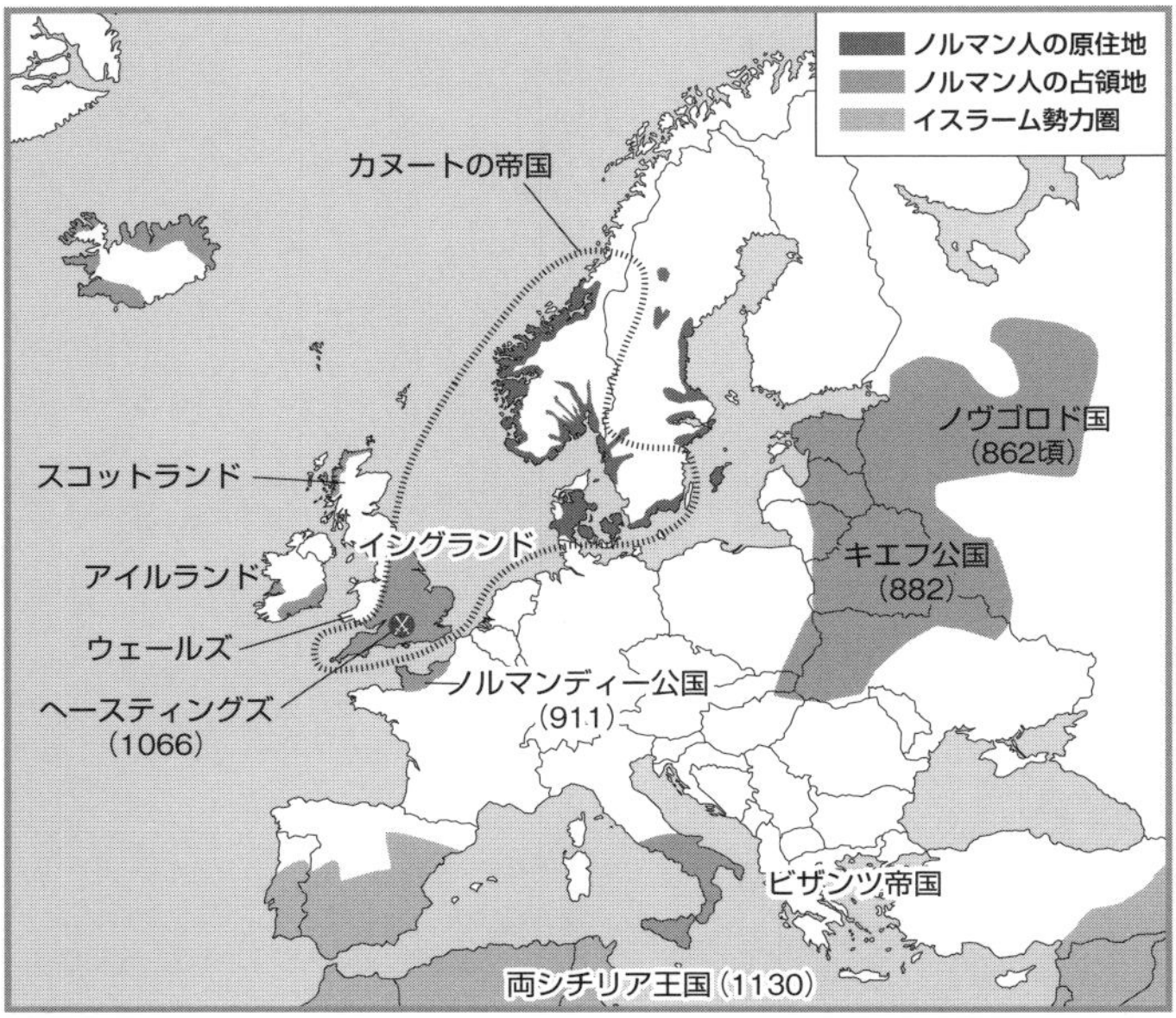

ノルマン人の原住地
ノルマン人の占領地
イスラーム勢力圏
カヌートの帝国
ノヴゴロド国
(862頃)
スコットランド
イングランド
キエフ公国
(882)
アイルランド
ウェールズ
ノルマンディー公国
(911)
ヘースティングズ
(1066)
ビザンツ帝国
両シチリア王国（1130）

北欧からヴァイキングともよばれるノルマン人が移ってきた。

北欧から移り住んだヴァイキング

10世紀になると、ヨーロッパではアッバース朝と交流をもったフランク王国が衰亡。そのとき、ノルマン人の移動と建国のうねりが起こります。彼らは今のデンマーク、ノルウェー、スウェーデンといった北欧世界から東西に移っていきました。

彼らはヴァイキングともよばれます。ロシアに入ったのはノルマン人の一派ルス族（Russ）。以来**「ルス族の土地」**という意味で、この地は**Russia（ロシア）**となります。

PICK UP

ブタを英語で、ピッグ、ポークといいます。この2つ、どう違うのでしょうか？

今の日本では、動物園にいるのがピッグで、加工された食用肉がポークと使い分けられています。もともとこのような使い分けはされていませんでした。

1066年のヘースティングズの戦いをきっかけに、イギリスにフランス語が広がりました。ポークはフランス語のporcに由来しています。フランス語がイギリスに浸透し、英語として定着したのです。これも戦争の影響といえるでしょう。

北欧から移り住み戦争から生まれたイギリス

フランス北部にはノルマンディー地方があります。911年、ノルマン人がこの地に建てたのが、**ノルマンディー公国**。11世紀には、その子孫ウィリアム1世が一大決心を見せます。目の前に広がるドーバー海峡を越えて、イギリスに渡るというのです。こうして1066年、**ヘースティングズの戦い**で、現地のアングロ・サクソン人を破り、**ノルマン朝**（1066～1154年）が開かれました。

おわかりかと思いますが、この戦争が今のイギリス建国のルーツとなりました。イギリスは、フランスからやって来たノルマンディー公が建国したのです。初代国王に就いた**ウィリアム1世**は、イギリス内の領主を処罰するのではなく、家来（封建諸侯）に召し抱えて、国内をまとめ上げました。

ヘースティングズの戦いは、後のヨーロッパ史に多大な影響を及ぼします。ノルマン朝からすれば、フランス内にある**ノルマンディー公領はイギリスのものと主張**。この領土がイギリスのものか、それともフランスのものか。その領有権をめぐって英仏関係は悪化。14世紀には領土や経済利権をめぐって、**百年戦争**へ発展することになります。

ノルマン人のイタリア戦争 1061～1130年

「打倒！ローマ帝国」の野望を抱いたノルマン人

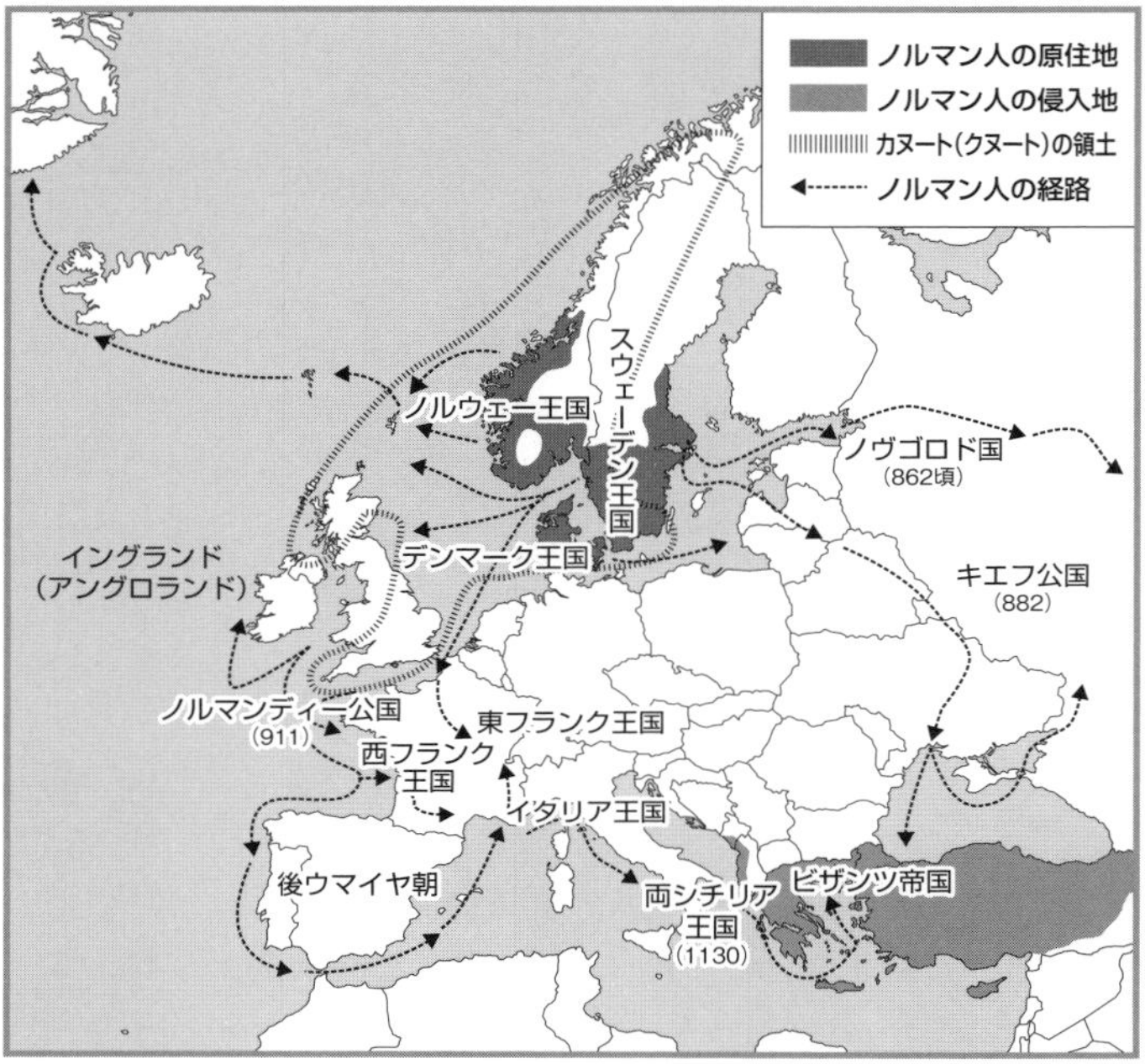
ノルマン人の原住地
ノルマン人の侵入地
カヌート（クヌート）の領土
ノルマン人の経路
スウェーデン王国
ノルウェー王国
ノヴゴロド国
（862頃）
イングランド
（アングロランド）
デンマーク王国
キエフ公国
（882）
ノルマンディー公国
（911）
東フランク王国
西フランク
王国
イタリア王国
後ウマイヤ朝
両シチリア
王国
（1130）
ビザンツ帝国

シチリア島は海洋交易の
中継地だった。

南イタリアの争奪戦 活躍したノルマンディー

11世紀になると、フランス北部にあったノルマンディー公国からノルマン人の海外流出が多くなります。イギリスに渡ってノルマン朝を建てたのも、こうした動きのひとつ。ある者は山賊や海賊になりました。

そんななか、南イタリアに向かった者もいました。ここは地中海の中央に位置し、イタリア半島の突端にはシチリア島があります。航路、海洋交易の中継地として、古くから繁栄したエリアです。それだけに南イタリアは**ローマ教会、イスラーム勢力、東ローマ帝**

国の争奪の場となりました。ノルマン人は、この争奪戦の渦中で傭兵《ようへい》となって活躍します。

こうしたなか頭角を現したのが**ロベール・ギスカール**でした。ロベールは、軍人としてローマ教皇に仕えると、シチリア島や半島南部の各地を領地としてもらいました。ところが領地とは名ばかり。実際はイスラーム勢力や東ローマ帝国の支配下にありました。要は〈領地は自分の手で取れ!〉と。

領地を奪い取る野望は志半ばで潰えた

ロベールは、まずイスラーム勢力を退けてシチリア島を押さえます。そして1061年、東ローマ帝国を倒すため、イタリア半島南部を制圧した後、いよいよバルカン半島内(現アルバニア)に進軍。ですが、**熱病に冒され、その野望は潰《つい》えました。**

ロベールは弟ルッジェーロ1世にシチリア島の統治を任せ、シチリア王国を宣言。そして息子のルッジェーロ2世の代に、シチリア島を要に南イタリアをまとめ上げ、1130年**シチリア王国**(両シチリア王国)を建てました。地中海中央部の争奪戦で勝利したのは、伏兵ノルマン人だったのです。

EPISODE

イスラーム世界で生み出された紋様

冬の季節にセーターは欠かせませんよね。セーターはもともと、漁師の防寒着として広まったもので、手芸技術の極致です。その編み方は多種多様。手芸技術は、幾何学紋様が発達したイスラーム世界で考案されました。それを教わったノルマン人によって11世紀末、シチリア島からイギリス海峡のジャージー島に伝えられたのです。

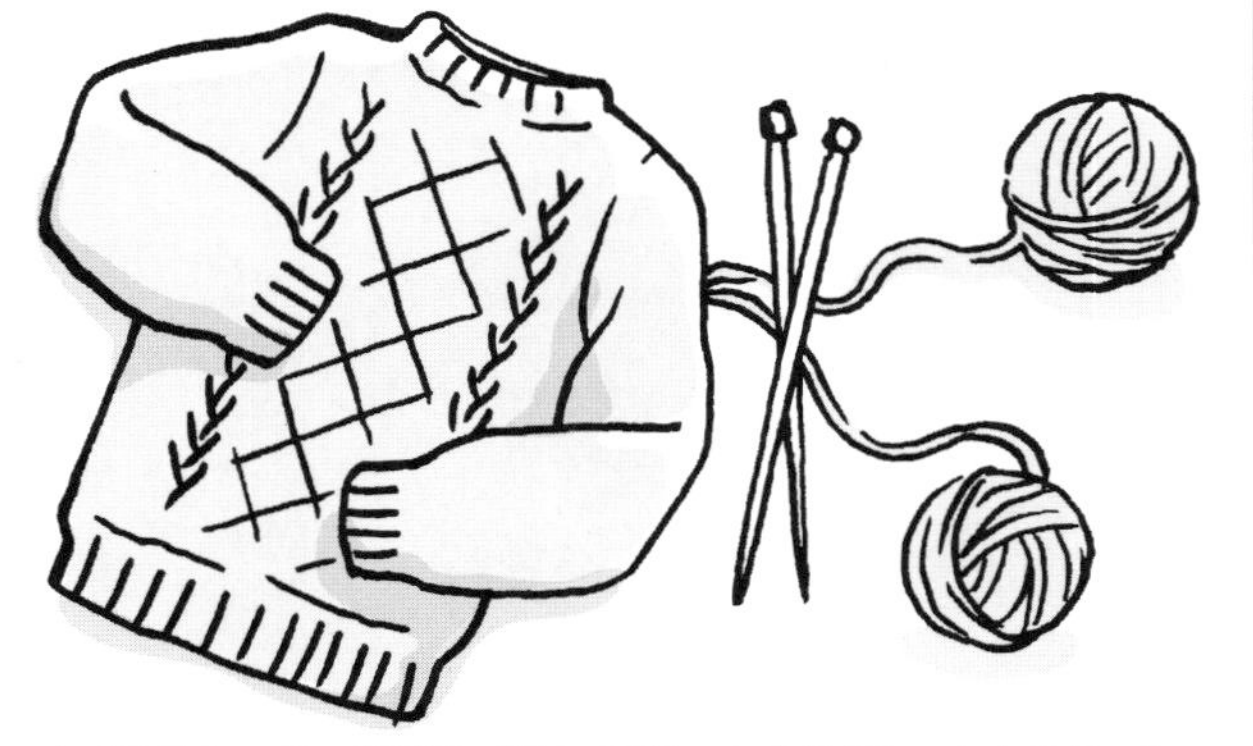

よく見るセーターの模様。実はイスラームから伝わったものだった。

十字軍とはキリスト教国を攻めること!?

十字軍派遣が「キリスト教VSイスラーム教」の戦いと思っていると、理解できないものがあります。

イタリア商業国家のヴェネツィアが起ち上げた第4回派遣（1202〜04年）は、なんと**ビザンツ帝国の首都コンスタンティノープルを攻めた**のです。ビザンツ帝国はキリスト教を国教としていたので、宗教の問題とはいえません。そして首都を占領すると、そこに「ラテン帝国」（1204〜61年）という名の植民地を建てました。

コンスタンティノープルは、昔ながらのシルクロードの発着点です。港から黒海に出ればヨーロッパにつながるドナウ川の河口があります。そしてロシア貿易航路のドニエプル川に行くことも可能な場所です。

ヴェネツィアは国際商業網を仕切っ

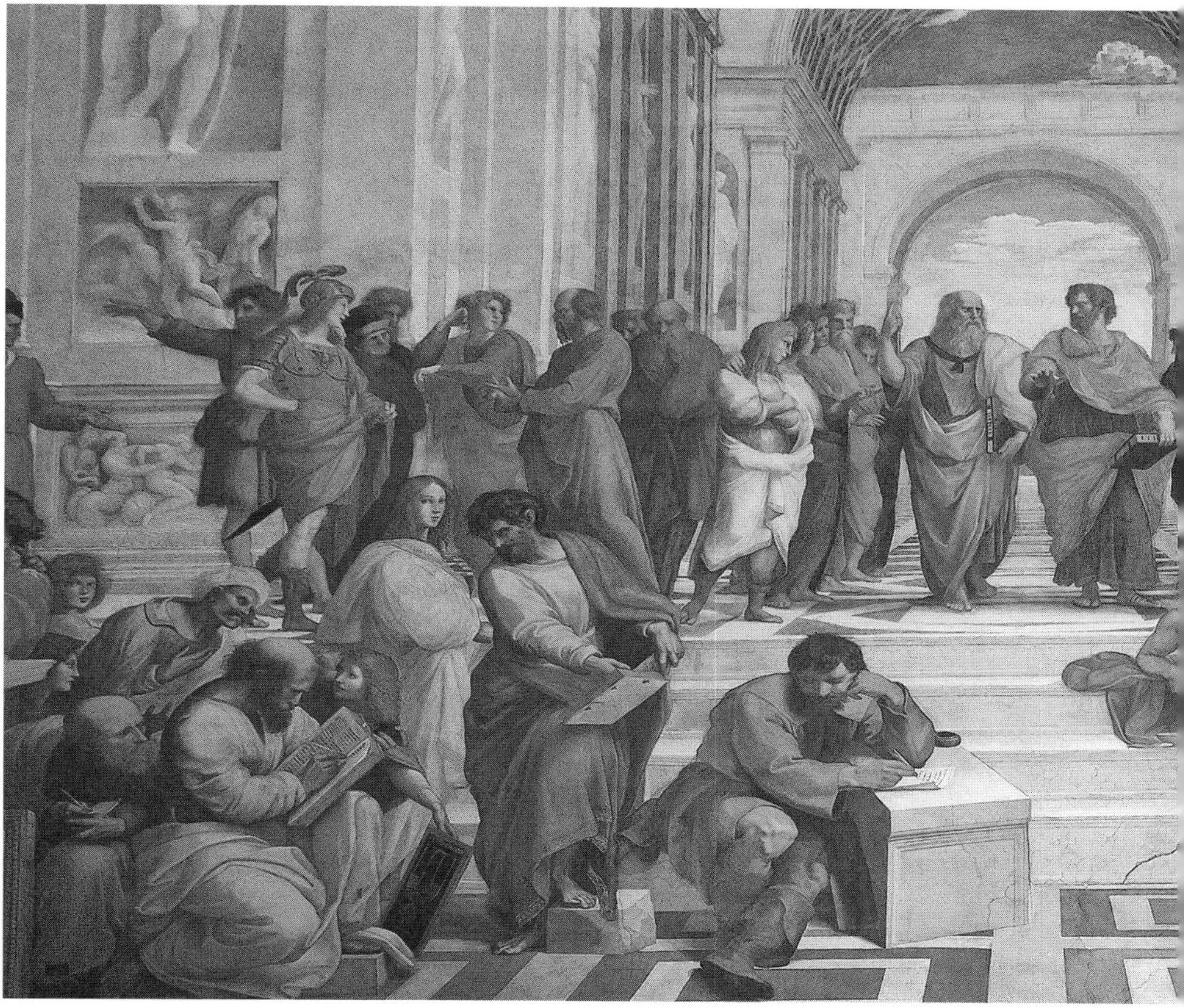

「アテナイの学堂」

ラファエロ・サンティの代表作のひとつ。アテネの学堂に集う古代ギリシアやローマの賢人たちが描かれています。画面中央に位置するのは、プラトンとアリストテレス。天を指しているプラトンは、理想世界の模倣として現実世界は存在すべきとしたのに対し、地上に手のひらを向けているアリストテレスは、物事の本質はこの現実の世界にあると主張したといわれています。5m×7.7mの大きな絵画で、現在はバチカン宮殿の署名の間に所蔵されています。

画像提供：株式会社アフロ

て、経済権益を手にしようという「**おいしい十字軍**」をプロデュースしたのです。

十字軍派遣の時代

1096～1291年

商業・都市・大学・キリスト教・旅行はこのとき発達した

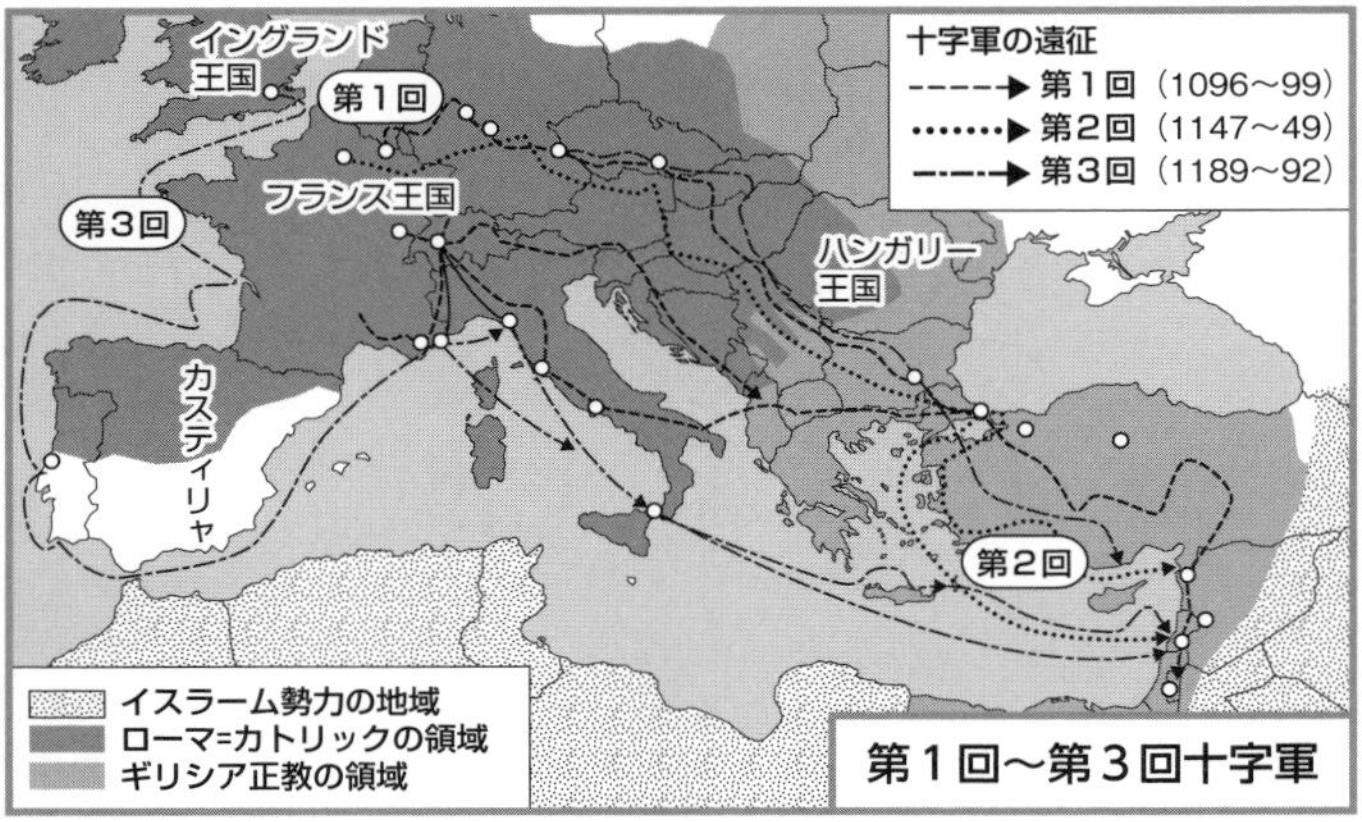

十字軍の遠征
第１回（1096～99）
第２回（1147～49）
第３回（1189～92）
イングランド王国
フランス王国
ハンガリー王国
カスティリャ
第１回
第２回
第３回
イスラーム勢力の地域
ローマ=カトリックの領域
ギリシア正教の領域

第１回～第３回十字軍

7回にも及ぶ十字軍派遣が始まった

ノルマン人が南イタリアを制した11世紀末のこと。ローマ教皇に東ローマ皇帝から援軍派遣の要請がありました。ノルマン軍にやり込められた東ローマ帝国は、同じとき東方からイスラーム勢力の侵攻を受けていました。教皇は、この要請を利用して聖地イェルサレムを奪い返し、地中海全キリスト教圏を一手に握ろうとしたのです。

こうして始まったのが、計7回に及ぶ**十字軍Crusades派遣（1096～1291年）**です。〈キリスト教とイスラーム教の全面衝突の時代〉となったのです。

当初、十字軍がイェルサレムの奪取に成功しますが、12世紀末、イスラーム世界に英雄**サラディン**（サラーフ・アッディーン）が登場します。以来、十字軍側は劣勢を見て、派遣は失敗してしまいます。

十字軍派遣が現在の大学にもつながっている

この間、ヨーロッパは農業生産の向上を背景に各地で商業都市の発達を見ました。それを象徴したのが、**第4回十字軍派遣**（1202～04年）。リーダーは、北イタリアのヴェネツィアです。東西交易の要衝である東ローマの

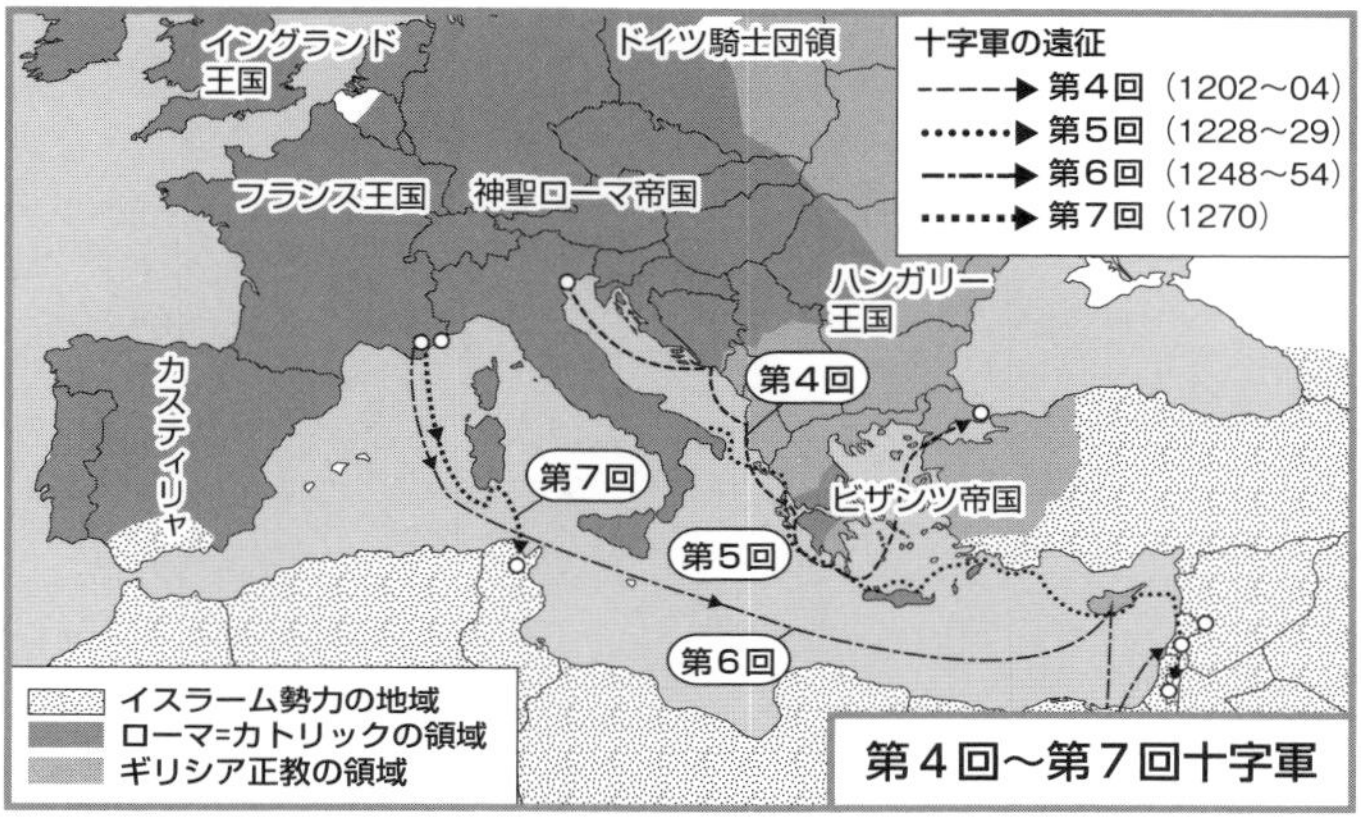
イングランド王国
ドイツ騎士団領
フランス王国
神聖ローマ帝国
ハンガリー王国
カスティリャ
ビザンツ帝国
第4回
第5回
第6回
第7回
十字軍の遠征
第4回（1202〜04）
第5回（1228〜29）
第6回（1248〜54）
第7回（1270）
イスラーム勢力の地域
ローマ=カトリックの領域
ギリシア正教の領域
第4回〜第7回十字軍

●十字軍派遣で発展したもの

絹
翻訳
大学
胡椒

首都コンスタンティノープルを占領し、半世紀以上もこの地を支配しました。

　また、イスラーム商人との交易も進展しました。彼らを通じて、絹や胡椒《こしょう》のほか、たくさんの文献が翻訳、紹介され、神学、法学、医学が発展しました。この状況は**ウニフェルシタス（大学。universitas）**の設立につながりました。

　さらに、庶民も巡礼という名の旅行を楽しみました。特にローマやスペインのサンチャゴ・デ・コンポステラなどが人気を博します。十字軍派遣は、**ヨーロッパ社会を塗り替えるもの**となったのです。

モンゴルの世界征服 1206～1368年

なぜ、チンギス・ハンは世界征服を企んだのか

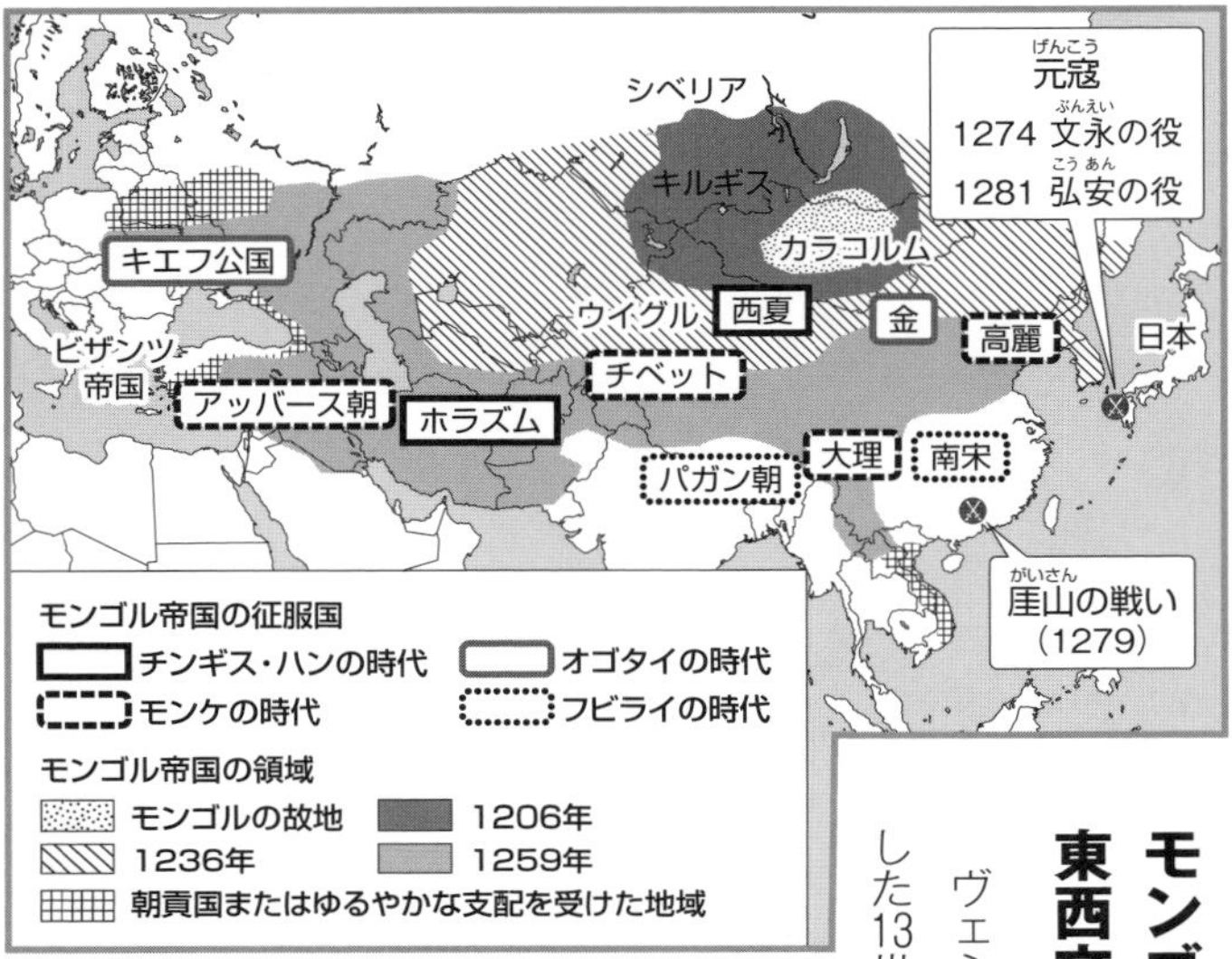
元寇《げんこう》
1274 文永《ぶんえい》の役
1281 弘安《こうあん》の役
シベリア
キルギス
カラコルム
キエフ公国
ウイグル
西夏
金
高麗
日本
ビザンツ帝国
アッバース朝
ホラズム
チベット
大理
南宋
パガン朝
厓山《がいさん》の戦い
（1279）
モンゴル帝国の征服国
チンギス・ハンの時代
オゴタイの時代
モンケの時代
フビライの時代
モンゴル帝国の領域
モンゴルの故地
1206年
1236年
1259年
朝貢国またはゆるやかな支配を受けた地域

モンゴル帝国の成立 東西文化の交流が活発に

ヴェネツィアが十字軍派遣をリードした13世紀初め、遠くモンゴル高原では、**チンギス・ハンが皇帝に即位しました。**モンゴル帝国建設の幕が切って落とされた瞬間です。

モンゴルは東西世界を押さえて、**商業を土台とする世界帝国**をつくろうとしたのです。遠征はそのためのもの。まず、中央アジアからイランにあったホラズム国、そして黄河上流の西夏、中国北半部から満州を勢力圏とした女真族の金朝《きんちょう》の3国を制します。こうしてシルクロードはモンゴルの手中に入りました。

続いてヨーロッパに侵攻。1241年、ワールシュタットの戦いで、ドイツ・ポーランド連合軍を打ち破るとともに、ロシアにキプチャク・ハン国を建てました。これを警戒したローマ教皇は、モンゴルとの話し合いを考えて、使節を送ります。

そして**第5代フビライ・ハン**の時代、首都は大都（現北京）に移され、元朝が成立（1271年）しました。海上交易路を握るため、日本、東南アジアへの遠征を企図。これは上手くいきませんでしたが、商業貿易が互いの繁栄

EPISODE

ステーキ肉と帝国の勢力はつながっている？

モンゴルのステーキ料理を見たことがあるでしょうか。細切りにした生の馬肉にスパイスをまぶしたもので、タルタル・ステーキとよばれています。そもそもはドイツ港市のハンブルクに伝わりますが、馬肉ではなく、牛肉をミンチにして焼いて食べました。みなさんもよく知っているハンブルク（ハンバーグ）・ステーキですね。

一方、タルタル・ステーキは朝鮮半島に伝わるとユッケをうみ出しました。ステーキからモンゴル帝国の勢力圏が浮かび上がるのです。

●モンゴルの強さはここにあり

軍隊	軽装備の騎兵のみ。移動速度は１日約70㎞にもなった（敵の歩兵軍隊は１日20〜30㎞）。
馬	モンゴル馬は小柄で貧弱だが持久力がある。皮はよろいや渡河時の浮き袋として、肉は食料、血は水のかわり、骨は矢じりで使用。
武器	強力なモンゴル弓を使い、接近戦を避けることで兵員の損失を避けた。
規律	軍の規律は厳しく、違反者は死刑などの厳罰に処される。
制度	千戸《せんこ》制といい、チンギス・ハンが建国時に全国の遊牧民を95の集団に分け、約1000人を１隊として功臣に率いさせた。
協力	ムスリム商人から資金や物資、情報の提供を受けた。
主義	実力主義であり、異民族でも功績があれば昇進可。

をもたらすならば、アジア諸国はモンゴルの傘下に入ろうということになりました。日本も九州の博多を窓口に、**元朝と貿易**を行いました。

また、世界征服をきっかけに、東西文化の交流が進みました。西からはイスラーム天文学が紹介され、正確なカレンダー**「授時暦」**がつくられます。

東からはリアルな表現技法の中国絵画がイランやインドに広がり、イスラーム絵画の発展に影響をもたらしました。征服戦争と文化は一体のものなのです。

ウェールズ侵攻　1276～1283年

なぜ「プリンス・オブ・ウェールズ」がイギリス国王なのか

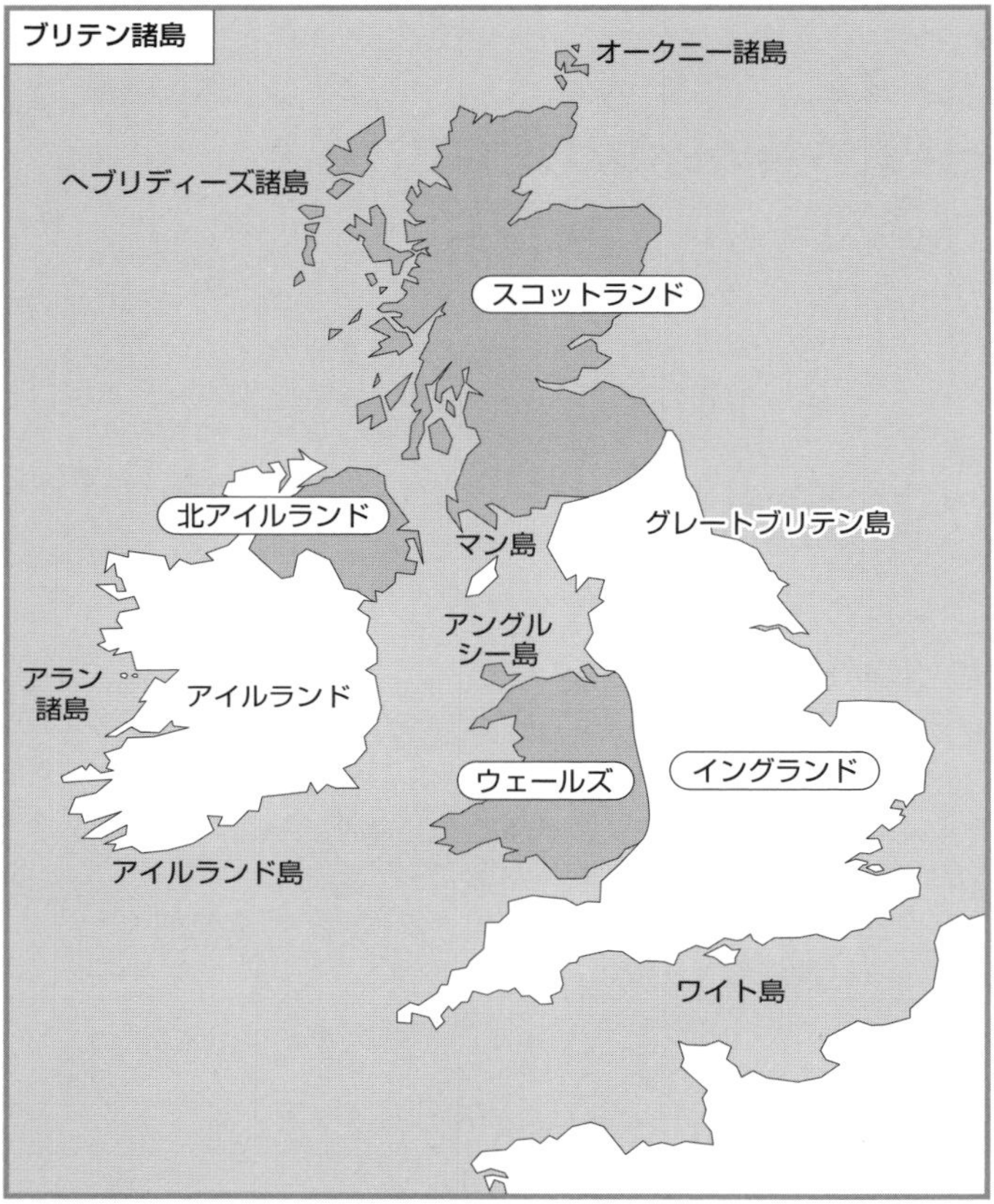

ブリテン諸島
オークニー諸島
ヘブリディーズ諸島
スコットランド
北アイルランド
グレートブリテン島
マン島
アングルシー島
アラン諸島
アイルランド
ウェールズ
イングランド
アイルランド島
ワイト島

現代のイギリスにつながるウェールズ公国の指導者

1264年、イギリスではシモン・ド・モンフォールを先頭に、貴族たちが国王の横暴を非難して反乱を起こしました。この事態は1295年の**身分制議会の成立**につながります。議会が王権を牽制する存在となり、今のイギリス議会のルーツになったのです。こうした政局にあって、時の国王エドワード1世は「強い君主」になろうと、隣国の**ウェールズ公国**（1258～83年）に侵攻します。ねらいは領土の併合。しかし**「プリンス・オブ・ウェールズ」**を名のる現地指導者グリフィズ

EPISODE

なぜラグビーに「イギリス」チームはないのか？

激戦の球技といえば、なんといってもラグビーです。2019年のワールドカップでも、世界各国の代表チームが闘争心とノーサイドの精神を大いに示しました。ところが「イギリス」というチームはありません。これはどういうことでしょう？

その辺りの事情は、イギリスの歴史と深く結びついています。現在のイギリスは、200年ほど前に誕生しました。「えっ、そんな……もっと前からあったはず」と思われることでしょう。日本でいうイギリスという国は、実は1801年に発足した「**グレートブリテンおよびアイルランド同君連合王国**」（UK：United Kingdom）を指します。

本来イギリスは「イングランド王国 England」のこと。この国の人々や言語を「イングリッシュ English」といいます。イングランドは11世紀半ば、フランスからやって来たノルマン朝（1066〜1154年）に始まります。そして13世紀末、イングランドは西隣の「ウェールズ公国 Wales」を征服。18世紀初めには、北の「スコットランド王国 Scotland」を併合。しかもこの間の17世紀末「アイルランド王国 Ireland」を植民地にしました。これが合わさってUKとよばれる「同君連合＝現イギリス」が生まれたのです。同君とは、ひとりの君主（イングランド国王）を４国共通の国王とする体制。こうした歴史性からイギリスの場合、４国別々のチームで参加する「特権」が認められているのです。ラグビーは、イングランドの名門ラグビー高校から始まったから。こういったら言い過ぎかもしれませんが、ラグビーはイギリスで始まり、イギリスの歴史そのものなのです。

も負けていません。激しく抵抗し、最終的にイギリスがウェールズを制したのは、１２８３年のことでした。

それでも国王には不安がつきまといます。〈今後ウェールズを安定して治めていくには、どうしたらいいのか？〉。そこでエドワード1世は、一世一代のパフォーマンスを打ちます。妻をウェールズによび、自分の後継ぎの出産を、この地で行わせたのです。つまり**「ウェールズの第一人者」**がイギリス新国王に就く、と。当時、「プリンス」は皇太子という意味ではなく、**「最強の指導者」**くらいの意味でした。ラテン語の**プリンケプス（第一人者。princeps）**に由来します。こうして次代のエドワード2世は、「ウェールズの第一人者」として国王に。以来、強豪のウェールズを治める戦略が、今のイギリス国王即位の儀式に引き継がれているのです。

中華の「国際」づくりは東アフリカまで及んだ

鄭和の南海遠征

１４０５～１４３３年

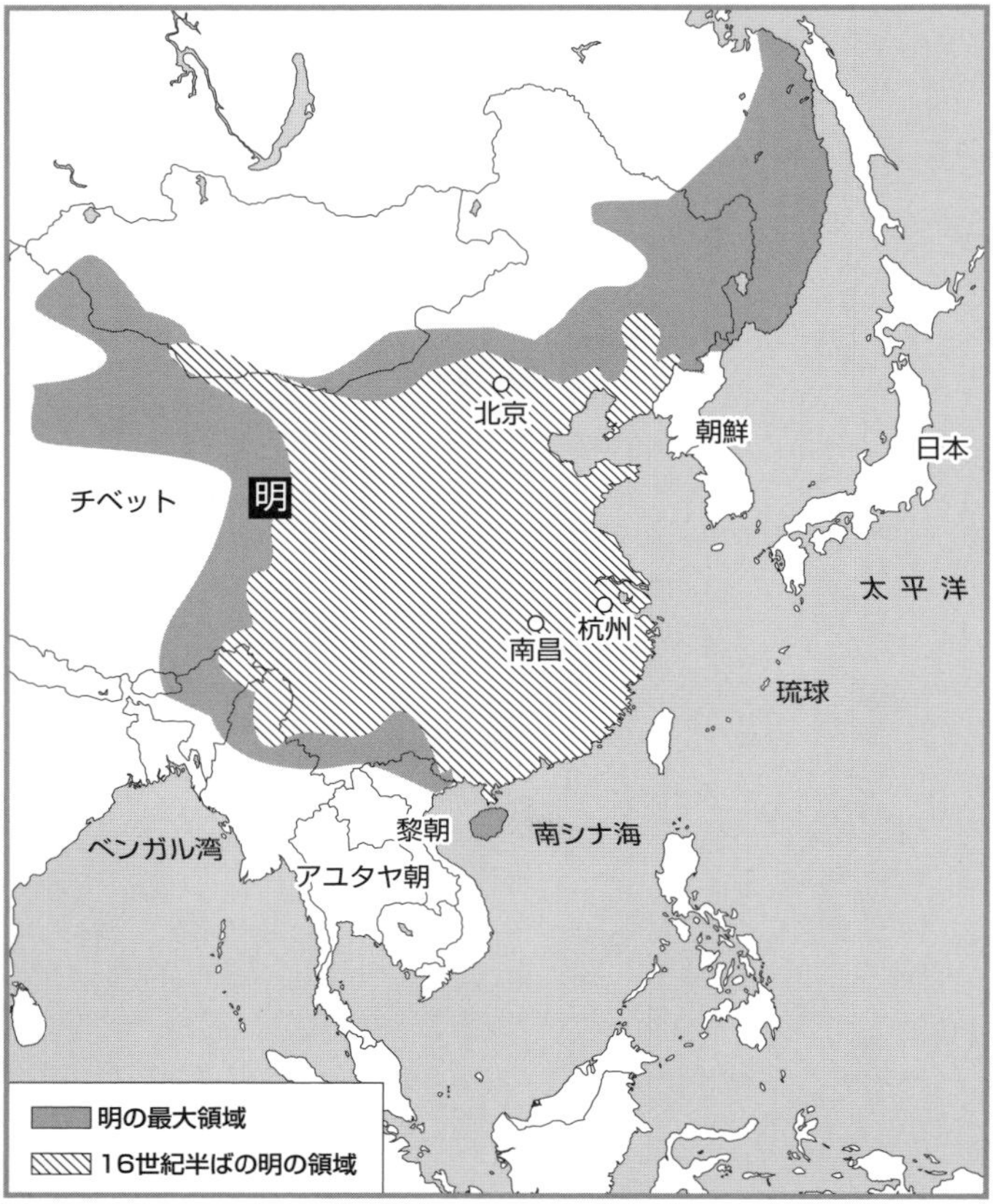
北京
朝鮮
日本
チベット
明
太平洋
杭州
南昌
琉球
黎朝
南シナ海
ベンガル湾
アユタヤ朝
明の最大領域
16世紀半ばの明の領域

キリンが贈り物⁉ 戦わない戦争があった

モンゴルの元朝が滅ぶと、中国で明国（１３６８～１６４４年）が成立。永楽帝《えいらくてい》の時代には鄭和《ていわ》の南海遠征（１４０５～33年・計７回）が始まります。遠征といっても、南シナ海からインド洋を回って、**諸外国に明国への朝貢《ちょうこう》**をよびかけるもの。「中華」の世界をつくるためでした。

船団には航海士や水夫、遠征業務に関わる２万７０００人が参加しました。鄭和はイスラーム教徒で、船団の行き先は海洋に面したイスラーム文化圏。同じ宗教を信仰する者同士なら話が通

EPISODE

当時の貿易って？

実は、明国には貿易どころか、外交というものもありませんでした。外交とは、主権国家同士の対等性が大前提。明国は、世界は「華《か》と夷《い》」から成っていると見ます。華というのは、漢民族(Chinese)とその文化。これが世界の中心で、それ以外は「夷」。つまり未開・野蛮と見ます。ですから明国にあるのは、**朝貢**という関係だけでした。未開・野蛮と見なされる周辺の王たちは、明国の君主に使節を遣ります。これが事実上の外交です。その際、王は使節に「みやげの品」を持たせました。

一方、明の君主は、使節の帰り際に「お返しの品」を持たせます。これが貿易でした。明国には**絹・陶磁器・茶**などがありました。国際社会は主に貿易のために明国を「アンタが大将」といい、付き合ったのです。

りやすい、ということ。さらに、インド、ペルシア、アラビア半島、最も遠くはアフリカ東岸まで到達しました。１４０７年に到達したインド南西岸のカリカットは、後の１４９８年にヨーロッパ人の**ヴァスコ・ダ・ガマ**が胡椒を求めてたどり着くところ。ガマが来航する、はるか以前に鄭和がこの地を訪れていたのです。アフリカ東岸のマリンディ（現ケニア）を訪れた分遣隊には、キリンが贈られました。彼らは甲板に穴をあけ、キリンの長い首が出るよう工夫して運びました。

大遠征により、20を超す国々が明国に朝貢に来たといいます。朝貢国は明国と付き合うことで、政治的な後ろ盾になってもらえる、茶・陶磁器・絹といった中国物産の御裾分けにも与れると。朝貢国は強《したた》かでした。明国は外交という、**「平和な方法の戦争」**で世界を自分の下に置こうとしたのです。

百年戦争 1339～1453年

ヨーロッパ世界を大きく変えるきっかけとなった

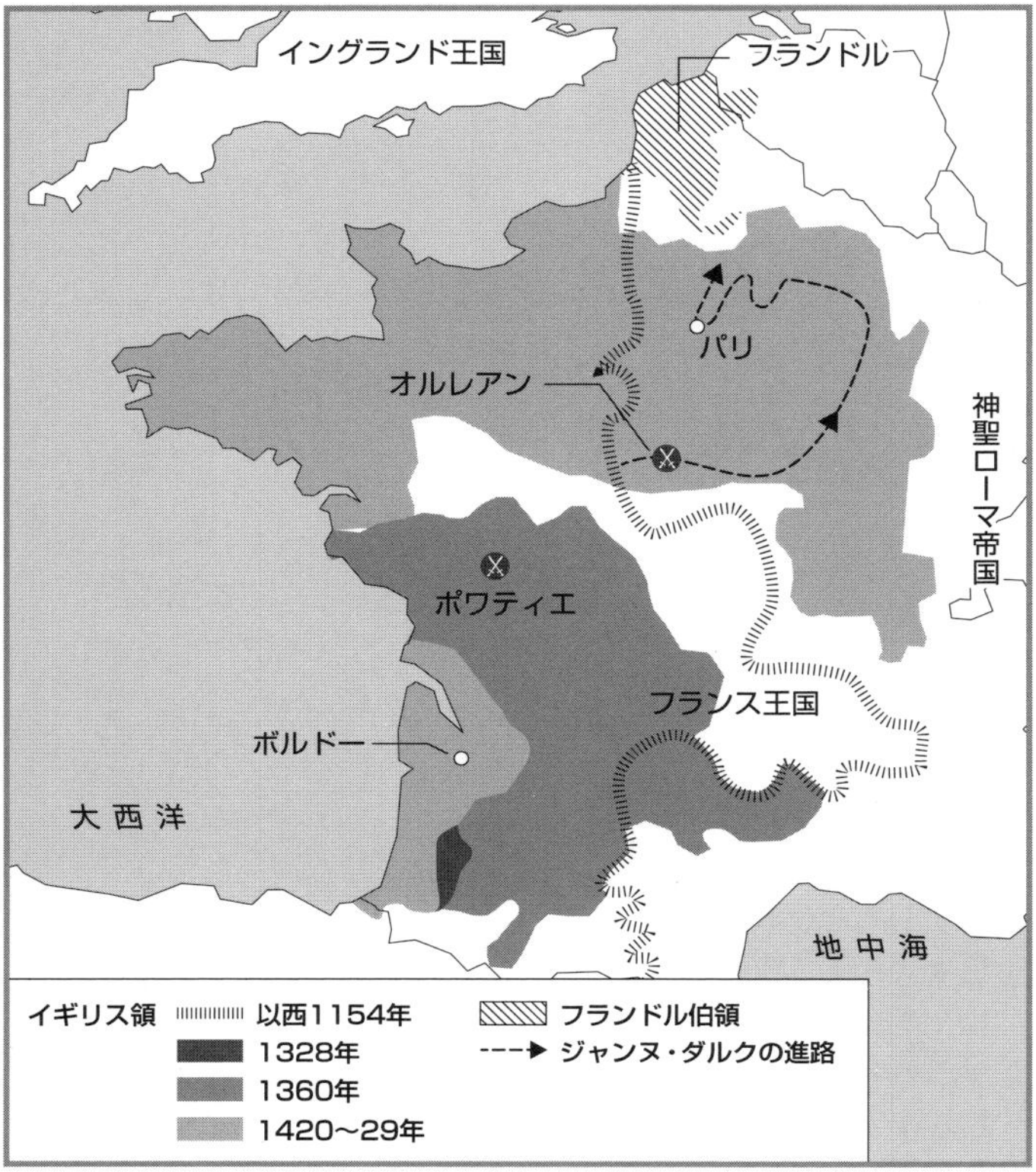

イングランド王国
フランドル
パリ
オルレアン
神聖ローマ帝国
ポワティエ
フランス王国
ボルドー
大西洋
地中海
イギリス領
以西1154年
1328年
1360年
1420～29年
フランドル伯領
ジャンヌ・ダルクの進路

イギリスVSフランス 神のお告げで立ち上がった少女

鄭和の南海遠征が行われていたとき、ヨーロッパは英仏両国がガチでぶつかる百年戦争の時代でした。なぜ、このような戦争が起こったのでしょう。

フランスは、987年のカペー朝に始まります。ところが1328年、カペー朝の継承者がいないということで、ヴァロワ家が王朝をとるとフィリップ6世が宣言すると、イギリス国王のエドワード3世は、**母はカペー朝からイギリス王家に嫁いできた。したがって自分はカペー朝の血統を継いでいる後継者だ**と反論。これが実現すれば、「イ

人物に迫る！

ジャンヌ・ダルク

（1412〜31年）

百年戦争の語り草といえば、なんといってもジャンヌ・ダルク。わずか18歳の少女が、国王シャルル７世から軍の指揮権を任され、壊滅状態にあったフランスを救う。しかも、参戦のきっかけは、神の声を聞いたこと――「オルレアンへ行け！ 戦え！」……なんともドラマチックな話です。

不幸にして戦いの渦中で、イギリス側の捕虜になると、フランスから見捨てられ、引き取られることなく、魔女として処刑されました。まさに悲劇のヒロインです。1871年の普仏戦争の惨敗をきっかけに、ジャンヌは百年戦争の英雄から、国家の英雄、国民主義のシンボルとされます。ついには「ジャンヌを列聖に！」という声が高まり、1920年ローマ教会は彼女を「聖人」と認め、サンピエトロ大聖堂で式典を挙行。何百年にわたって数奇な運命を押しつけられた悲運な少女でした。

1412	フランスロレーヌ地方ドンレミ村で生まれる
1429	オルレアン解放
1431	ルーアンで宗教裁判。魔女として火刑に
1456	復権訴訟により無罪
1920	ローマ・カトリック教会が聖女と認定

ギリス・フランス同君連合王国」が出現し、イギリスは西欧の覇者になったことでしょう。

１３３９年、フランス王位の継承権をめぐって、英仏は**百年戦争**に突入しました。開戦の原因は他にもありました。ワイン生産で名高いフランスのボルドーや毛織物産業で繁栄したベルギーの経済利権が絡んでいたのです。このふたつの地域を押さえれば、経済はもとより、国家財政も潤います。

当初、戦局はイギリスが優勢でした。しかし、黒死病（ペスト）の流行でヨーロッパ全土に被害が及ぶと、**英仏では農民反乱**が起こりました。兵士の士気も上がりません。そんなとき、フランスでは神のお告げを受けて、立ち上がった少女がいました。**ジャンヌ・ダルク**です。彼女は**オルレアンの戦い**（１４２９年）でイギリスを破り、フランスを勝利に導いたのです。

column

製紙技術が世界に広がったのは戦争から!

日本の精巧な紙は、「和紙」とよばれます。見事な職人業です。紙は7世紀頃、中国から伝わりました。その後、日本で改良が重ねられ、精度の高い和紙となります。そういった意味では、和紙のルーツは、古代日中関係がもたらしたものといえます。

① 紙はいつ発明されたのか?

史書の『後漢書』の記述によると、紙は紀元105年、蔡倫《さいりん》が発明したとあります。しかし1986年、中国で紀元前150年頃と思われる紙片が発見されています。蔡倫のものが「発明」とされたのは、それが軽くて、折りたためる特徴があったからかもしれません。

② 紙がイスラーム世界に伝わるきっかけとなった戦争は?

紙が西側世界に広がったきっかけは、日本の場合と違って、751年**タラス河畔の戦い**でした。舞台は現キルギス(中央アジア)。この戦争は、スペイン・地中海からインダス川までを制した**アッバース朝**と、東アジアの**唐王朝**との全面対決となり、両者は中央アジア方面で境界を争う関係にありました。

勝ったのはアッバース朝。このとき唐軍の捕虜のなかに紙すき工がおり、サマルカンドに製紙工場が設けられました。原料は麻を使いました。

③ 紙がヨーロッパ世界に伝わるきっかけとなった戦争は?

ヨーロッパに紙が伝わったのは、11世紀末に進展した**十字軍派遣**や同時代に盛り上がったイベリア半島での**レコンキスタ**(国土再征服の戦争)のとき。これをきっかけに、イスラーム世界からラテン語に翻訳された世界の書物が流入します。そして15世紀にはグーテンベルクによる活版印刷技術が発明され、メディア革命が起こり、紙の自給生産は発展しました。今日の「洋紙」のはじまりです。

Q&A 紙が普及する以前の中国の記録手段は木や竹を細く割いた「木簡」「竹簡」でした。ではなぜ書物を数えるとき、漢字では「冊」(さつ)と「巻」(かん)を使うのでしょうか?

【答】 書簡や木簡を糸でとじたものを 「冊」とよびます。それを長くつないだものは巻いて保管していたことから「巻」とよびます。

第3章

主権国家の成立とヨーロッパの戦争

イタリア戦争〈1494～1559年〉……60
ドイツ宗教戦争〈1546～1547年〉……62
オランダ独立戦争〈1568～1609･1621～1648年〉……64
三十年戦争〈1618～1648年〉……66
アンボイナ事件〈1623年〉……68
イギリス･オランダ戦争【英蘭戦争】
〈1652～1654･1665～1667･1672～1674年〉……72
ウィーン包囲【第２次】〈1683年〉……74
スペイン継承戦争〈1701～1714年〉……76
北方戦争〈1700～1721年〉……78

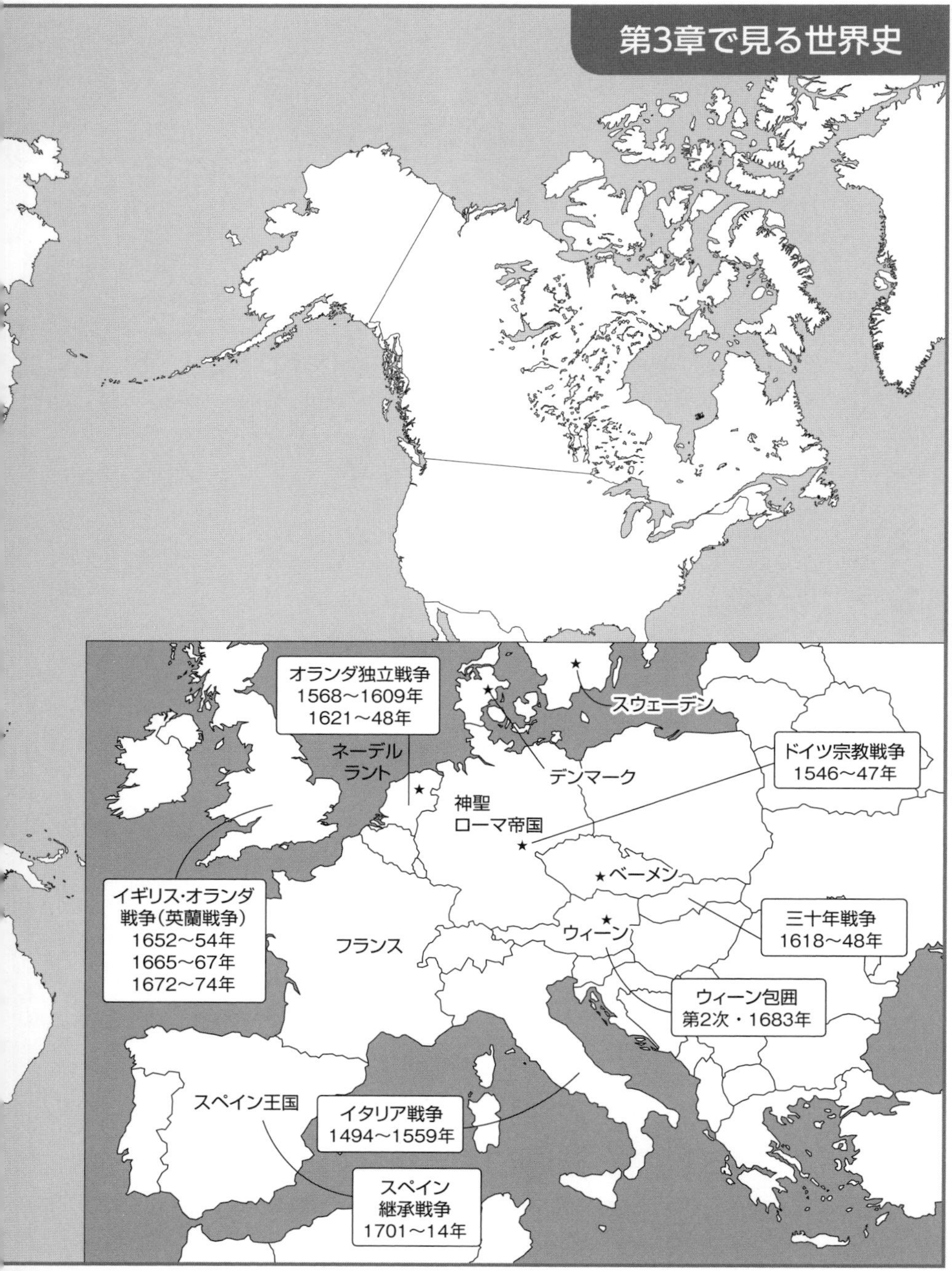

オランダ独立戦争
1568～1609年
1621～48年
スウェーデン
ネーデルラント
デンマーク
ドイツ宗教戦争
1546～47年
神聖
ローマ帝国
ベーメン
イギリス・オランダ
戦争（英蘭戦争）
1652～54年
1665～67年
1672～74年
三十年戦争
1618～48年
ウィーン
フランス
ウィーン包囲
第2次・1683年
スペイン王国
イタリア戦争
1494～1559年
スペイン
継承戦争
1701～14年

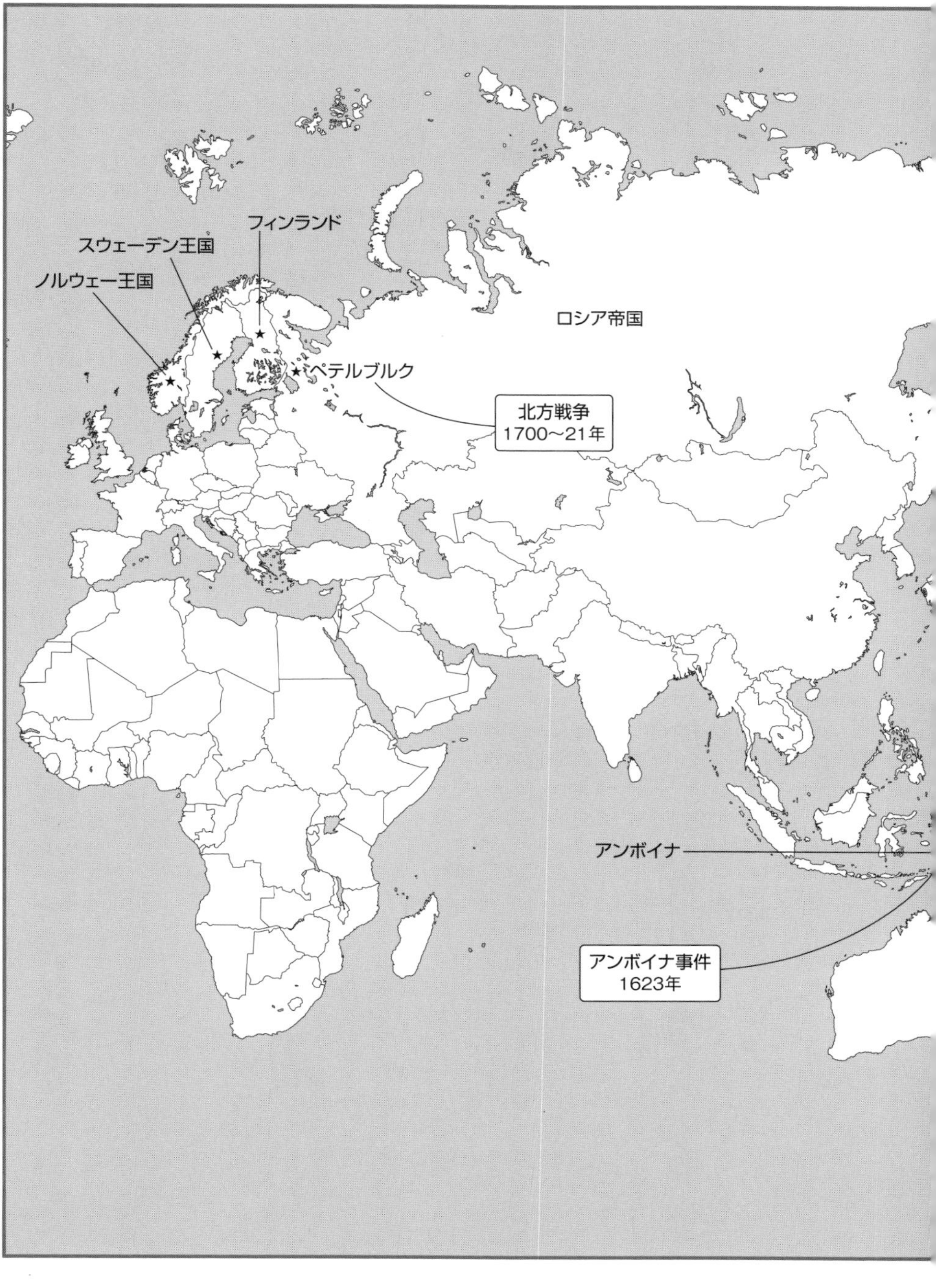
フィンランド
スウェーデン王国
ノルウェー王国
ロシア帝国
ペテルブルク
北方戦争
1700〜21年
アンボイナ
アンボイナ事件
1623年

イタリア戦争 1494～1559年

外交官の派遣と大使館設置はここから始まった

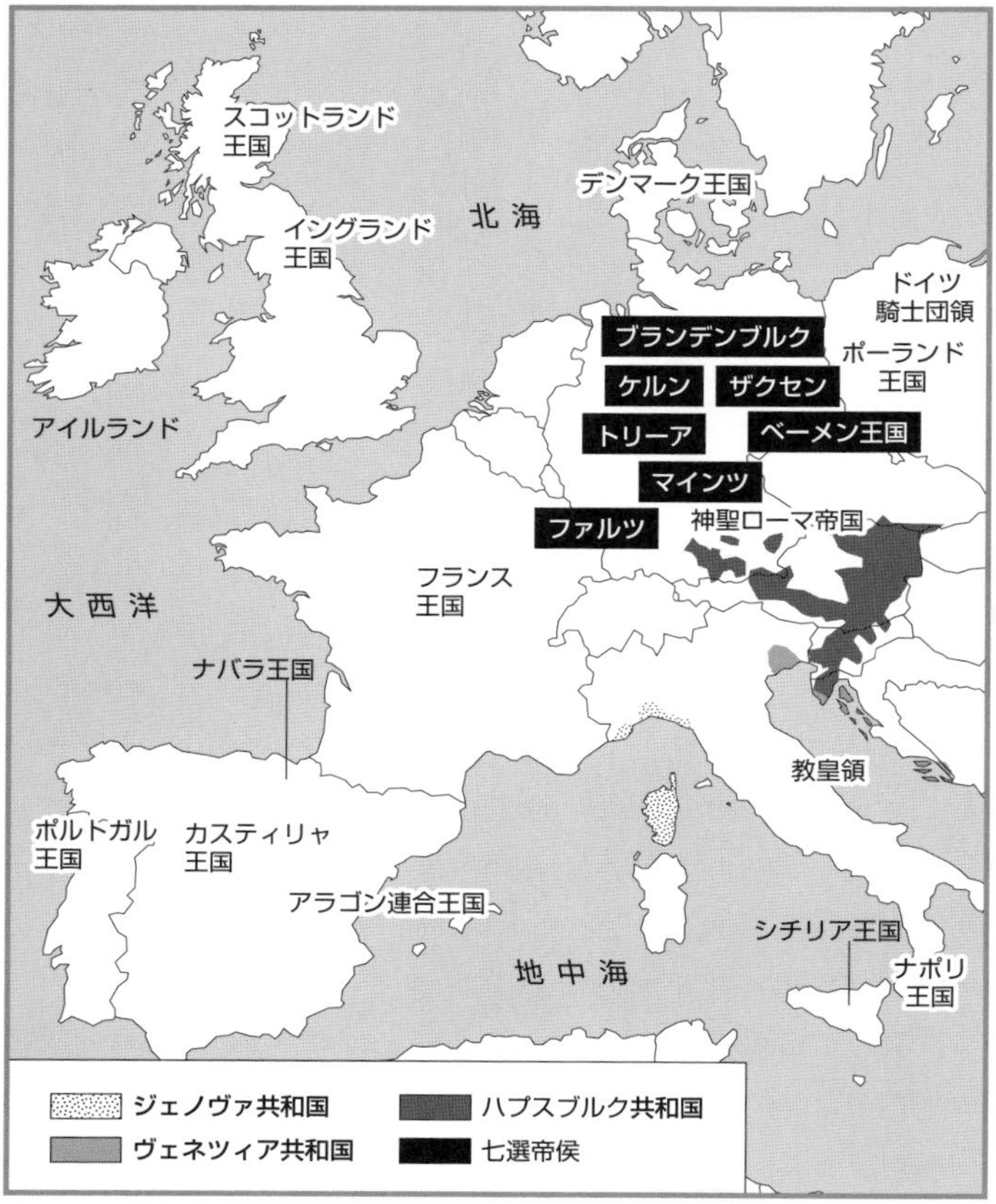

スコットランド王国
イングランド王国
北海
デンマーク王国
ドイツ騎士団領
ブランデンブルク
ケルン
ザクセン
ポーランド王国
トリーア
ベーメン王国
マインツ
ファルツ
神聖ローマ帝国
アイルランド
大西洋
フランス王国
ナバラ王国
教皇領
ポルトガル王国
カスティリャ王国
アラゴン連合王国
シチリア王国
ナポリ王国
地中海
ジェノヴァ共和国
ハプスブルク共和国
ヴェネツィア共和国
七選帝侯

戦争によって生まれた外交官と大使館

フランスは百年戦争でイギリスの侵入を退け、国内のほとんどを王領としました。そして今度は強豪ブルゴーニュ公が持つ**ネーデルラント**※をねらいます。ここは当時ヨーロッパの先進経済地域で、この地域を欲しがるフランスの思いはつのります。

これを警戒したブルゴーニュ公は、**神聖ローマ皇帝のハプスブルク家**（オーストリア）と婚姻関係を結んで対抗します。すると、ハプスブルク家はこのやり方で、北イタリアも押さえます。スペインもフランスを警戒して、

※ネーデルラント…オランダ、ベルギー、ルクセンブルク。

ハプスブルク家に接近。フランスのまわりは、ハプスブルク家に囲まれる格好になりました。フランスは劣勢をはね返そうとして、1494年、イタリアに進撃。これが18世紀まで続くフランスと**ハプスブルク家との「戦争の時代」**の始まりとなりました。

イタリア戦争は、フランスの敗退で終わりました。ハプスブルク家は、この間、政略結婚で領域を広げました。結果、オランダ、ベルギー、ルクセンブルク、ミラノ（北イタリア）、シチリア島、ナポリ（南イタリア）、スペイン、中南米、それにフィリピンを獲得。こうした状況にフランスは反発し、イタリア戦争は長引きます。

ヨーロッパ各国は、戦争対応のための情報交換が必要となり、**外交官や大使館を置くようになりました。**外交関係を密にしたのは、友好関係ではなく、実は戦争だったのです。

EPISODE

大使館・外交官制度の始まり

大使館や外交官制度の始まりは、**イタリア戦争**（1494〜1559年）でした。神聖ローマ皇帝のハプスブルク家が西欧にも勢力を広げると、ローマ教皇、イタリア諸都市、イギリスがフランス側につきます。イスラーム圏のオスマン皇帝スレイマン１世も、これに合流。世界は一国が強くなりすぎることを望みませんでした。国際政治は何よりも、**勢力均衡**が第一。こうした考えから、「ハプスブルク家に対して同盟しよう！」ということになりました。

各国は情報を交換し、意思の疎通を図るため、互いに**外交官**を常駐させるようになりました。これが大使館の設置に発展します。

1598年、フランスを訪れたオランダ外交使節団に、なんと15歳の少年がいました。11歳で名門ライデン大学に入学し、14歳で卒業。少年の名は**グロティウス**。16歳で弁護士を開業。公海の自由を持論に、オランダ東インド会社の活動を弁護したことは、彼を「自然法の父」「国際法の父」へと押し上げていきました。ヨーロッパ全土を巻き込んだ三十年戦争（1618〜48年）が起こると、『**戦争と平和の法**』を書きあげ、近代外交の成立に大きな影響を及ぼしました。

ドイツ宗教戦争　1546～1547年

メディア革命が宗教改革をもたらす

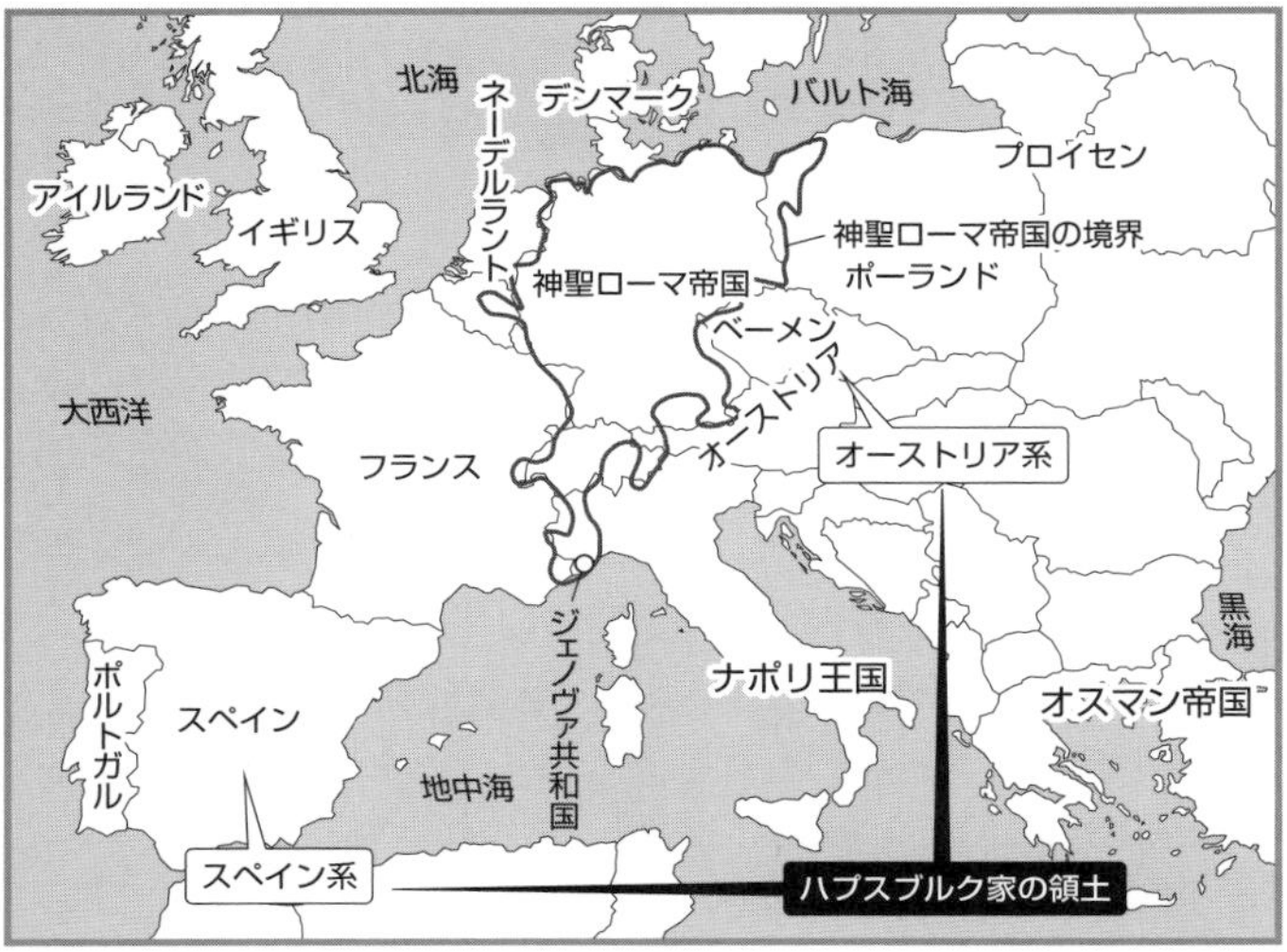

大聖堂修築のため、免罪符を売った。

宗教戦争による印刷技術の発達

イタリア戦争（1494～1559年）のとき、ヨーロッパでは、もうひとつの事態が進展しました。**ドイツ宗教改革**です。改革者の名は**マルティン・ルター**※。当時ローマ教会は、サン・ピエトロ大聖堂の修築費用をつくるため、ドイツで免罪符を売りまくりました。これを買えば、**罪は免れ、神の救いが得られるよ**、といったおいしい商品。ルターはこれを一刀両断に切り捨てます。〈ふざけるな！　神の救いは免罪符でも、ローマ教皇の言葉でもない。神の教えを記した聖書にある！〉と。

※マルティン・ルター…1517年「95か条の意見書」を発表してローマ教会を批判した神学者。

EPISODE

活版印刷技術の力

活版印刷が歴史の歯車を大きく動かしたのは、16世紀のことでした。きっかけは、オランダの文人エラスムスが『愚神礼讃』を出版したとき。世の中は「痴愚」（愚か）を司《つかさど》る女神モリアーの力で成り立っている。風刺を利かせた設定です。教会だって例外じゃない。組織をあげて、金まみれで腐敗堕落している。それは痴愚なる神の力が利いているから。こういって、女神は自画自賛します。『愚神礼讃』は、多くの人たちの共感をよび、各国でも翻訳され、発行部数は数十万部に達したといいます。

その読者のひとりに、宗教改革の指導者マルティン・ルターがいました。彼の主張も活版印刷で一挙に広がります。そして16世紀半ば、ヨーロッパは宗教戦争の時代を迎えました。ドイツのシュマルカルデン戦争（1546～47年）、フランスのユグノー戦争（1562～98年）、オランダ独立戦争（1568～1648年）、イギリスとスペインがぶつかったアルマダの海戦（1588年）。これらはみな、カトリックとプロテスタントの対立が争点となっていました。

後の市民革命や民族運動では、活版印刷技術の力は、なおさらモノを言うようになります。活版印刷が近代世界をリードした。こう言えるのです。

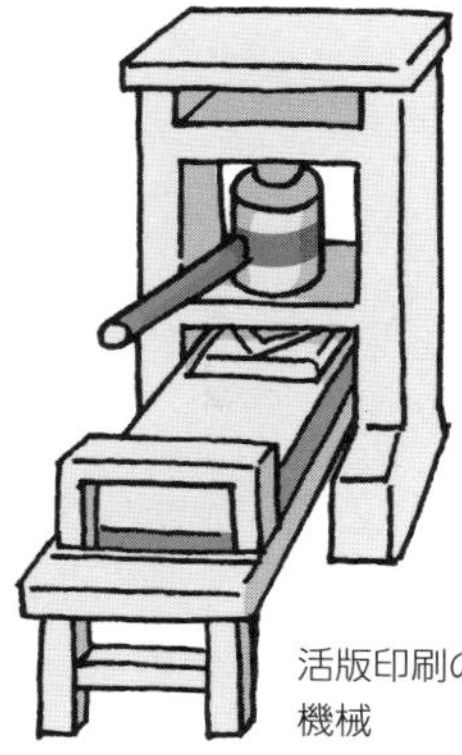

活版印刷の機械

こうしたルターの主張は、聖書信仰論となってヨーロッパ中に広がります。

当時ドイツは、神聖ローマ帝国とよばれ、大小合わせて約300の国々からなる連合国家でした。ローマ教皇側か、ルターか、1546年ドイツを二分する**宗教戦争**が始まりました（シュマルカルデン戦争・～1547年）。最終的には1555年**アウグスブルクの宗教和議**で、ドイツ各国の君主は、教皇率いるローマ教会とルター派のどちらでもよいということになりました。

これほどまでに宗教改革が反響を巻き起こしたのは、それを伝える「**メディア革命**」があったからです。15世紀半ば、合金活字による活版印刷システムが**グーテンベルク**によって発明されました。ルターが登場する半世紀後のヨーロッパには、出版・印刷会社は1000軒を数えました。このパワーが宗教改革者の主張を広げたのです。

オランダ独立戦争

1568~1609・1621~1648年

徳川幕府の鎖国をリードした

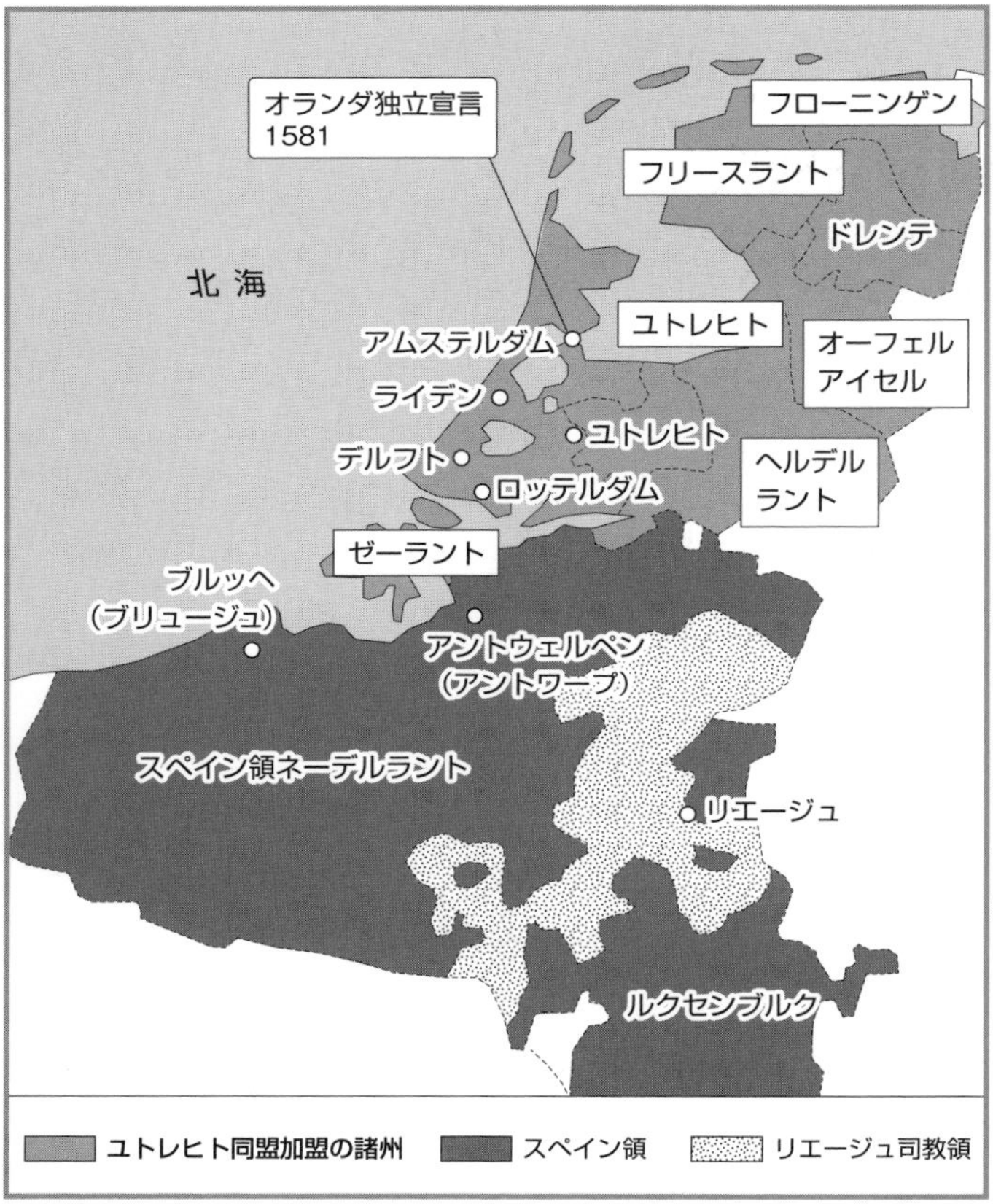

オランダ独立宣言
1581
フローニンゲン
フリースラント
ドレンテ
北海
ユトレヒト
アムステルダム
オーフェル
アイセル
ライデン
ユトレヒト
デルフト
ヘルデル
ラント
ロッテルダム
ゼーラント
ブルッヘ
（ブリュージュ）
アントウェルペン
（アントワープ）
スペイン領ネーデルラント
リエージュ
ルクセンブルク
ユトレヒト同盟加盟の諸州
スペイン領
リエージュ司教領

日本の鎖国とヨーロッパで起きた戦争

宗教改革は16世紀のヨーロッパを二分しました。ローマ教皇を頂点に置く**カトリック**と聖書信仰こそホントのキリスト教だとする**プロテスタント**。このときスペインでは強力な君主**フェリペ2世**※が登場しました。宗教改革に対抗し、カトリックによるヨーロッパの再統一を唱え、隣国ポルトガルの王位も兼ねるほどでした。

ところがスペイン領のネーデルラントで独立戦争が起こりました。この地域はプロテスタント（カルヴァン派）が浸透。フェリペ２世はカトリック以

※フェリペ2世…在位1556～98年。新大陸から太平洋にかけて勢力圏を築き、スペインを「太陽の沈まない国」にしたとされる国王。

スペイン	オランダ	日本
カルロス1世 **(神聖ローマ皇帝カール5世)** 1519 コルテスがアステカ王国征服(〜21) 21 イタリア戦争に参入(〜59) 22 ピサロがインカ帝国征服(〜33)	・プロテスタント(新教徒)の広まり ・アントワープが世界経済の中心地に	室町時代
1556 ハプスブルク家がスペイン(フェリペ2世)とオーストリア(フェルディナント1世)に分裂	1556 スペインがハプスブルク家の所領となる	戦国時代
フェリペ2世 1559 カトー・カンブレジ条約でイタリア戦争終結	67 新教徒の弾圧が強化 68 独立戦争の開始 72 オラニエ公ウィレム1世、ホラント州総督に就任	
71 レパントの海戦でオスマン帝国を破る、マニラ建設 80 ポルトガル併合 85 スペイン軍がアントワープを破壊 88 アルマダの海戦、無敵艦隊がイギリスに敗北 89 ユグノー戦争に介入	79 南部10州が戦線離脱、北部7州がユトレヒト同盟を結ぶ 81 オランダ(ネーデルラント連邦共和国)が独立を宣言 84 オラニエ公ウィレム1世暗殺	安土桃山時代
	1602 連合東インド会社設立 09 スペインと休戦条約(12年間) 19 ジャワ島にバタヴィア市建設	江戸時代
1618 三十年戦争開始(〜48) 39 スペイン海軍がオランダ海軍に敗北 40 ポルトガルがスペインから独立 48 ウェストファリア会議。オランダ独立を承認	21 西インド会社設立 23 アンボイナ事件 24 台湾南部を占領 26 ニューアムステルダム建設	

人物に迫る!

フェリペ2世

(1527〜98年)

太陽の沈まない国――16世紀、世界の頂点に立ったスペイン王国を讃える言葉。それを築いたのが、フェリペ2世でした。隣国のポルトガル、イタリア、シチリア島、ラテンアメリカ、アジアではフィリピンを領有し、一時はイギリスも、彼の統治下にあったほど。彼の名前は「フェリペン」(フィリピン)として残っています。

外を禁じて、ネーデルラントを制圧しようとしたのです。しかもここはヨーロッパの商業・金融の中心地。こんなおいしい場所をスペインが手離すわけはありません。

　こうして1568年**オランダ独立戦争**が始まりました。オランダは貿易だけでなく、条約締結・宣戦布告権を持つ**東インド会社**（1602〜1799年）をつくります。

　オランダ独立戦争は、徳川幕府を巻き込んだ日本でも行われました。長崎での**島原の乱**（1637〜38年）。オランダは徳川に加勢し、艦砲攻撃で反乱を鎮圧。反乱側はポルトガルの支援に期待しましたが、結果は惨敗。スペイン傘下のポルトガルに打撃を与え、オランダは独立戦争に勝利します。

　オランダは徳川幕府にカトリック排除の**鎖国**を進言し、対日貿易を独占したのです。

三十年戦争　1618〜1648年

「主権国家同士は対等である」はここから始まった

ウェストファリア条約
この2都市で条約は結ばれた
デンマーク・
ノルウェー連合王国
スコットランド王国
コペンハーゲン
西ポンメルン
東ポンメルン
1636
アイルランド
ネーデルラント
連邦共和国
ブランデンブルク
イングランド
王国
オスナブリュック
ミュンスター
1631
1632
ポーランド
王国
スペイン領
ネーデルラント
神聖ローマ帝国
1645
アルザス
1634
1620
ハンガリー王国
スイス共和国
フランス王国
ミラノ
公国
1627
ヴェネツィア共和国
オスマン帝国
教皇領
スペイン王国
ポルトガル
王国
ナポリ王国
オーストリアのハプスブルク家領
スペインのハプスブルク家領
ホーエンツォレルン家領
三十年戦争のおもな戦場
条約締結地

現在につながる国際社会の考え方

オランダが島原の乱（1637〜38年）を鎮圧したとき、ヨーロッパは**「寒冷の17世紀」**を迎えていました。農業は不作。産業経済はうまくいかない。こうした状況は戦争をかもし出します。1618年、神聖ローマ帝国（ドイツ）支配下の**ベーメン**（現チェコ）で、プロテスタントが弾圧されました。この一件から事態は、全ヨーロッパを巻き込む大戦争へ発展。これが**三十年戦争**です。

皇帝軍がベーメンを制圧すると（1618〜23年）、**デンマーク戦争**（1

625~29年）、**スウェーデン戦争**（1630~35年）へと発展しました。戦いの構図は、旧教（カトリック）の皇帝軍と新教（プロテスタント）諸国。宗教戦争といえるものでした。ところが神聖ローマ帝国（ハプスブルク家）打倒を旗印に、旧教国の**フランス**が参戦。新教側のスウェーデンを支援するため（1635~48年）、そして国際的に力をもつハプスブルク家を弱めるための戦いです。

1648年にヨーロッパ各国の代表が集まり**ウェストファリア会議**が開かれました。三十年戦争の終結条約は、「神聖ローマ帝国の死亡証明」と評されるほどのものでした。帝国は以後、諸侯・自由都市の主権国家連合（連邦）となり、ハプスブルク家の皇帝権は消滅しました。皇帝位は存続しますが、ドイツのまとめ役としてのものでした。そして宗教選択の自由、オランダとスイスの独立が承認されたのもこのときでした。

〈主権国家同士は対等である〉――今では国際社会の大前提とされるこの考え方は、ウェストファリア会議から始まったのです。

●三十年戦争の経緯

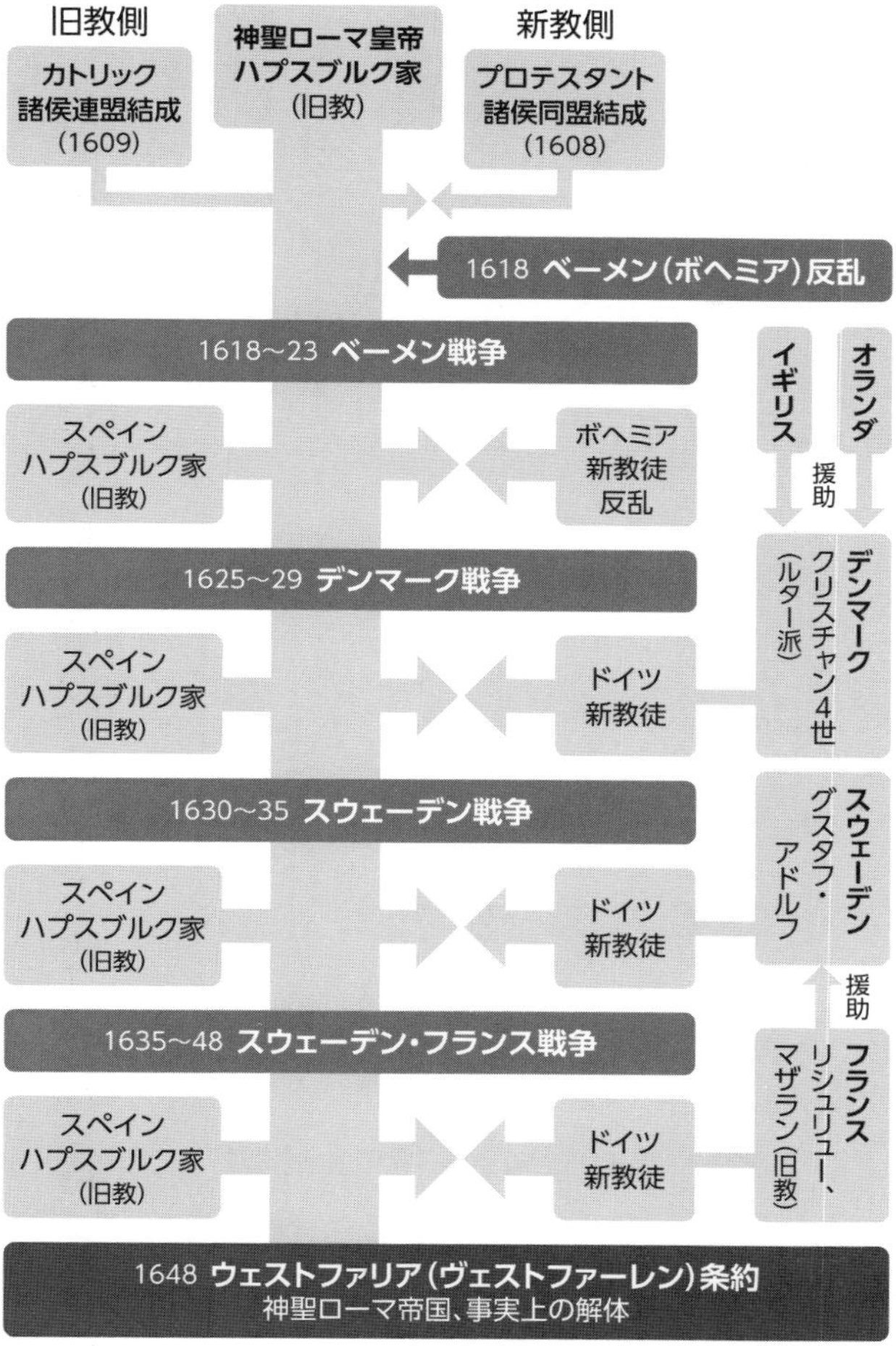
旧教側
カトリック諸侯連盟結成（1609）
神聖ローマ皇帝ハプスブルク家（旧教）
新教側
プロテスタント諸侯同盟結成（1608）
1618 ベーメン（ボヘミア）反乱
1618~23 ベーメン戦争
スペインハプスブルク家（旧教）
ボヘミア新教徒反乱
イギリス
オランダ
援助
1625~29 デンマーク戦争
デンマーク クリスチャン4世（ルター派）
スペインハプスブルク家（旧教）
ドイツ新教徒
1630~35 スウェーデン戦争
スウェーデン グスタフ・アドルフ
スペインハプスブルク家（旧教）
ドイツ新教徒
援助
1635~48 スウェーデン・フランス戦争
フランス リシュリュー、マザラン（旧教）
スペインハプスブルク家（旧教）
ドイツ新教徒
1648 ウェストファリア（ヴェストファーレン）条約
神聖ローマ帝国、事実上の解体

アンボイナ事件　1623年

イギリス産業革命のルーツが見えるとき

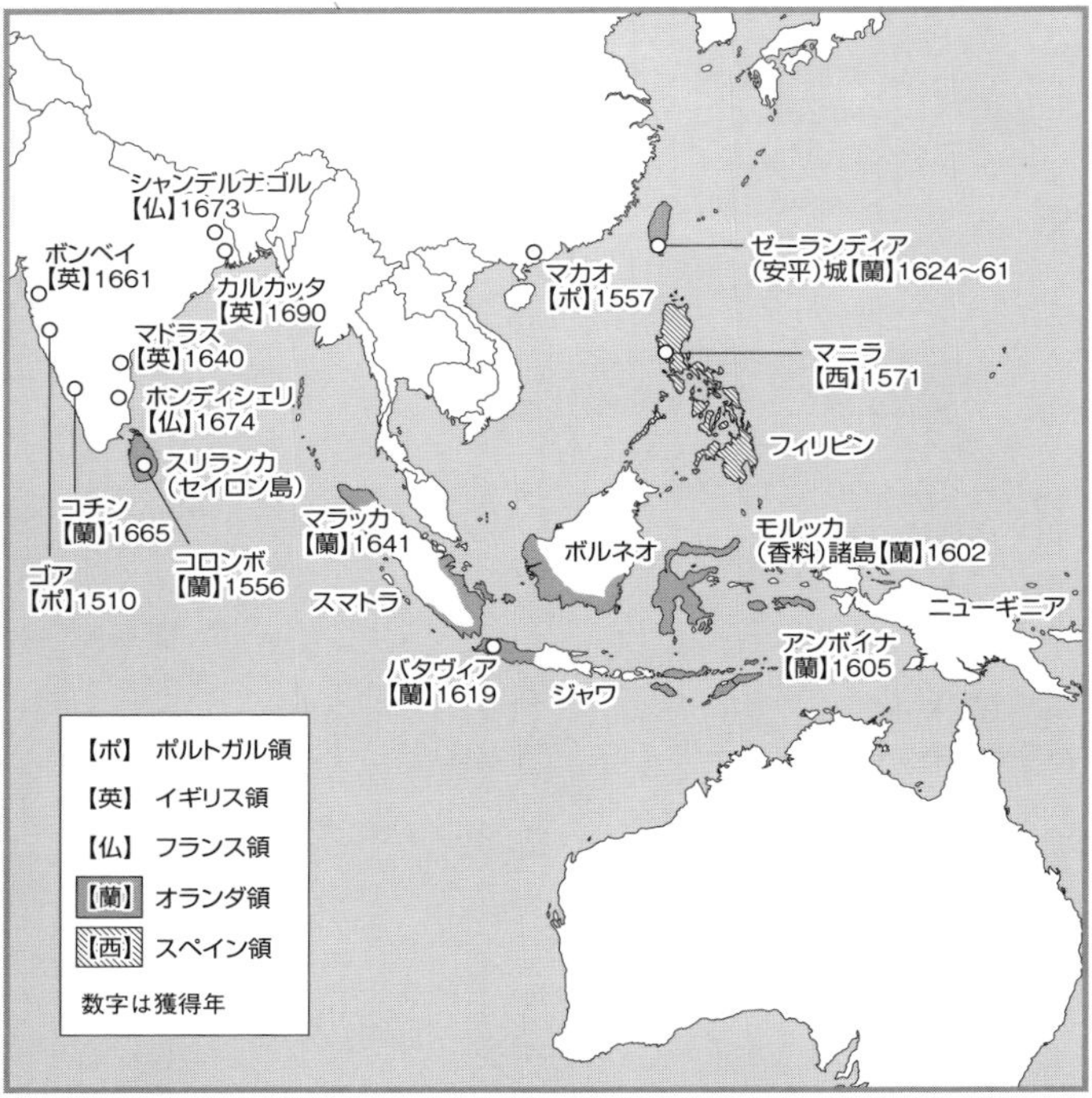

シャンデルナゴル
【仏】1673
ボンベイ
【英】1661
カルカッタ
【英】1690
マドラス
【英】1640
ホンディシェリ
【仏】1674
スリランカ
（セイロン島）
コチン
【蘭】1665
ゴア
【ポ】1510
コロンボ
【蘭】1556
マラッカ
【蘭】1641
スマトラ
ボルネオ
バタヴィア
【蘭】1619
ジャワ
マカオ
【ポ】1557
ゼーランディア
（安平）城【蘭】1624～61
マニラ
【西】1571
フィリピン
モルッカ
（香料）諸島【蘭】1602
ニューギニア
アンボイナ
【蘭】1605
【ポ】　ポルトガル領
【英】　イギリス領
【仏】　フランス領
【蘭】　オランダ領
【西】　スペイン領
数字は獲得年

産業革命は綿製品から始まった

17世紀、**オランダ東インド会社**はアジア貿易で力をつけ、国際商業の頂点に立ちました。その繁栄をもたらしたものは、貿易のしくみです。

当時ヨーロッパで欲しがられたものに香辛料があります。特に人気をよんだ**モルッカ（現インドネシア）産の胡椒**を得るため、オランダは次のような貿易ネットを築きます。まず中国産の高価な生糸を長崎に運んで、大量の日本銀を得ます。この銀でインドから安手の綿製品をごっそり購入し、東南アジアで売りさばきます。その対価とし

EPISODE

イギリス産業革命とは

ここは17世紀のインド。蒸し暑さと、とんでもないほどの雨季が君臨する国。この地でイギリス東インド会社は、衝撃的な出会いを見ました。それはキャラコ――綿織物との出会い。夏も冬も、毛織物を着ていたヨーロッパ人にとって、綿製品の「発見」は、服飾革命のきっかけとなりました。

綿製品が大ブレイクすると、18世紀後半、産業革命が綿工業部門で起こりました。原料の綿花は、北米南部で栽培されます。その労働力は、西アフリカから送られた黒人奴隷。綿花はイギリスに運ばれ、機械で製品化されます（**大西洋三角貿易**）。**クロンプトン**のミュール紡績機、**カートライト**の力織機が、それぞれ綿糸と綿布の量産を実現しました。その原動力となったのが蒸気機関でした。発明者は**ワット**。それ以前は蒸気力を利用した揚水ポンプがありましたが、蒸気力によるピストンの上下運動を回転運動に変えて、「機関」にしたのは彼でした。**フルトン**の蒸気船や**スティーヴンソン父子**の蒸気機関車もワットのたまもの。その名は、今では電力の単位として定着しています。こうして産業革命は、9000年前に人類が切り開いた農業社会から今日の工業社会へ切り替わる転機となったのです。

て香辛料を得ました。オランダ繁栄の頂点に香辛料があったのです。

これに挑んだのがイギリスでした。1623年、英蘭両国の東インド会社は、モルッカ付近の**アンボイナ（アンボン島）で武力衝突**。イギリスについた日本人も殺され、結局イギリスはこの地から手を引きます。オランダがモルッカの香辛料貿易を独占したのです。

そしてイギリスはインドに向かいます。このとき運命的な出会いが待っていました。それが**キャラコ（キャリコ）とよばれるインド産綿製品**。四季を通じ毛織物一辺倒のヨーロッパに服飾革命をもたらすことになります。18世紀イギリス産業革命が綿工業部門から始まった理由はここにありました。**アンボイナ事件**がイギリスの運命を、いや、世界史を変えたのです。

図解 イギリスの産業革命がつくりだしたもの

イギリスの産業革命は18世紀後半、ジェームズ・ワットが蒸気機関を発明したことから始まります。それ以前、ニューコメンによって蒸気力を利用した排水機が考案され、これが炭坑で用いられていました。

ワットは蒸気力がもたらす上下運動を、回転運動に変えたのです。これによって蒸気機関は綿工業の工場に導入され、綿糸の大量生産を実現しました。それがクロンプトンのミュール紡績機（1779年）です。

マンチェスターでつくられた綿糸や綿布は、貿易港リヴァプールから世界に輸出されました。1830年には鉄道営業が、この両都市間で始まります。スティーヴンソン（子）が発明したSL「ロケット号」が快走しました。

●外輪式蒸気船クラーモント号

世界初の実用汽船。ハドソン川で客を乗せた試運転に成功し、現在の汽船の基礎を築きました。

●ジョージ・スティーヴンソン製作のロケット号

ジョージ・スティーヴンソンは、公共鉄道の実用化を成し遂げた功績から「蒸気機関車の父」とよばれました。

●綿工場で働く子供たち

Drawn by T. Allom.
Engraved by J.W. Lowry

ワットが蒸気機関の大幅な改良に成功したことで、一度に大量の製品を生産できる工場制機械工業が発展しました。19世紀のイギリスは産業革命により「世界の工場」とよばれるようになったのです。

イギリス・オランダ戦争

ニューヨークはオランダではない

英蘭戦争・1652～1654・1665～1667・1672～1674年

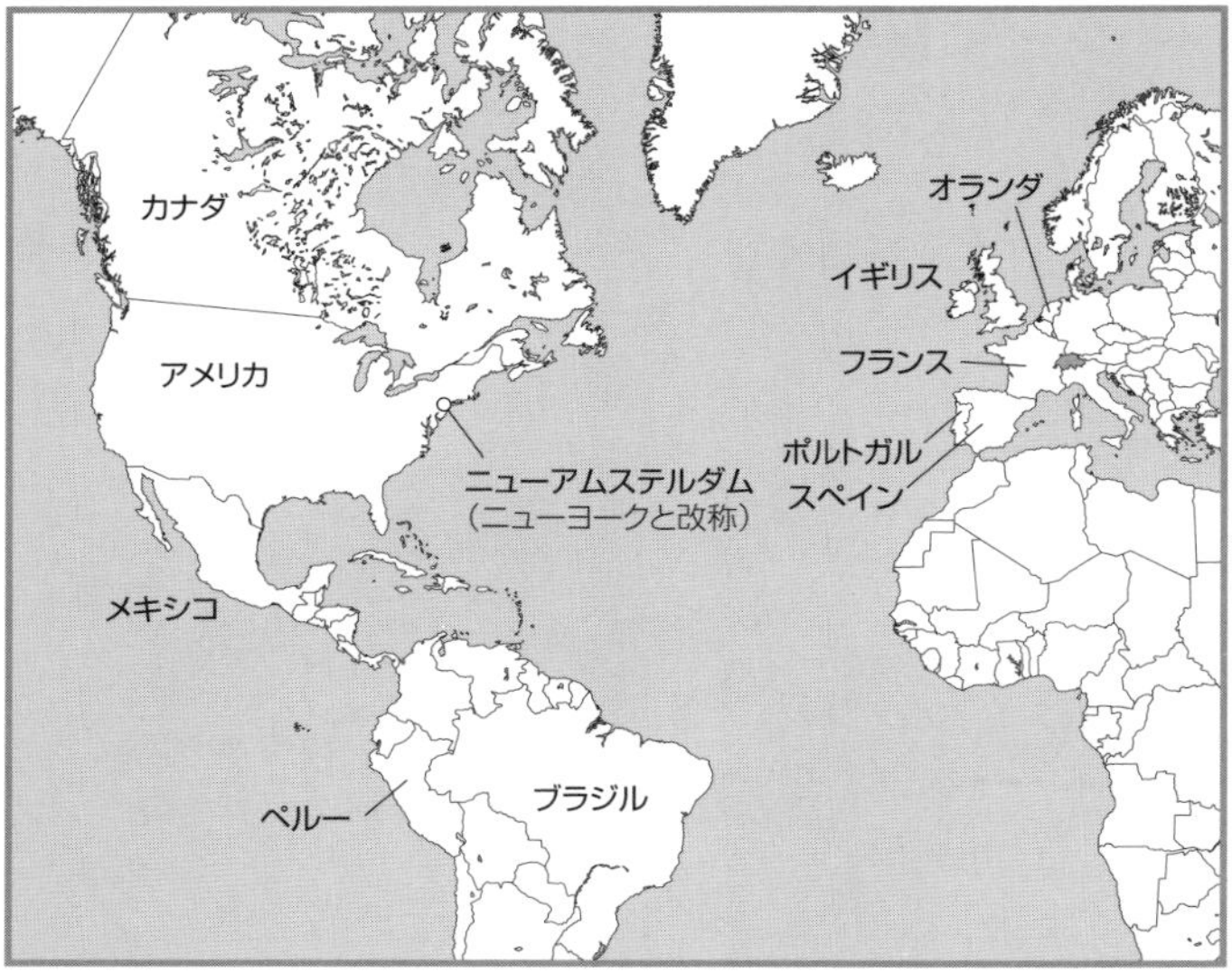

カナダ
アメリカ
ニューアムステルダム
（ニューヨークと改称）
メキシコ
ペルー
ブラジル
オランダ
イギリス
フランス
ポルトガル
スペイン

ニューヨークという都市名は
イギリスが名づけた。

アメリカのシンボルは戦争で生まれた

アンボイナ事件から30年ほど経ったときのこと、イギリスはオランダを押さえないかぎり、世界の海を手にすることはできないと踏んでいました。そして1651年、イギリスで**航海法**※がつくられました。これにカチンときたのがオランダでした。オランダ繁栄の柱は、国際商業と海運事業。各国はオランダ船に頼んで商品を輸送してもらっていました。ですから航海法はオランダにしてみれば、死刑宣告に等しかったのです。こうして始まったのが3回に及ぶ**イギリス・オランダ戦争**です。

※航海法…貿易商品の海運輸送は他国に頼らず、生産国自らの手で行いましょう、というもの。

EPISODE

ニューヨークの世界史

米国最大の都市ニューヨークは、北東岸の港街。その誕生は1664年になります。英国ヨーク公ジェームズ（後の国王ジェームズ２世）軍が、オランダ領のニューアムステルダムを占領し、ニューヨークと名づけたときでした。

港はハドソン川の河口。1807年、ここで米人フルトンが蒸気船クラーモント号の航行実験を成功させました。それが半世紀も経たないうちに、海軍の主戦力となり、アヘン戦争（1840〜42年）で活躍します。同じ頃、アイルランド人が大挙して移住し、ニューヨークは移民の窓口へ。そして第一次世界大戦後、米国に大衆消費時代が訪れると、ウォール街（ニューヨーク証券取引所）の過熱ぶりは繁栄のシンボルとされ、1929年３月４日大統領フーヴァーは、アメリカ社会を「永遠の繁栄」と絶賛しました。ところが、わずか10ヵ月後、まさかの株価の暴落を見ました。この大恐慌が、第二次世界大戦への足音を高くさせたのです。

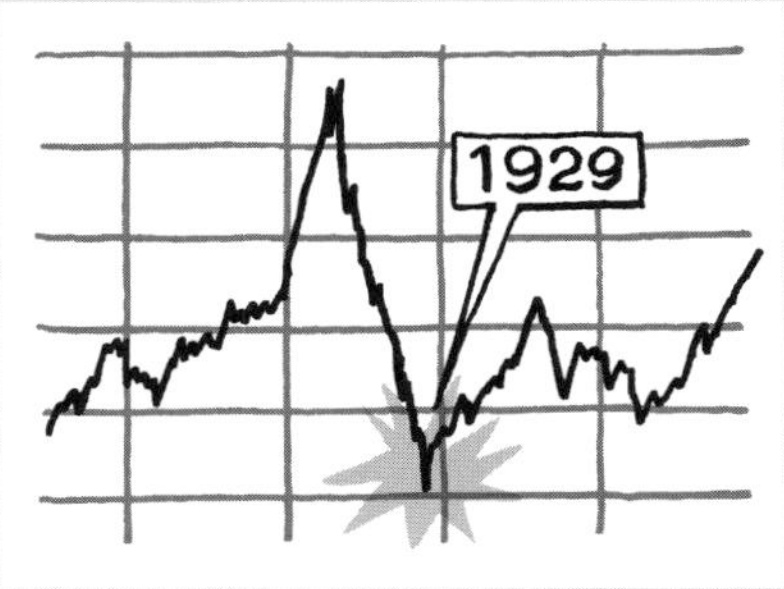

大戦末期の1945年７月、原爆の製造と実験プロジェクトは「マンハッタン計画」とよばれました。ハドソン川の中州のマンハッタン島が暗号名に使われたのです。大戦後はここに国際連合の本部が置かれました。ニューヨークは近代の戦争と平和の縮図なのかもしれません。

2回目の戦争は、北米大陸の植民地問題から火の手が上がりました。イギリスが蘭領ニューアムステルダムを占領して「ニューヨーク」と名づけました。都市名は時の英王ジェームズ2世の名をとって、**〈ヨーク・アルバニー公の新地〉**に由来します。オランダはこの勝手な振る舞いに、いや侵略に激怒。こうして始まった第2回戦争はイギリス優勢で終結しました。

この戦いでオランダは、北米植民地経営から撤退しました。ニューヨークは、今はアメリカのシンボル的な都市ですが、証券取引所にはオランダ時代の名残が見られます。「**ウォール街**」という言葉です。オランダの入植者たちは、先住民の攻撃から街を守るため壁を築きました。

これが**「壁の街」（ウォール街）**の由来。今や世界のニューヨーク。戦争から生まれた都市でした。

ウィーン包囲　第2次・1683年

クロワッサンとベーグルとカプチーノをもたらした

スウェーデン王国
デンマーク・ノルウェー連合王国
北海
ロマノフ朝ロシア
プロイセン公国
ポーランド王国
神聖ローマ帝国
1683年
第2次ウィーン包囲
バイエルン公国
ランス王国
モルドヴァ（モルダヴィア）公国
トランシルヴァニア公国
ヴェネツィア共和国
ワラキア公国
ハンガリー王国
フィレンツェ
教皇領
ジェノヴァ共和国
黒海
オスマン帝国
ナポリ王国
シチリア王国

カフェは思想家や活動家が集まる場所だった。

本書をお買い上げいただき、誠にありがとうございました。
質問にお答えいただけたら幸いです。

◎ご購入いただいた本のタイトルをご記入ください。

『　　　　　　　　　　　　　　　　　　　　　　　　　』

★著者へのメッセージ、または本書のご感想をお書きください。

●本書をお求めになった動機は？
①著者が好きだから　②タイトルにひかれて　③テーマにひかれて
④カバーにひかれて　⑤帯のコピーにひかれて　⑥新聞で見て
⑦インターネットで知って　⑧売れてるから／話題だから
⑨役に立ちそうだから

生年月日	西暦　　年　　月　　日（　　歳）男・女			
ご職業	①学生	②教員・研究職	③公務員	④農林漁業
	⑤専門・技術職	⑥自由業	⑦自営業	⑧会社役員
	⑨会社員	⑩専業主夫・主婦	⑪パート・アルバイト	
	⑫無職	⑬その他（　　　　）		

このハガキは差出有効期間を過ぎても料金受取人払でお送りいただけます。

ご記入いただきました個人情報については、許可なく他の目的で使用することはありません。ご協力ありがとうございました。

郵　便　は　が　き

料金受取人払郵便

代々木局承認

6948

差出有効期間
2020年11月9日
まで

1518790

203

東京都渋谷区千駄ヶ谷4-9-7

（株）幻冬舎

書籍編集部宛

1518790203

ご住所　〒
都・道
府・県

フリガナ
お名前

メール

インターネットでも回答を受け付けております
http://www.gentosha.co.jp/e/

裏面のご感想を広告等、書籍のPRに使わせていただく場合がございます。

幻冬舎より、著者に関する新しいお知らせ・小社および関連会社、広告主からのご案内を送付することがあります。不要の場合は右の欄にレ印をご記入ください。

不要

キリスト教とイスラーム教の対立

イギリス・オランダ戦争が終わって10年も経たない1683年。イスラーム世界をまとめあげた**オスマン軍**が、神聖ローマ帝国に向かって進撃してきました。これを**ウィーン包囲（第2次）**といいます。

オスマン帝国宰相のカラ・ムスタファの功名心から始まった戦争で、ヨーロッパを取り込もうという破天荒な策でした。カラは自分が、かつて**ウィーン包囲（第1次・1529年）**で名をあげたスレイマン大帝と並ぶほどの人物だと思わせたかったのでしょう。

一方の神聖ローマ帝国は、第1次包囲の経験から帝都ウィーンの壁を頑丈なものにつくりかえていました。それにヨーロッパ側は、ポーランドとドイツ諸侯連合が参戦しました。各国からは義勇軍も派遣され、キリスト教連合軍の結成を見ます。

こうして第2次ウィーン包囲は〈**キリスト教とイスラーム教の対決**〉という様相を強くしました。結果、キリスト教連合軍がオスマン軍を撃退し、カラ・ムスタファの策は幻想となって潰えました。

あの食文化は戦禍から誕生した

この戦禍のなかから新しい食文化が誕生しました。オスマン軍が残していった物資のなかにコーヒー豆があったのです。

ウィーン包囲を機にコーヒーに砂糖とミルクを入れた**カプチーノ**が考案されると、これをウィーン風（ウィンナー）・コーヒーとして飲ませる店がオープン。市民たちは、トルコ国旗の意匠「三日月」を形にした**クロワッサン**をつくり、騎馬軍の活躍を讃えたユダヤ人は、馬具の鐙《あぶみ》をかたどった**ベーグル**をつくったといいます。戦争が、思わぬ食文化を生み出したのです。

今では誰もが食べているクロワッサンやベーグル、カプチーノなどは戦争から生まれた。戦争と食文化のつながりは深い。

スペイン継承戦争
1701～1714年

バブル経済のバブルとは南海の「泡」の意味

ロンドン
ワルシャワ
神聖ローマ帝国
プラハ
ヴェルサイユ
パリ
ブダペスト
フランス王国
大西洋
ウィーン
スイス
リヨン
ミラノ
ハンガリー
アヴィニョン
ジェノヴァ共和国
サルデーニャ王国
ヴェネツィア共和国
ボルドー
マルセイユ
教皇領
アドリア海
モンテネグロ
ポルトガル王国
スペイン王国
マドリード
ナポリ
ナポリ王国
ミノルカ島
（メノルカ島）
シチリア
シチリア王国
ジブラルタル
1704（英占領）

実体のない経済状態を示す言葉「バブル」

ウィーン包囲（第2次）で、オスマン軍の活躍に期待した君主がいました。**フランス国王ルイ14世**（在位1643～1715年）です。ハプスブルク家を潰し、スペインを取ろうと目論んでいたのです。

1700年、スペインの王位後継問題が起こると、ルイ14世はここぞとばかり孫のフェリペ5世をスペイン国王に就けます。関係諸国の同意が得られたのは、孫がスペイン国王に就くなら、フランス王位の継承権は放棄するという合意ができていたからです。ところ

株価が大暴落した「南海バブル事件」。今でも使われている、過熱した経済を表す「バブル」という言葉はここから生まれた。

が、フェリペ5世はそれを放棄しませんでした。将来、**フランス・スペイン同君連合王国**が出現するかもしれません。ハプスブルク家だけでなく、イギリス、オランダも反発。こうして始まったのが**スペイン継承戦争**。最終的にフェリペ5世のスペイン王位の獲得は認められましたが、フランス王位の継承権は放棄ということで決着しました。

スペイン領内の奴隷供給契約権**「アシエント」**はイギリスが独占しました。

●スペイン継承戦争

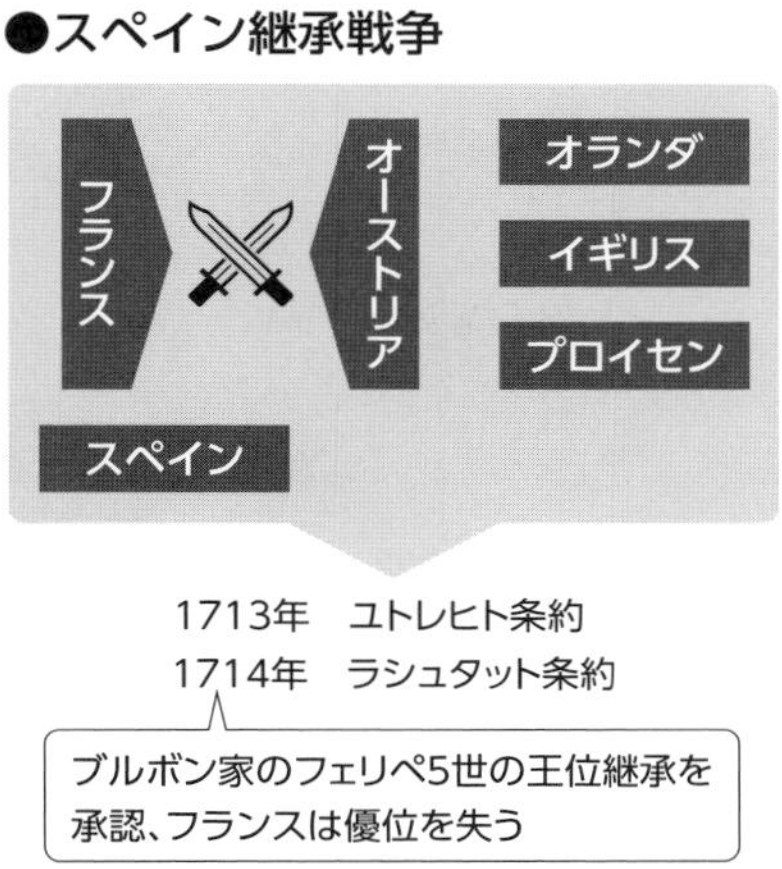
フランス
オーストリア
オランダ
イギリス
プロイセン
スペイン
1713年　ユトレヒト条約
1714年　ラシュタット条約
ブルボン家のフェリペ5世の王位継承を承認、フランスは優位を失う

当時、中米・南米大陸のほとんどはスペイン領。植民地経営には奴隷が不可欠です。アシエントを独占すれば、相当の利益が見込まれます。こうして奴隷貿易の**南海株式会社**が設立されると、額面100ポンドの株価は10倍の1000ポンドになりました。

しかし会社の運営は、はかばかしいものではありませんでした。それが明らかになると、株価は124ポンドに暴落。歴史に名を残す**「南海バブル事件」**です。会社名の「南海」にたとえて、実体がないことで「バブル」という言葉が使われました。バブル経済は戦争の利権と深く結びついていたのです。

人物に迫る!

ルイ14世（在位1643～1715年）

宝塚の歌劇が映えるような華麗で美しい空間。世界史の舞台となったヴェルサイユ宮殿です。絢爛豪華なこの宮殿を建てたのが、ブルボン朝フランス王ルイ14世です。

王の権力は神からの授かりもの（王権神授説）。誰も逆らえない。宗教はカトリック以外認めない。官製『フランス語辞典』に扱われた言葉を標準語とし、言語による国家統一を行いました。オンリー・ワンのゼッタイ的な王権を誇示した君主です。北米フランス植民地にも彼の名が付けられました。それが「ルイジアナ」です。意味は「ルイ14世のもの」。さらに神聖ローマ帝国やイギリスを相手に長期にわたる激戦を繰り広げ、ヨーロッパ国際政治の台風の目となります。背丈は160センチで小ぶりな体格。脚線は美しく、意識的にハイヒールを好んだといいます。幼少からバレエをやっており、アポロン（太陽）の役が大好きで、「太陽王」を自称しました。

北方戦争 1700～1721年

こうしてロシアの帝都ペテルブルクは誕生した

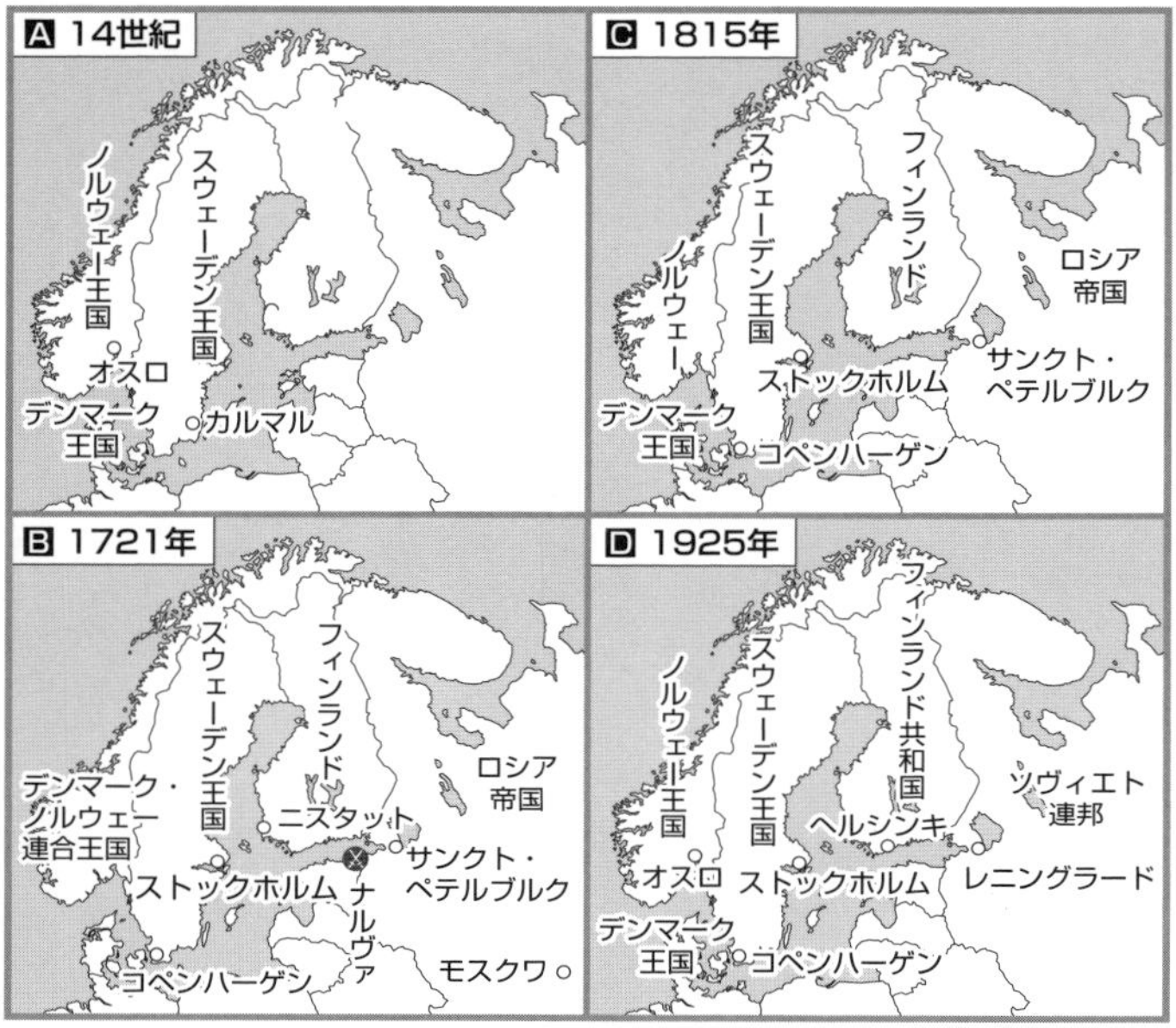
A 14世紀
ノルウェー王国
スウェーデン王国
オスロ
デンマーク王国
カルマル
C 1815年
スウェーデン王国
ノルウェー
フィンランド
ロシア帝国
ストックホルム
サンクト・ペテルブルク
デンマーク王国
コペンハーゲン
B 1721年
スウェーデン王国
フィンランド
デンマーク・ノルウェー連合王国
ニスタット
ロシア帝国
ストックホルム
ナルヴァ
サンクト・ペテルブルク
コペンハーゲン
モスクワ
D 1925年
ノルウェー王国
スウェーデン王国
フィンランド共和国
ソヴィエト連邦
ヘルシンキ
オスロ
ストックホルム
レニングラード
デンマーク王国
コペンハーゲン

オスマン帝国
スウェーデン
ロシア
デンマーク
プロイセン
ポーランド

八方塞がりを破って生まれた都市

バルト海の覇権をめぐる北方戦争。これを進めたのが、ロシアの**ピョートル大帝**（在位1682～1725年）でした。ロシアの東方には清朝が、西方にはスウェーデン王国が、そして南方にはオスマン帝国が勢力を築いていました。八方塞がりの状態で、ロシアはどこかに突破口をつくらなければ、世界に出て行けません。

1696年にピョートル大帝は、まず黒海～地中海航路への出発点となるアゾフを占領。これが**オスマン帝国に対する圧力の始まり**となります。そし

●サンクト・ペテルブルクの歴史

1703	ピョートル1世が サンクト・ペテルブルクを建設
1712	ロシア帝国の首都になる
1914	第一次世界大戦が勃発 ⇒ペトログラードに改名
1917	二月革命が始まる
1924	レーニンが死去 ⇒レニングラードになる
1991	ソヴィエト連邦が崩壊 ⇒サンクト・ペテルブルクに

ペテルブルク市街
ネヴァ川
ペトロパヴロフスク要塞
エルミタージュ美術館
スパース・ナ・クラヴィー聖堂
(アレクサンドル2世暗殺地に建設)
←バルト海
宮殿広場
(血の日曜日事件の舞台)
イサーク聖堂

ロシアの古都であるサンクト・ペテルブルク。観光地としても有名。

人物に迫る!

エカチェリーナ2世
(1729～1796年)

頭脳明晰なドイツ人であり、ロシアに馴染もうと言語や文化習慣を懸命に学び、身につけました。無能な夫の皇帝ピョートル3世に嫁いだものの、「バカ」よばわりされたため、屈辱感を強くしたといいます。その仕返しが帝位の奪取。夫を廃して皇帝に就くと、オスマン帝国に侵攻しクリミア半島を奪います。不凍港を求めて南下政策を本格的に進めたのが、エカチェリーナ2世でした。

この女帝と会った日本人がいます。海難事故でロシアに留まることを強いられた大黒屋光太夫《だいこくやこうだゆう》です。対日貿易交渉の任を得たラクスマンに保護され、日本に帰りました。エカチェリーナ2世は、日本と因縁のあるロシア皇帝なのです。

て1700年、北方航路の獲得をバルト海に求め、バルト海を仕切ってきたスウェーデンを相手に北方戦争の火ぶたは切って落とされたのです。

ロシアは戦闘態勢を強めるため、1703年、バルト海につながるネヴァ川河口に要塞を建設。これが後の帝都**サンクト・ペテルブルク**（「ピョートル大帝の都市」の意）です。戦争は当初、スウェーデンが優勢でしたが、1709年の**ポルタヴァの戦い**でロシアが攻勢に転じます。スウェーデン国王カール12世は逃げ場を失い、オスマン帝国へ亡命。1721年、フィンランドのニスタットで和約が結ばれ、ロシアはバルト海を「わが海」としました。

北方戦争の後半、スウェーデン国王はオスマン帝国の助けを得ました。この動きは、後にロシア女帝エカチェリーナ2世とオスマン帝国が激しくぶつかり合う布石となったのです。

column

カリブ海でコーヒー栽培!

コーヒーがヨーロッパで大ブレイクしたのは、18世紀。フランスはこれに目をつけて､カリブ海の**仏領サン・ドマング**（1697～1804年・現ハイチ）で、コーヒーとサトウキビのプランテーションを行います。隆盛期にはヨーロッパで消費される砂糖の40パーセントがこの島でつくられました。コーヒーにいたっては、なんと60パーセントを占めました。

コーヒーは熱帯性の作物。栽培は炎天下の大農園。暑さが脳天に突き刺さるクラクラ状態で農園労働を強いられたのが、黒人奴隷でした。黒人奴隷は、西アフリカからカリブ海のフランス植民地に送られました。

このコーヒーがヨーロッパの**カフェ**（コーヒー・ハウス）文化をつくり出し､啓蒙思想家たちの議論のテーブル・アクセントになりました｡彼らはコーヒー・カップを持ち、人間の自由と平等を叫んでいたのです。

1789年フランス革命が起こると、黒人奴隷たちは「人権宣言」を植民地にも適用せよと本国に迫りました。これを引っぱったのが「**黒いジャコバン**」とよばれたトゥサン・ルーヴェルチュールでした。奴隷解放に同意したのは、ジャコバン派だけでした。

ところが1794年**テルミドール９日のクーデタ**でジャコバン派政権が倒れると、奴隷制廃止の方向はなくなり、ハイチ独立戦争が起こりました。最終的にはナポレオン軍の鎮圧を排撃して、1804年独立を達成します。しかしハイチはアメリカ世界で孤立します。まわりはまだ、奴隷制をとる植民地だらけ。目の前のアメリカ合衆国がハイチを承認したのは、1865年南北戦争が終わったときでした。

世界で奴隷制が廃止された19世紀後半、コーヒーの生産量はますます右肩上がりに。最大の輸出国に上りつめたのは、ブラジルでした。奴隷制廃止後の労働力は､どうしたのでしょう｡そこには黙々と汗を流しながら働く人々がいました。日本人です。戦前「銀座でブラジル・コーヒーを飲む」ことを銀ブラといいました(※)。遠く離れた異境の地に働く同胞に思いを寄せる言葉こそ、「**銀ブラ**」なのかもしれません。

※諸説アリ

第4章

近代世界の革命と国際戦争

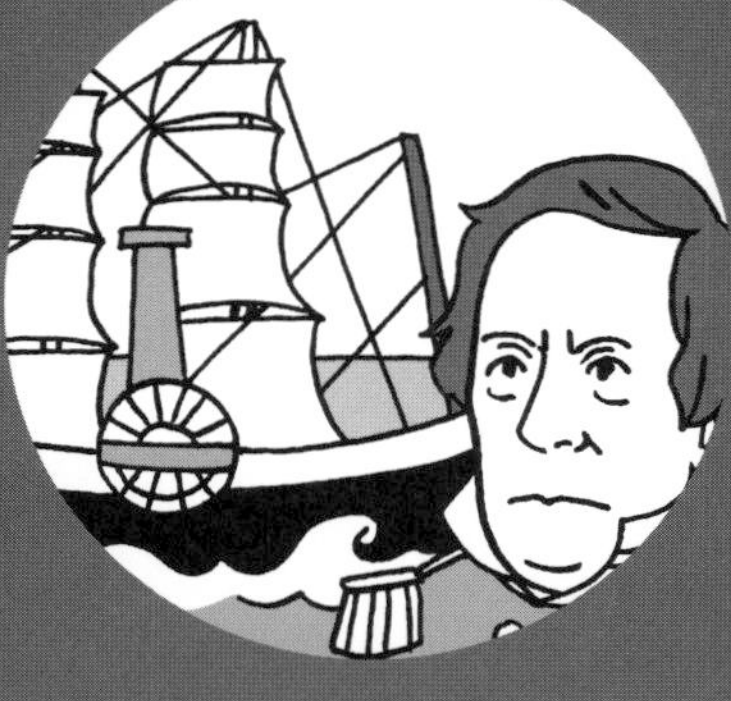

七年戦争〈1756～1763年〉……84
アメリカ独立戦争〈1775～1783年〉……86
フランス革命戦争〈1792～1799年〉……90
アブキール湾の海戦〈1798年〉……92
アヘン戦争〈1840～1842年〉……94
クリミア戦争〈1853～1856年〉……96
イタリア統一戦争〈1859年〉……98
南北戦争〈1861～1865年〉……100
日清戦争〈1894～1895年〉……102

第4章で見る世界史

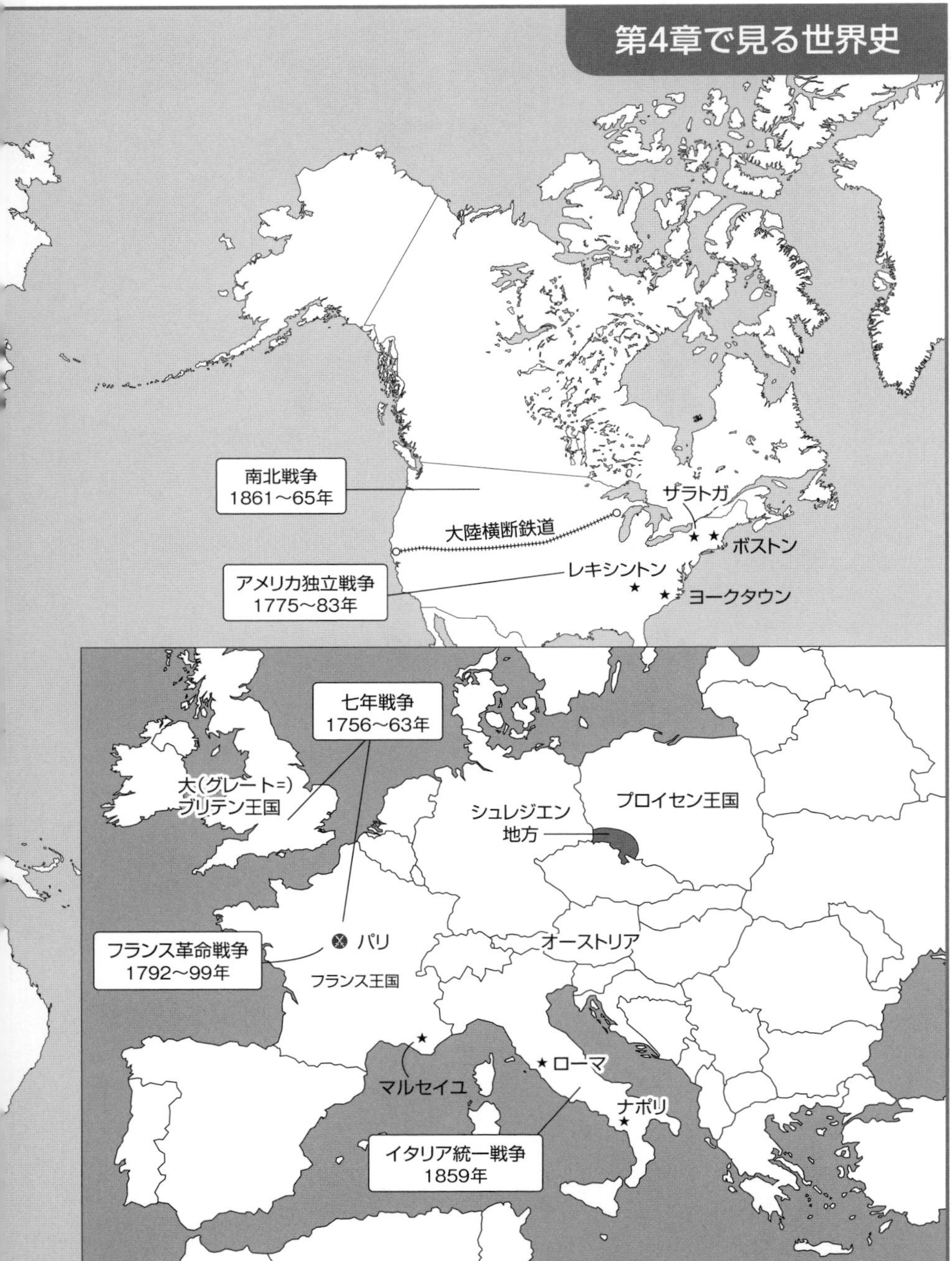
南北戦争
1861～65年
大陸横断鉄道
サラトガ
ボストン
アメリカ独立戦争
1775～83年
レキシントン
ヨークタウン
七年戦争
1756～63年
大(グレート=)
ブリテン王国
シュレジエン
地方
プロイセン王国
パリ
フランス革命戦争
1792～99年
フランス王国
オーストリア
ローマ
マルセイユ
ナポリ
イタリア統一戦争
1859年

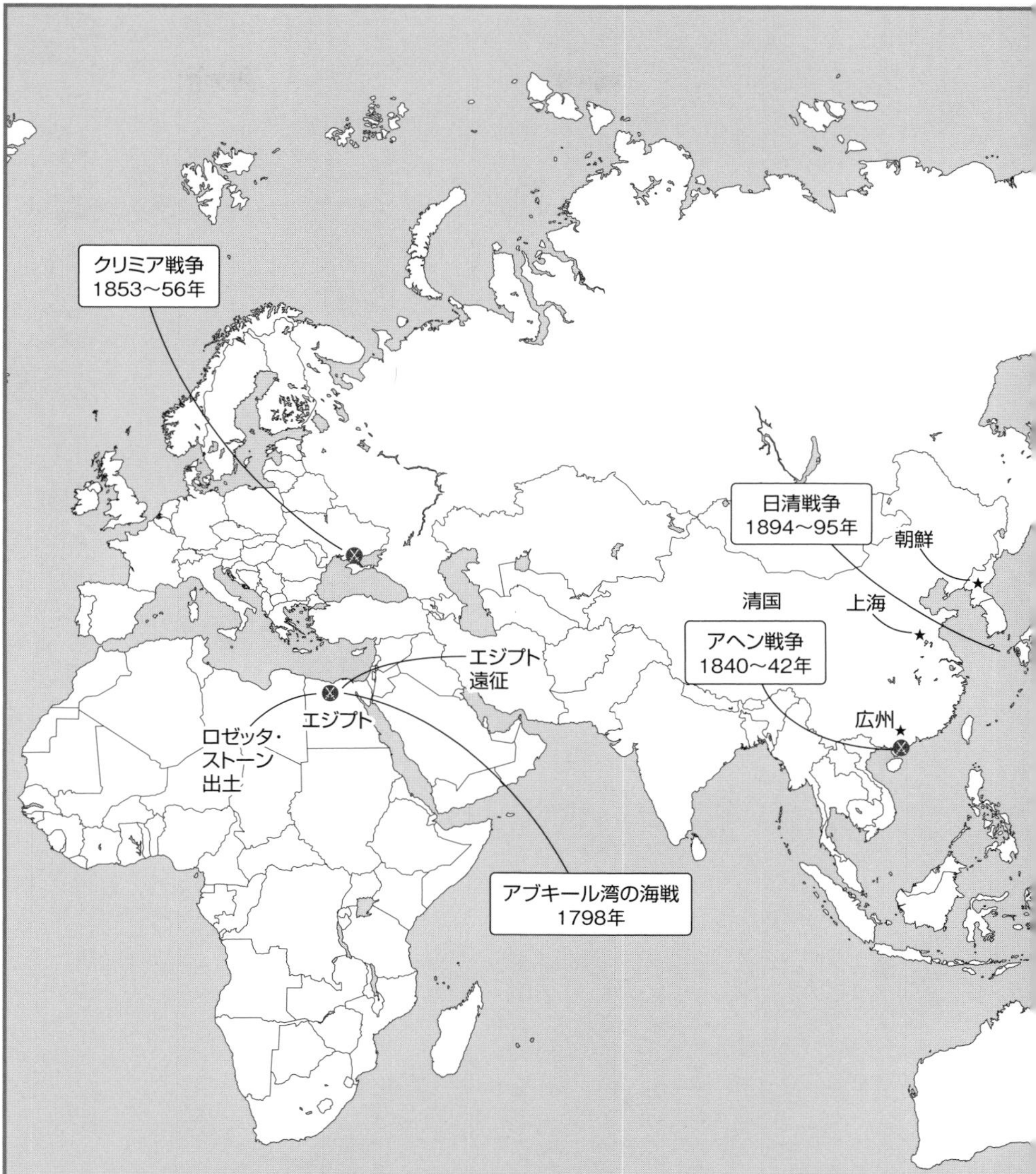
クリミア戦争
1853〜56年
日清戦争
1894〜95年
朝鮮
清国
上海
アヘン戦争
1840〜42年
広州
エジプト
遠征
エジプト
ロゼッタ・
ストーン
出土
アブキール湾の海戦
1798年

七年戦争 1756～1763年

イギリス植民地帝国の成立

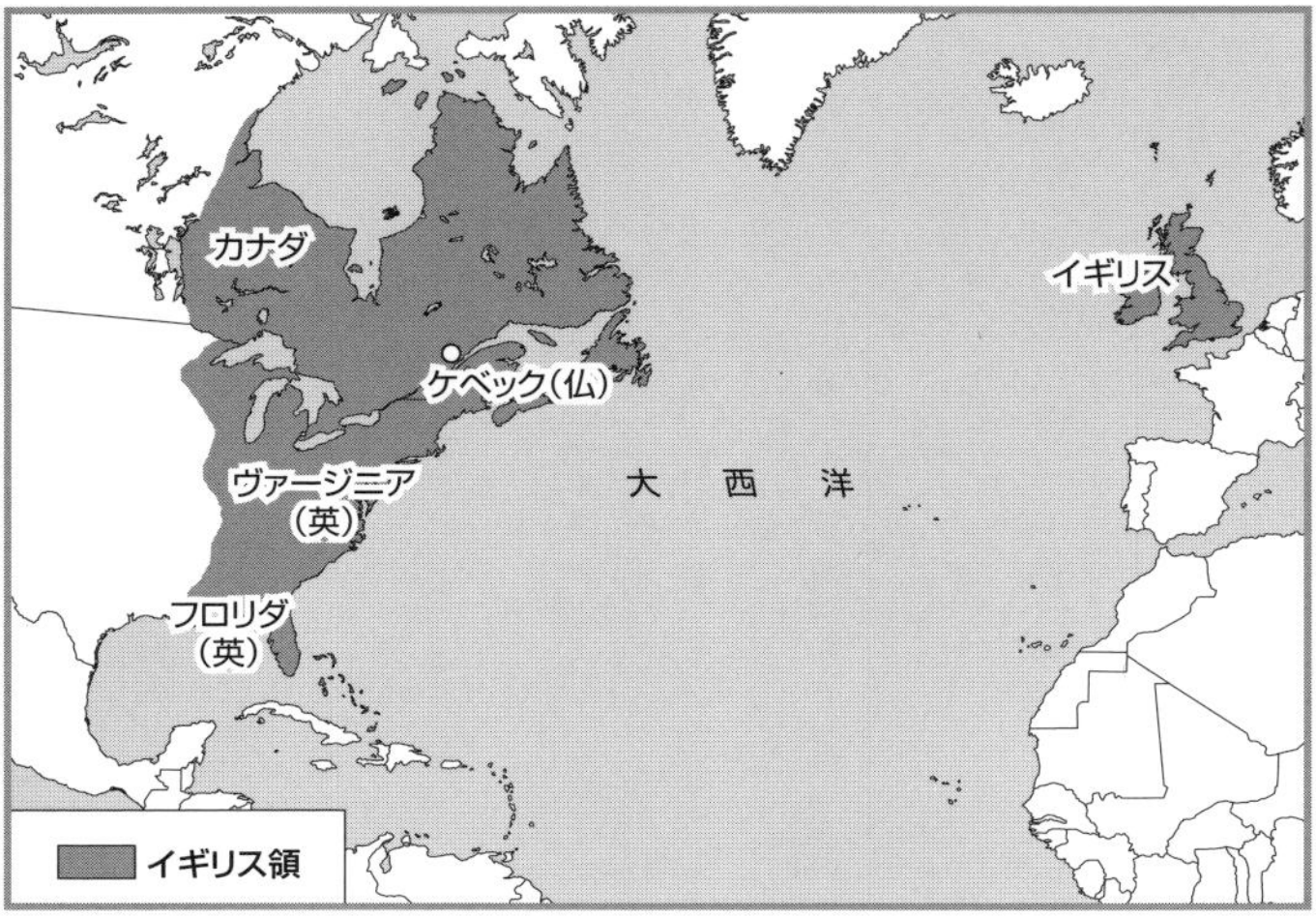

オーストリアとプロイセン、フランスとイギリスが衝突。

植民地をめぐる戦争が増えていった

18世紀、ヨーロッパは大西洋を挟んで、一大戦争の時代に突入しました。「寒冷の17世紀」、西欧は新天地を北米大陸に求めました。入植者も増え、フランスはケベック※とルイジアナ、イギリスは東部13植民地を取りました。フランスとイギリスは袂を分かち、ヨーロッパだけでなく、北米大陸でも激しくぶつかりました。

1756年、英仏はいよいよ雌雄を決するときを迎えます。それが**七年戦争**です。当時ヨーロッパでは、イギリスとプロイセン※が力をつけてきました。

※ケベック…現在のカナダ東部。
※プロイセン…現在のドイツ。

●ヨーロッパ諸王朝の系図

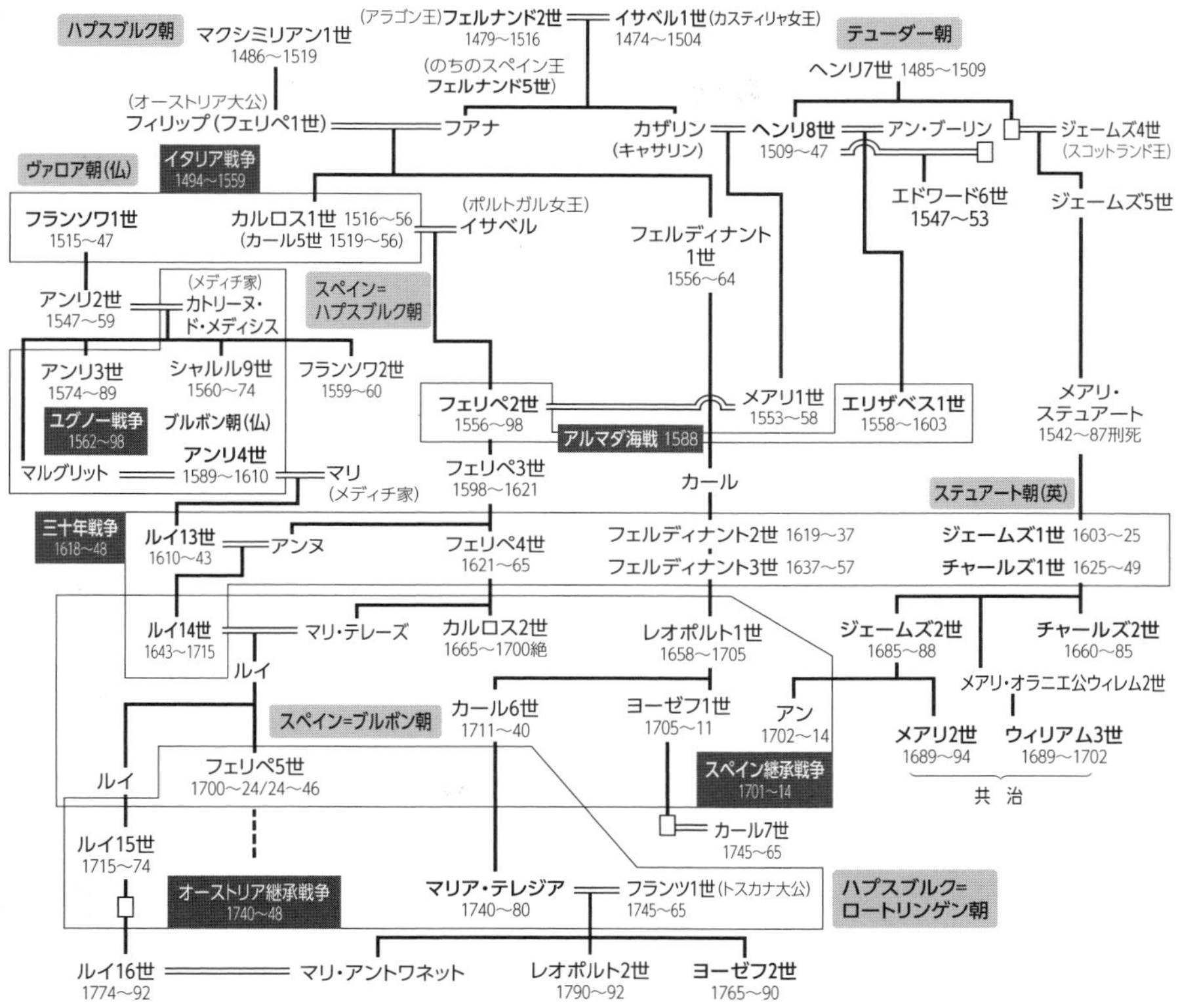

これに脅威を感じた仏墺。イタリア戦争（１４９４～１５５９年）以来の仇敵同士ですが、両国はイギリスとプロイセンに対して、有利な形勢を得るため、歴史的和解を図りました。**外交革命**と呼ばれ、オーストリアの女帝マリア・テレジアの娘マリ・アントワネットがフランスに嫁ぎました。

　こうして**七年戦争**の構図ができ上がりました。**オーストリアとプロイセンはシュレジエン地方の領有権**を、**フランスとイギリスは北米大陸の植民地獲得をめぐって衝突**。戦いはイギリスとプロイセン側の勝利に終わりました。同時期、英仏が争った**フレンチ・インディアン戦争**（１７５４～６３年）で、フランスは北米大陸の植民地をすべて失います。大半はイギリスのものになり、**イギリス植民地帝国**が生まれましたが、この後、独り勝ちのイギリスをしっぺ返しが襲うことになるのです。

アメリカ独立戦争 1775〜1783年

紅茶か、コーヒーか！ 運命の分かれ目

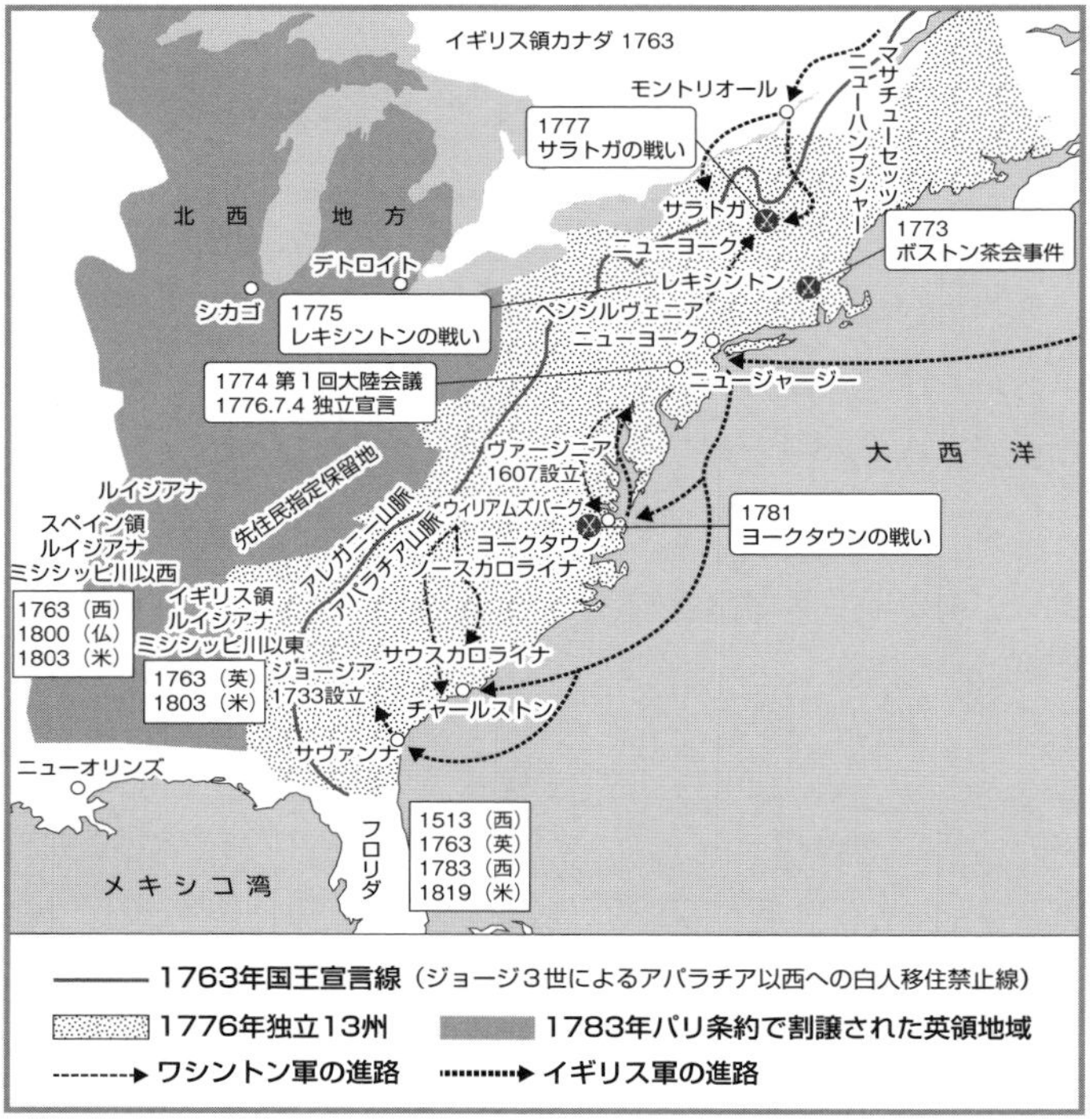
イギリス領カナダ 1763
マサチューセッツ
ニューハンプシャー
モントリオール
1777
サラトガの戦い
サラトガ
北 西 地 方
ニューヨーク
1773
ボストン茶会事件
デトロイト
レキシントン
シカゴ
1775
レキシントンの戦い
ペンシルヴェニア
ニューヨーク
1774 第1回大陸会議
1776.7.4 独立宣言
ニュージャージー
大 西 洋
ヴァージニア
1607設立
ルイジアナ
先住民指定保留地
スペイン領
ルイジアナ
ミシシッピ川以西
アレガニー山脈
アパラチア山脈
ウィリアムズバーグ
ヨークタウン
1781
ヨークタウンの戦い
ノースカロライナ
1763（西）
1800（仏）
1803（米）
イギリス領
ルイジアナ
ミシシッピ川以東
サウスカロライナ
1763（英）
1803（米）
ジョージア
1733設立
チャールストン
サヴァンナ
ニューオリンズ
フロリダ
1513（西）
1763（英）
1783（西）
1819（米）
メキシコ湾
1763年国王宣言線（ジョージ3世によるアパラチア以西への白人移住禁止線）
1776年独立13州
1783年パリ条約で割譲された英領地域
ワシントン軍の進路
イギリス軍の進路

紅茶が戦争のきっかけ？ カフェの発展への影響も

イギリスは七年戦争で勝利し、植民地帝国を築きました。これは見方を変えると、イギリスの独り勝ち――イギリスが**国際社会のあるべき姿とされた勢力均衡の原則を壊した**とも言えます。北米大陸の東半分はイギリス領に。しかも1773年インドにベンガル総督府が起ち上げられ、植民地化の動きがインドにも及びました。

ヨーロッパ諸国は、破壊された国際勢力図を書き換えようとします。そのきっかけが**ボストン茶会事件**（1773年）から発展した**アメリカ独立戦争**

でした。
英国政府が北米13植民地の紅茶の独占販売権を東インド会社に与えると、これに反発した人々がボストン港に停泊していた東インド会社の船を襲い、茶箱を次々と海中に投げ込んだのです。英国政府は、軍隊を送って植民地を武力で抑え込もうとしました。

こうして独立戦争が始まると、ひとりの指導者がフランスに向かいます。**ベンジャミン・フランクリン**です。パリに滞在しカフェに足しげく通い、アメリカの独立支援を訴えました。カフェは当時進歩的な思想家や政治家が集まるところでした。

フランス、スペイン、オランダがイギリスに宣戦。アメリカ独立の支援態勢となったのです。ロシアもヨーロッパ諸国とともに武装中立同盟を結成し、イギリスに対抗。また、独立義勇軍に参加する若者たちの姿も見られました。そのなかには後に、フランス革命を指導したラ・ファイエットがいました。

1783年アメリカ独立は承認されます。それは**イギリス叩き**という国際政治の結果でもあったのです。

EPISODE

戦争とパリのカフェ

「パリは巨大なカフェである」――こう言ったのは、18世紀フランスの啓蒙思想家モンテスキューです。街中カフェだらけ、という感じが伝わりますね。

カフェはコーヒー文化のシンボル。コーヒーがヨーロッパに広まったのは、1683年オスマン帝国軍がウィーンに侵攻したとき、といわれます（第2次ウィーン包囲）。パリにカフェ「ル・プロコープ」がオープンしたのは、その3年後。今も現役の老舗です。このカフェには、あらゆる人々が来ました。興味深いのは、人間の自由や平等を説いた啓蒙思想家たちの活動拠点、議論の場になったこと。**アメリカ独立戦争**（1775～83年）では、独立革命の司令塔となったベンジャミン・フランクリン、同海軍の英雄ジョン・ポール・ジョーンズらの姿もありました。

フランス革命戦争（1792～99年）では、急進派の指導者となったロベスピエール、ダントン、マラーらが、ここで会合を開いています。そのとき、遠くカリブ海の仏領サン・ドマング（現ハイチ）では、コーヒーとサトウキビの栽培が大規模に行われていました。労働力は黒人奴隷。啓蒙思想家たちは、パリでコーヒーを片手に「人間は自由だ、平等だ」と叫んでいたのです。

王妃マリ・アントワネットの最期

日本人にとって最も親しみのある王妃といっても過言ではない。

投獄されたアントワネット

　王妃マリ・アントワネット（1755～93年）は、ルイ16世処刑後の1793年8月、パリ中心部のセーヌ河岸にあるコンシェルジュリーの独房に閉じ込められました。この建物はカペー朝時代は宮殿、その後は牢獄として使われました。

　マリ・アントワネットはフランス人の妬み、恨み、あらゆる悪の華を背負わされた王妃でした。ギロチン処刑は、その着地点だったと思われてなりません。フランスの国民感情を育成したのは、まぎれもなく反ドイツ主義。その憤懣《ふんまん》の向けどころが、マリ・アントワネットでした。

　革命前夜、マリは貴族界の流行発信源。夜ごと夜ごとの晩餐会で、貴婦人たちが「マリさまは、今夜はどんな衣装でご登場かしら……」くらいの思いで、彼女の登場を待ったようです。あっと言わせたのが、なんと軍艦へアメイク。髪を帆を張った軍艦でまとめ上げるのです。そんな贅の極みが民衆の憤懣を買ったのでしょう。

尊厳のない死

　10月16日、いよいよアントワネットが断頭台に上がる日がやって来ました。この日は早くから、長い時間、神に祈ったといいます。朝食は用意されたブイヨン・スープだけ。そして死刑執行の立会人がやって来ると、アントワネットの髪が荒々しく切り落とされます。ギロチンの刃が首を斬り落とすのに邪魔になる、とのことでした。革命では王妃の尊厳どころか、女性としての気

マリ・アントワネットが最後の時間を過ごした部屋。４畳半くらいの小さな部屋です。

持ちなど、何も考慮されないのでした。

その実像は謎に包まれたまま……

コンシェルジュリーを後に、処刑場（現コンコルド広場）の断頭台に上がったのは午後12時すぎ。ギロチンという狂気の刃でアントワネットは処刑されました。没年37。息子ルイ17世（1785〜95年）は、牢獄の無知蒙昧《もうまい》な番兵らに拷問《ごうもん》同然の虐待を受け、10歳の人生を終えます。

アントワネットは軽薄で、わがままな王妃。ステレオタイプのイメージがこびりつく半面、子どもたちの躾では、我慢することの大切さを教える母親だったといいます。

彼女の実像は、処刑から２００年以上経った今も謎というか藪のなか。百家争鳴でしょうか。

フランス革命戦争　1792～1799年

メートル法を決めた革命とは!?

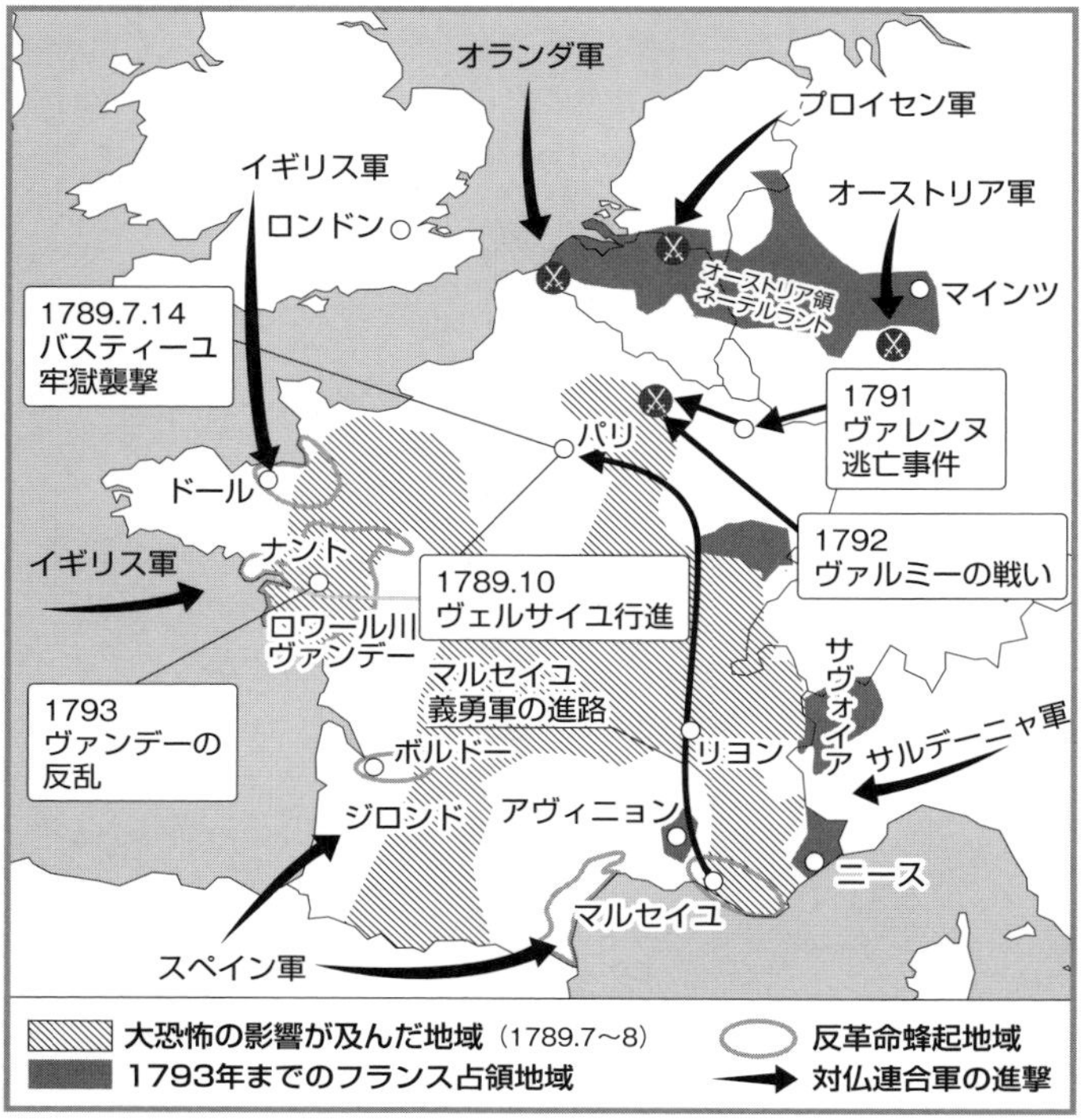
オランダ軍
プロイセン軍
イギリス軍
ロンドン
オーストリア軍
オーストリア領ネーデルラント
マインツ
1789.7.14
バスティーユ
牢獄襲撃
1791
ヴァレンヌ
逃亡事件
パリ
ドール
1792
ヴァルミーの戦い
イギリス軍
ナント
1789.10
ヴェルサイユ行進
ロワール川
ヴァンデー
マルセイユ
義勇軍の進路
サヴォイア
1793
ヴァンデーの
反乱
ボルドー
リヨン
サルデーニャ軍
ジロンド
アヴィニョン
ニース
マルセイユ
スペイン軍
大恐怖の影響が及んだ地域（1789.7～8）
1793年までのフランス占領地域
反革命蜂起地域
対仏連合軍の進撃

多くの戦争によるツケが王政への反発につながった

アメリカ独立戦争が終わって6年後、今度は**フランス革命**（1789～99年）が起こりました。原因は財政難と王政への不満。アメリカ独立支援やオーストリアやイギリスとの戦争のツケが財政難を招いたのです。人々の不満は、贅を極めた王室にも向けられました。王妃マリ・アントワネットは晩餐会で、宝石をちりばめた軍艦髪形で現れます。一晩で2億円とも言われる髪形ですが、さぞ周囲を驚かせたことでしょう。革命は**絶対王政とよばれた、国王の強権支配を終わらせる**ことになりました。

1791年に**立憲君主制**が成立。ドイツ諸国との間でフランス革命戦争が勃発すると革命政府は徴兵制をはじめ、国内の士気を高める策をとり、恐怖政治へはまり込みます。国王ルイ16世とマリ・アントワネットのギロチン処刑もこのときのこと。そして革命戦争は決着がつかず、その後のナポレオンに引き継がれます。

さて、フランス革命は、今日の国民国家の起源となり、国は国民平等の理念の下でひとつとなりました。人間だけではありません。**度量衡**、つまり重さや長さなどの計測単位もひとつになったのです。当時ヨーロッパで注目されたのは、長さの単位の統一でした。

現在の**国際標準単位は「メートル」**。これはフランス革命の産物でした。ギロチンという非人道的な処刑方法を考案した革命は、一方でメートル法をつくったのです。

EPISODE

トリコロール

トリコロール（Tricolore）とは三色旗。有名なのがフランス国旗です。トリコロールの「トリ（Tri）」はⅢ。この数詞にはバランスの美しさがあります。建築意匠の三連アーチや古代・中世・ルネサンスの絵画の三美神もそう。「コロール（colore）」は色。フランス国旗は、向かって左から青・白・赤。それぞれの意味は自由・平等・博愛といわれますが、実際は1789年７月フランス革命下でパリ市民軍がつくられると、その標章にパリ市を表す**青**と**赤**の二色が充てられたのです。それにブルボン朝のシンボルの白百合を意味する**白**が加えられます。考案者はラ・ファイエット。トリコロールからは革命と君主のコラボ＝立憲君主制の精神が読み取れるのです。

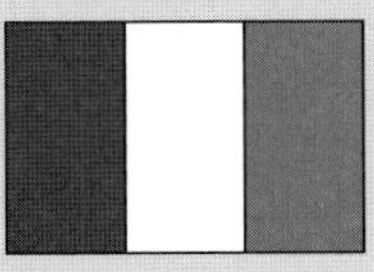

PICK UP

メートル法

18世紀、国際商業の密度が濃くなり､グローバル化が進展しました。それにともなって、さまざまな問題も出てきました。そのひとつが物ごとの計量単位が各国バラバラなことでした。問題解決のため、世界共通の単位を決めることになりました。その音頭を取ったのが、1790年のフランス革命議会です。

提案者は外交のベテラン、国際政治のリーダーとしても名高いタレーラン。この時代に計量単位の研究が行われ、１メートルは「子午線の４分の１の距離の1000万分の１」とされました。ですが、メートル条約の世界化には時間がかかりました。

現在メートル法を採用していない国は３ヵ国あります。そのなかのひとつがアメリカ合衆国。今でもインチやフィートといった単位を使っています。

アブキール湾の海戦　1798年

エジプト古代文字解読のきっかけはナポレオン

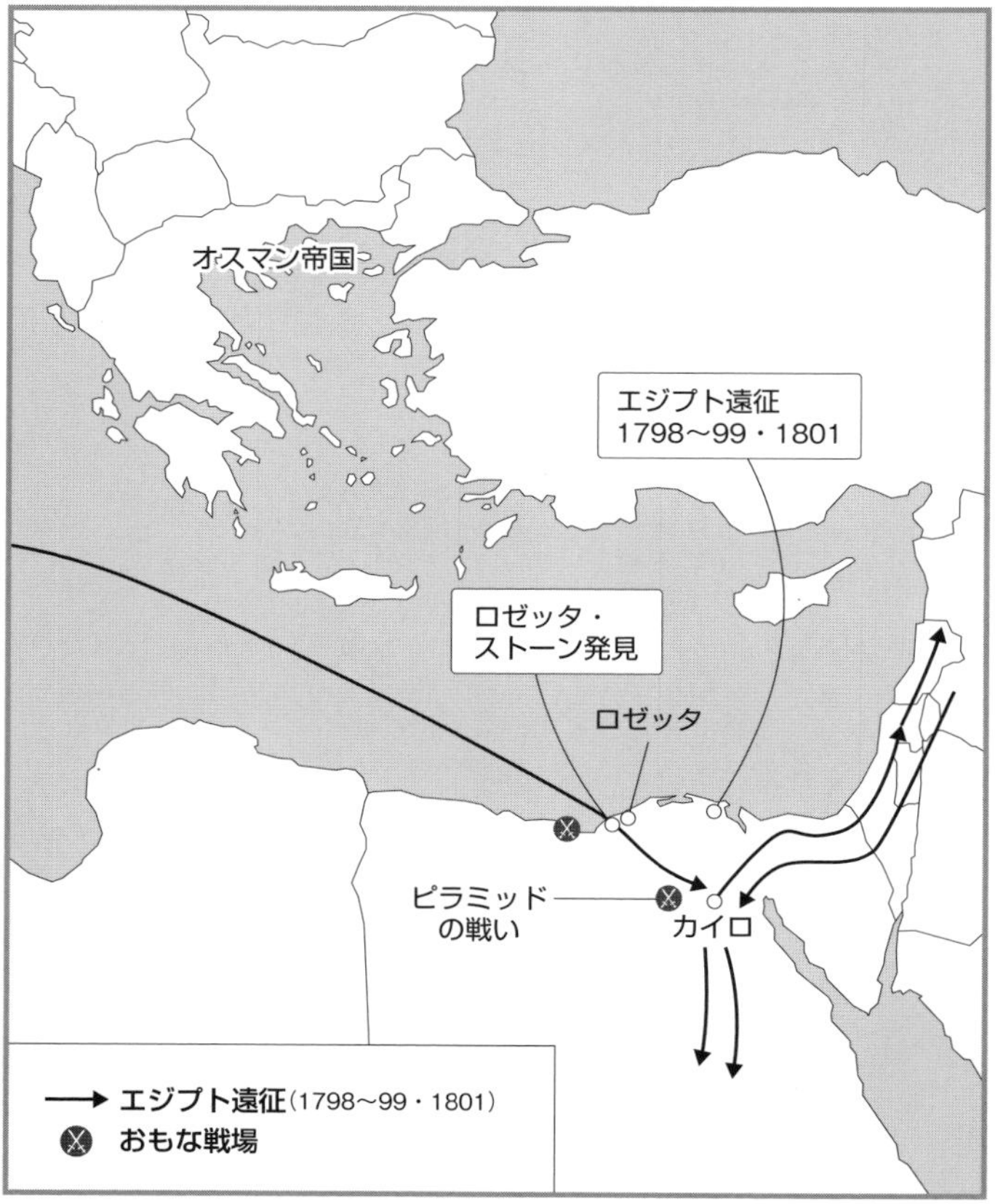

オスマン帝国
エジプト遠征
1798～99・1801
ロゼッタ・
ストーン発見
ロゼッタ
ピラミッド
の戦い
カイロ
エジプト遠征（1798～99・1801）
おもな戦場

ナポレオンの活躍とロゼッタ・ストーン

フランス革命戦争をリードし、フランスを優位にしたのは、軍人ナポレオン・ボナパルト。なかでも興味深いのは、**エジプト遠征**（1798～99・1801年）です。

この地を占領したのは、**イギリスのインド支配を妨害するため**。ナポレオンは「反フランス」を唱和する最大の敵国＝イギリスのインド航路を遮断して、打撃を与えようとしたのです。当然ながらイギリスは、海軍をもって対抗します。指揮官はネルソン提督。これがナイル川河口西側で行われた**アブ**

EPISODE

ロゼッタ・ストーンとは

歴史には「偶然の発見」ということがよくあります。そのひとつが、1799年に見つかった「ロゼッタ・ストーン」です。

ナポレオン軍は、イギリスのインド航路を塞ぐためエジプトを占領。そしてナイル川河口のラシード（ロゼッタ村）に要塞を築こうとしたときでした。縦114.4cm、横72.3cm、厚さ27.9cm、重さ760kgの石碑が出土したのです。そこには３種の文字が記されていました。上から順にヒエログリフ（神聖文字）、デモティック（民衆文字）、ギリシア文字。内容はすべて同じ。上のふたつは古代エジプト文字。なぜ、３番目にギリシア語表記があったのか。それはエジプトが当時、アレクサンドロス大王以来のヘレニズム王朝だったからです。このため、コイネー（共通語の意）としてのギリシア語も記されていました。内容は紀元前196年のもの。君主プトレマイオス５世を讃えて、礼拝のやり方などが書かれていました。

ロゼッタ・ストーンは、エジプトでの英仏戦争の結果、勝利したイギリスが戦利品として持ち帰ります。すると今度は、英仏でロゼッタ・ストーンの「解読戦争」が始まりました。勝利（解読）したのは、フランスのシャンポリオン。1822年のことでした。

キール湾の海戦でした。連戦連勝のナポレオンが敗北を見た海戦です。

戦いの後、ナポレオンはエジプトのアレクサンドリア付近に要塞を建てます。その工事途中のこと。石柱片**ロゼッタ・ストーン**が出土しました。２０００年の時間を経て、その姿を再び現した瞬間です。そこには古代エジプト史の究明につながる3種の文字が刻まれていました。

ナポレオンは、碑文を印刷して、敵味方に関係なく、研究者たちに解読を要請しました。解読に成功したのは、１８２２年フランスのシャンポリオンでした。

ロゼッタ・ストーンは、ネルソン指揮下のイギリス海軍の（エジプトでの英仏戦争の際の）戦利品とされ、ロンドンに運ばれて**大英博物館**で公開されました。現在はガラスケースにはめられ、見学者の姿を黙って見つめています。

アヘン戦争　1840～1842年
明治維新の精神的原点を見る

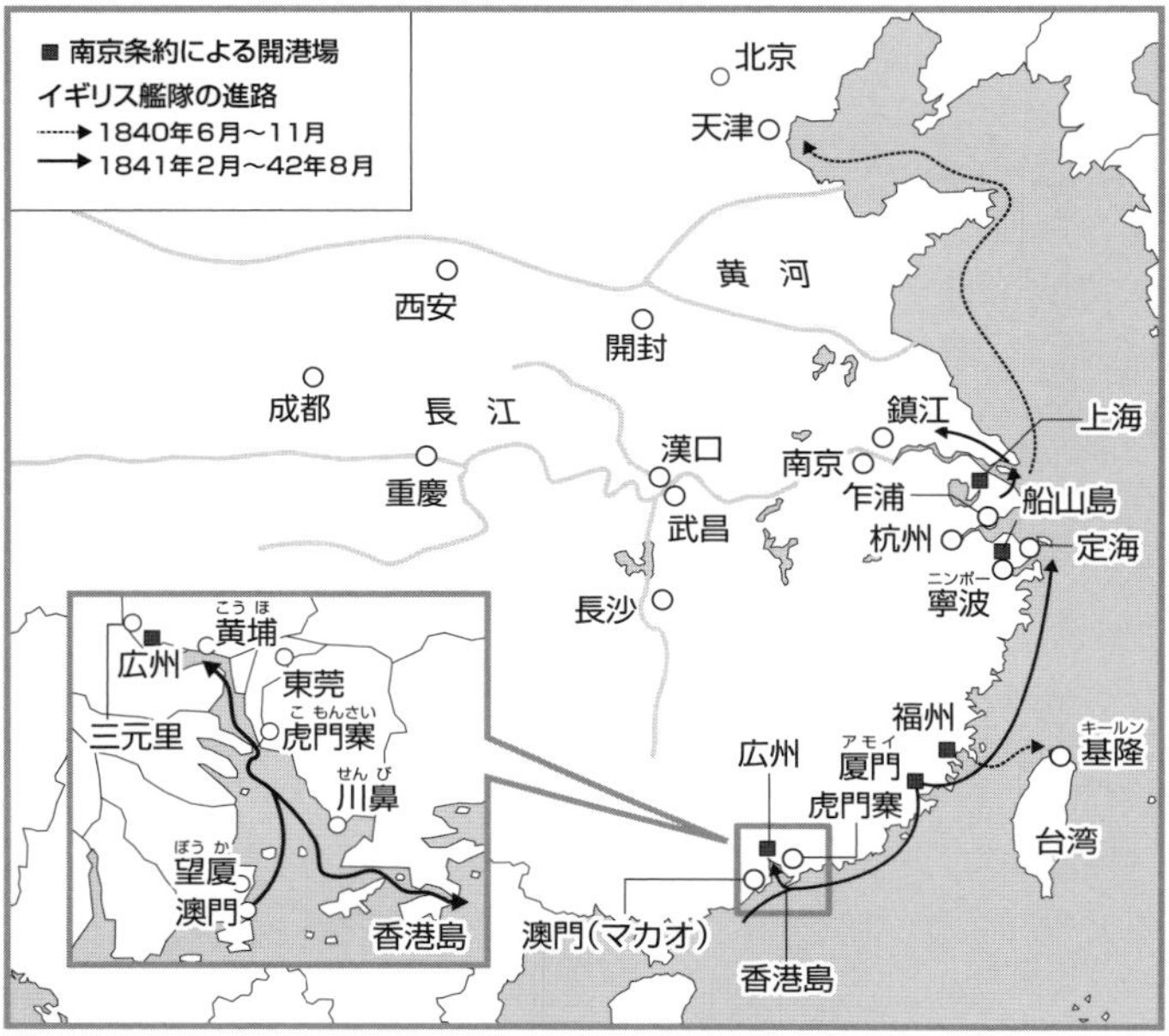

アヘンの貿易と摘発戦敗国を見た日本人

ナポレオンのヨーロッパ制覇が失敗すると、世界は自由貿易主義へ向かいます。これをリードしたのは**「世界の工場」**と讃えられたイギリスでした。

自由貿易主義へのよびかけは、遠く東アジアの清国（中国）にも及びます。しかし清国はこれを拒否。というのも清国は自らを宗家《そうけ》にたとえ、朝貢国を属国とする上下関係をつくっていました。ですから、こうした関係以外の国とは付き合わないのです。しかし現実はイギリスがしかけたアヘンの自由貿易が日常化しており、アヘンに関税を

林則徐《りんそくじょ》（1785～1850年）

19世紀の初め、清国の自由貿易はインド産アヘンの取引から始まったといっていいでしょう。例えば、1828～29年広東省の広州貿易を見ると、アヘンの輸入代金がなんと一般商品全合計のそれを上回っているのです。アヘンが、清国輸入品目の断トツ１位なんてもんじゃないんです。もう密貿易とは言えません。アヘン輸入の大きさに目をつけた清国政府は、アヘン公認論に傾きます。アヘン輸入税を課せば、財政は豊かになると考えたからです。中央だけでなく、各地の地方長官もアヘン公認論を支持しました。清国がアヘン貿易公認に向かおうとしたそのときです。林則徐のアヘン反対論が、皇帝の目に留まります。アヘンを認めれば、「数十年後には、国を守る兵士もいなくなり、軍事予算も損なう。そのときになって悔いても、国を取り戻すことはできない」と。林則徐のこの一言が、アヘン公認論の流れを変えます。皇帝は「アヘン禁止」を決意します。

1839年、林則徐は皇帝から全権を任され貿易拠点の広州に向かい、イギリスとのアヘン戦争（1840～42年）を指揮しました。が、皇帝が降参。林則徐は左遷。それでも林は、新任地で庶民のために精を出したといいます。

●中国のアヘン輸入量

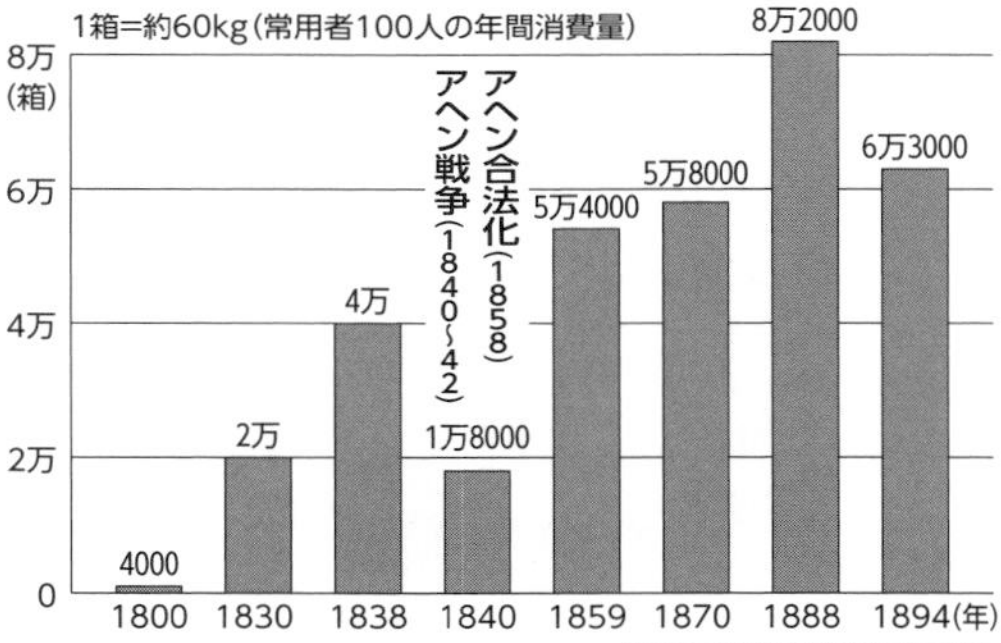
1箱=約60kg（常用者100人の年間消費量）
8万（箱）
6万
4万
2万
0
アヘン合法化（1858）
アヘン戦争（1840～42）
4000
2万
4万
1万8000
5万4000
5万8000
8万2000
6万3000
1800
1830
1838
1840
1859
1870
1888
1894（年）

（『世界の歴史19』中央公論社）

かければ儲かると考えた清国はアヘン自由化の方向で固まりつつありました。ところが**林則徐《りんそくじょ》**の反対論に皇帝が引き寄せられ、土壇場でアヘン貿易自由化案はひっくり返りました。アヘンの摘発は強められ、**自由貿易主義を争点とするアヘン戦争**が起こりました。戦争は清国の降伏で終結。南京条約が結ばれ、**上海・広州など5港が開港**します。

戦争に負けた清国の姿を直に見た日本人がいました。国民軍の原型ともいえる奇兵隊をつくった男——高杉晋作です。1862年徳川遣《けん》上海使節団に参加した高杉は、そのときの見聞録である『遊清五録《ゆうしんごろく》』に、「シナ人（中国人）は尽《ことごと》く外国人の使役」であり、「上海は英仏の属地」同然だと述べています。その結論は、**日本は清国の二の舞になってはいけない**というもの。アヘン戦争は植民地化を警戒する明治維新の精神に大きな影響を与えました。

反ロシア国際秩序の形成と蘭学の発達

クリミア戦争 1853～1856年

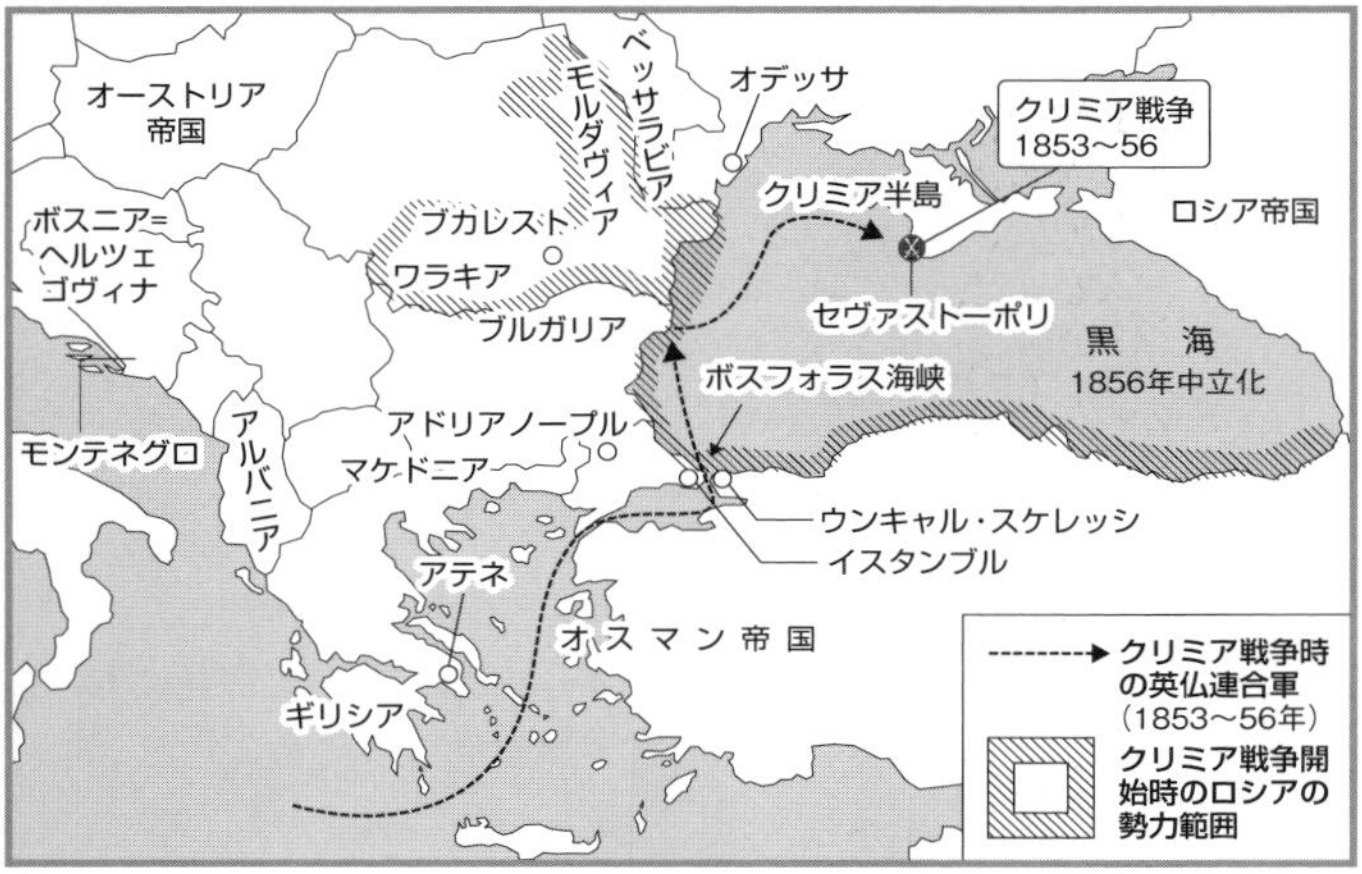

日本は江戸時代末期。ペリーが開国を求めていたこの頃、地中海の周辺では国際戦争が起こっていたのです。

日本における反ロシア研究 国防意識が芽生える

1853年にアヘン戦争情報を紹介して、日本に強く開国を求めたのは、米国東インド艦隊の提督ペリーでした。黒船来航で日本中が大騒ぎしているとき、遠く地中海の東方ではナポレオン戦争以来の国際戦争が起こりました。**クリミア戦争**です。

19世紀、ロシアは一年を通じて使える**不凍港を求めて南下政策を推進**しました。黒海北岸のクリミア半島からオスマン帝国領海を航行して地中海に出る。そしてイェルサレムを取ろうとしたのです。このためオスマン帝国とロ

※反ロシアの国…イギリス、フランス、北イタリアのサルデーニャ。

EPISODE

日本と蘭学

1774年、日本でオランダ語の人体解剖図解『ターヘルアナトミア』（解体新書）が翻訳されます。その苦心談を綴ったのが、杉田玄白（1733～1817年）の『蘭学事始《らんがくことはじめ》』（1815年）。この本は明治維新の翌年、福澤諭吉の手によって世に出ます。福澤は、明治維新のはるか以前に、日本で近代的な視点に立った学問研究があったことに驚き、涙したといいます。清国から魯迅《ろじん》が日本に留学したのも、蘭学の実績を知ったからだといいます。

蘭学は18世紀末、ロシア研究となって発展しました。その代表格が前野良沢、桂川甫周たち。背景にはロシアが、イランやトルコを侵略し、日本近海にやって来たことがあげられます。そして奇才と謳《うた》われた林子平《はやししへい》は、国防論の『海国兵談』や極東事情を扱った『三国通覧図説』を書きましたが、不幸にして頭の硬直した仙台藩にいたため、彼の努力は日の目を見ることはありませんでした。蘭学は、明治国家のロシア政策に影響を及ぼすことになります。

シアの間で戦争が始まりました。地中海はアジアとヨーロッパを結ぶ重要な海路。ここにロシアが出てくることを良しとしない国が反ロシア※で一致して参戦。激戦地はロシア・クリミア半島の**セヴァストーポリ港**です。ヨーロッパ側の近代戦力にロシアは太刀打ちできませんでした。敗戦したロシアは、今度は極東に目をつけます。こうした膨張と南下を繰り返すロシアは、明治国家にとって脅威、恐怖の存在となります。

日本ではロシア研究が18世紀末から盛んに行われてきました。その先駆けとなったのが、前野良沢や杉田玄白らの蘭学者。**医学者たちがロシア研究の草分けとなった**のです。その成果はロシア警戒論となって、幕末のみならず、明治国家の国防論を刺激します。クリミア戦争は日本と直接関わるものではありませんが、日本に国防問題を意識させるきっかけとなったのです。

イタリア統一戦争　1859年

国際赤十字の旗はどうして「赤十字」なのか

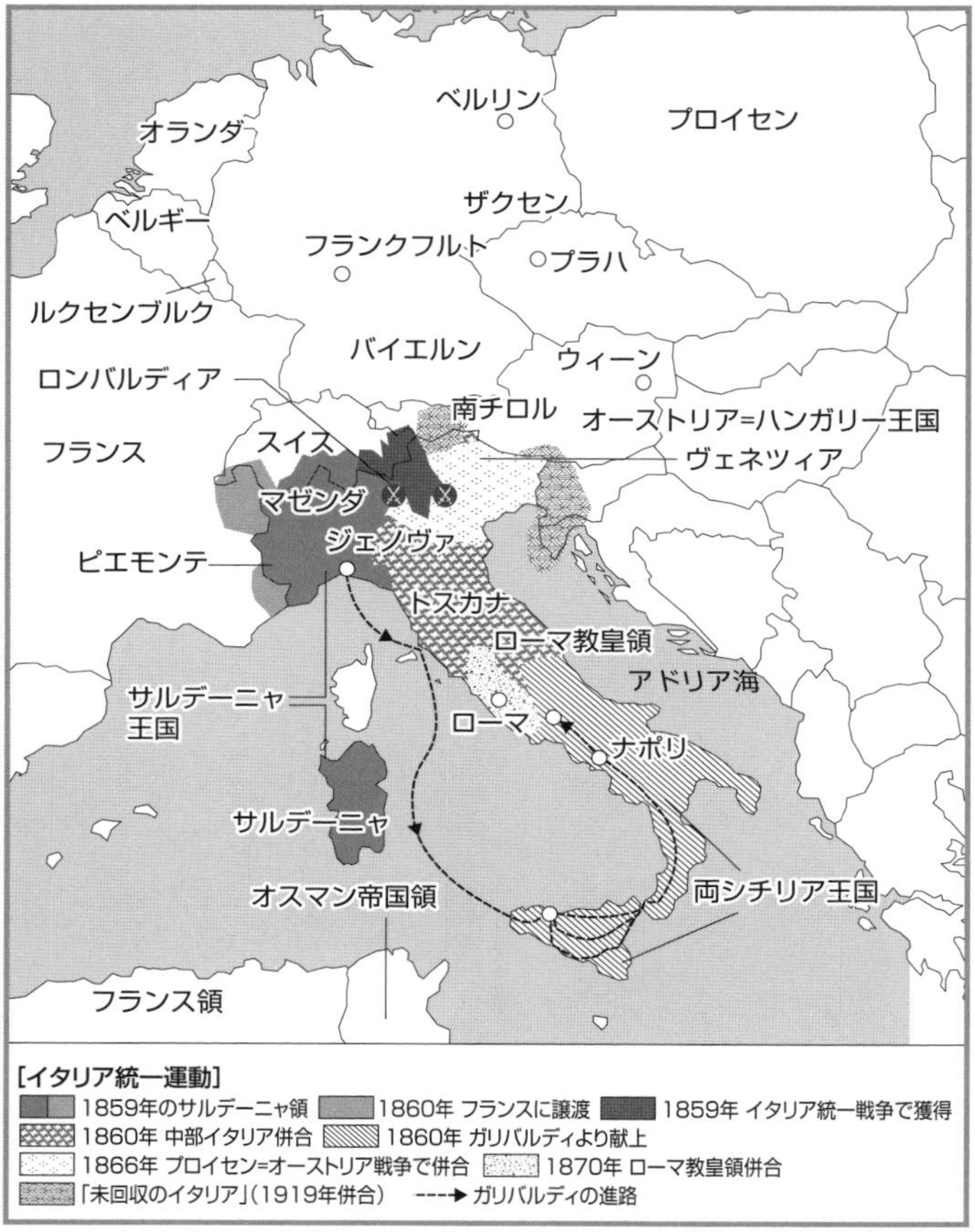

ベルリン
プロイセン
オランダ
ザクセン
ベルギー
フランクフルト
プラハ
ルクセンブルク
バイエルン
ウィーン
ロンバルディア
南チロル
オーストリア=ハンガリー王国
フランス
スイス
ヴェネツィア
マゼンダ
ジェノヴァ
ピエモンテ
トスカナ
ローマ教皇領
アドリア海
サルデーニャ
王国
ローマ
ナポリ
サルデーニャ
両シチリア王国
オスマン帝国領
フランス領
[イタリア統一運動]
1859年のサルデーニャ領
1860年 フランスに譲渡
1859年 イタリア統一戦争で獲得
1860年 中部イタリア併合
1860年 ガリバルディより献上
1866年 プロイセン=オーストリア戦争で併合
1870年 ローマ教皇領併合
「未回収のイタリア」(1919年併合)
ガリバルディの進路

小国のイタリアをまとめた戦争

クリミア戦争が終わってつかの間の1859年、ヨーロッパではイタリア統一戦争の火ぶたが切って落とされました。

イタリアは古くから小王国や都市共和国に分かれ、ひとつにまとまることはありませんでした。しかも北部にはオーストリア領が広がります。この状態だとイタリアは、周辺諸国の餌食にされるのがオチ。自分たちを守るには統一が必要と考えたのが、北西部の**サルデーニャ王国**でした。フランス軍の支援を得て、オーストリアと戦いました。この結果サルデーニャは、ロンバルディア地方を獲得し、１８６１年の**イタリア統一**につなげました。

イタリア統一の戦争から救援活動が広がる

イタリア統一戦争は、戦力の近代化もあって、多数の死傷者を出しました。このとき激戦となったソルフェリーノの戦いに遭遇したスイス人がいました。**アンリ・デュナン**です。彼は戦死者や負傷兵がそのまま放置されている惨状に衝撃を受け、救援活動に参加しました。

その体験は１８６２年『ソルフェリーノの思い出』として出版され、デュナンは、敵味方の区別なく負傷者を救護することの重要性を訴えました。これが、国際赤十字発足のきっかけとなったのです。デュナンの功績はその後、高く評価され、１９０１年第１回ノーベル平和賞に輝きました。

国際赤十字の理念は、キリスト教の博愛精神を示すものと理解できます。が、世界にはいろいろな宗教文化圏があります。

このため社旗のデザインは、デュナンの**スイス国旗の赤地に白十字の配色を反転させ、赤十字にした**といわれます。戦争への反省が、人道的な国際救援活動をもたらしたことになります。

EPISODE

イタリア統一とイタリア料理

世界料理の代表格はフランス料理。元は北イタリアのフィレンツェから伝わったものです。今のイタリア料理はパスタあり、ニョッキあり、ピザもあります。ですが、日本のイタリア料理店のなかには「ピザは扱っておりません！」という店もあります。ピザはイタリア料理ではないのでしょうか。

今のようなピザができたのは、トマトがナポリに伝わった16世紀のこと。以来ピザは、ナポリの貧民から広がり、南の食文化として社会的に定着しました。1861年、イタリアは統一されますが、それは南北バラバラの領土と文化が合わさった、形だけのものでした。ところが北部主導で誕生した統一イタリアの第２代王妃が、ピザを食べたのです。これをきっかけにピザは、イタリア全土に広がります。王妃の名はマルゲリータ。今ではピザの代名詞。王妃の個性も手伝って、国民は彼女に心情を寄せます。

マルゲリータとピザ。それは統一イタリアのシンボルとして、欠かせないものでした。

南北戦争　1861~1865年

アメリカ大陸横断鉄道をつくろう！

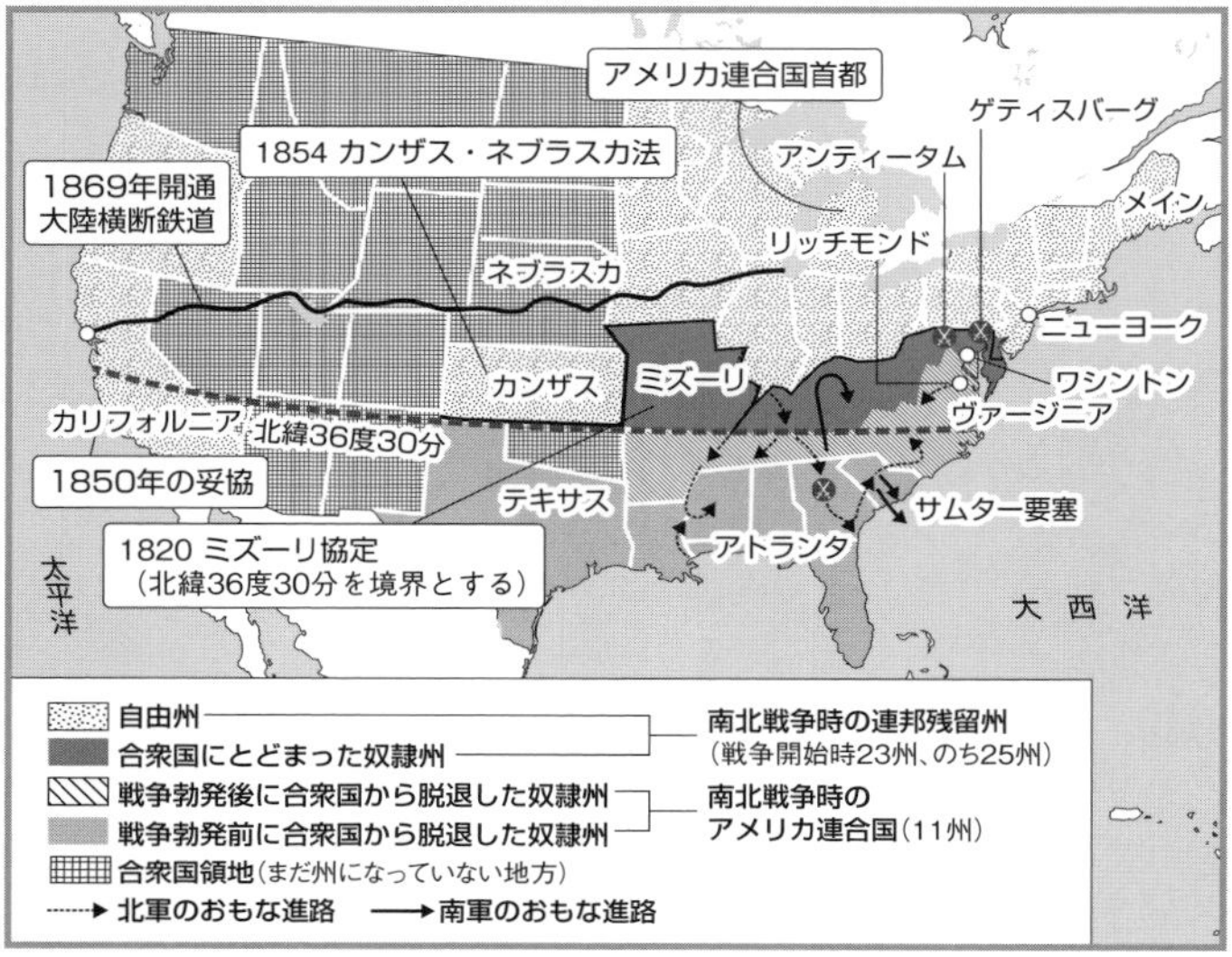
アメリカ連合国首都
ゲティスバーグ
1854 カンザス・ネブラスカ法
アンティータム
1869年開通
大陸横断鉄道
メイン
リッチモンド
ネブラスカ
ニューヨーク
ワシントン
カンザス
ミズーリ
ヴァージニア
カリフォルニア
北緯36度30分
1850年の妥協
テキサス
サムター要塞
1820 ミズーリ協定
（北緯36度30分を境界とする）
アトランタ
太平洋
大西洋
自由州
合衆国にとどまった奴隷州
南北戦争時の連邦残留州
（戦争開始時23州、のち25州）
戦争勃発後に合衆国から脱退した奴隷州
戦争勃発前に合衆国から脱退した奴隷州
南北戦争時の
アメリカ連合国（11州）
合衆国領地（まだ州になっていない地方）
北軍のおもな進路
南軍のおもな進路

奴隷制と戦争 鉄道による アメリカ統一

イタリア統一が実現した1861年、大西洋を越えたアメリカ合衆国で南北戦争が起こりました。

独立以来アメリカ社会は、綿花栽培・奴隷制・自由貿易主義を良しとする南部と、工業化・労働契約の自由・保護貿易主義を支持する北部との間で対立を強めていました。

1850年代になると、奴隷制批判の世論が高まります。そのきっかけとなったのが、1851年、ストウ夫人によって発表された雑誌連載小説**『アンクル・トムの小屋』**でした。

そして1860年11月の大統領選挙で、奴隷制反対論者として名高いリンカン候補が当選します。これを見た南部の奴隷州は、アメリカ合衆国を抜け出て、「アメリカ連合国」の建国を宣言したのです。

大陸横断鉄道の経済効果

こうして「二つの国家」（奴隷制の南軍と反奴隷制の北軍）の戦い——**南北戦争**が始まったのです。

●大陸横断鉄道

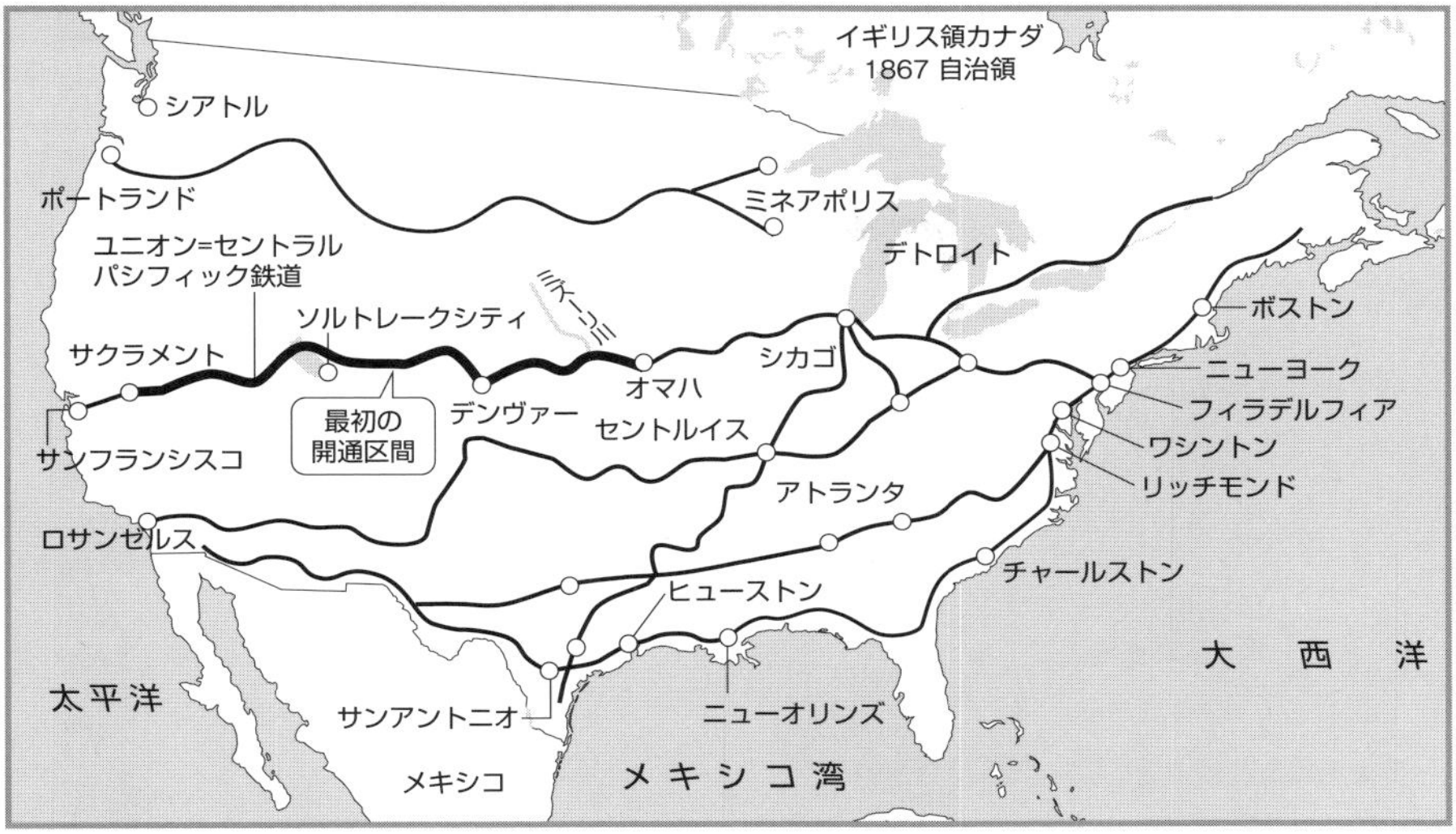

開通は1869年5月。ゴールド・ラッシュで名高いカリフォルニア州のサクラメントとネブラスカ州のオマハが結ばれ、以来太平洋と大西洋をつなぐ交通手段として発展します。世界航路は塗り替えられ、時間は大幅に短縮。岩倉具視《いわくらともみ》ら日本人が乗車したのは、開通2年後のことでした。

●北部と南部の違い

	人口	動員兵力	国家体制	奴隷制度	支持政党	生産物
北部（東部）	1850万人	約200万人	連邦主義 （中央集権主義）	拡大に反対	共和党	工業製品
南部	900万人	約85万人	州権主義 （反連邦主義）	肯定	民主党	綿花

戦争の流れを決めたのは、１８６３年ゲティスバーグの戦いでした。合衆国の北軍が勝利すると、ここを訪れたリンカン大統領は、「**人民の、人民による、人民のための政治**は、けっして消え去るものではない」と名演説を行っています。戦争は１８６５年、北軍の勝利で終結。アメリカ合衆国はひとつに戻りました。

そして１８６９年、カリフォルニア州のサクラメントとネブラスカ州のオマハの間に**大陸横断鉄道**が開通します。これは１８６２年、南北戦争を有利に進めようとした、リンカン大統領の発案によるものでした。食糧・肉牛生産圏の西部と工業社会の北部をつないで、経済効果を高めようとしたのです。

奴隷制の廃止と大陸横断鉄道の建設と南北戦争は、ひとつにつながっていたことになります。

日清戦争 1894〜1895年

中華の消滅と朝鮮近代改革の失敗

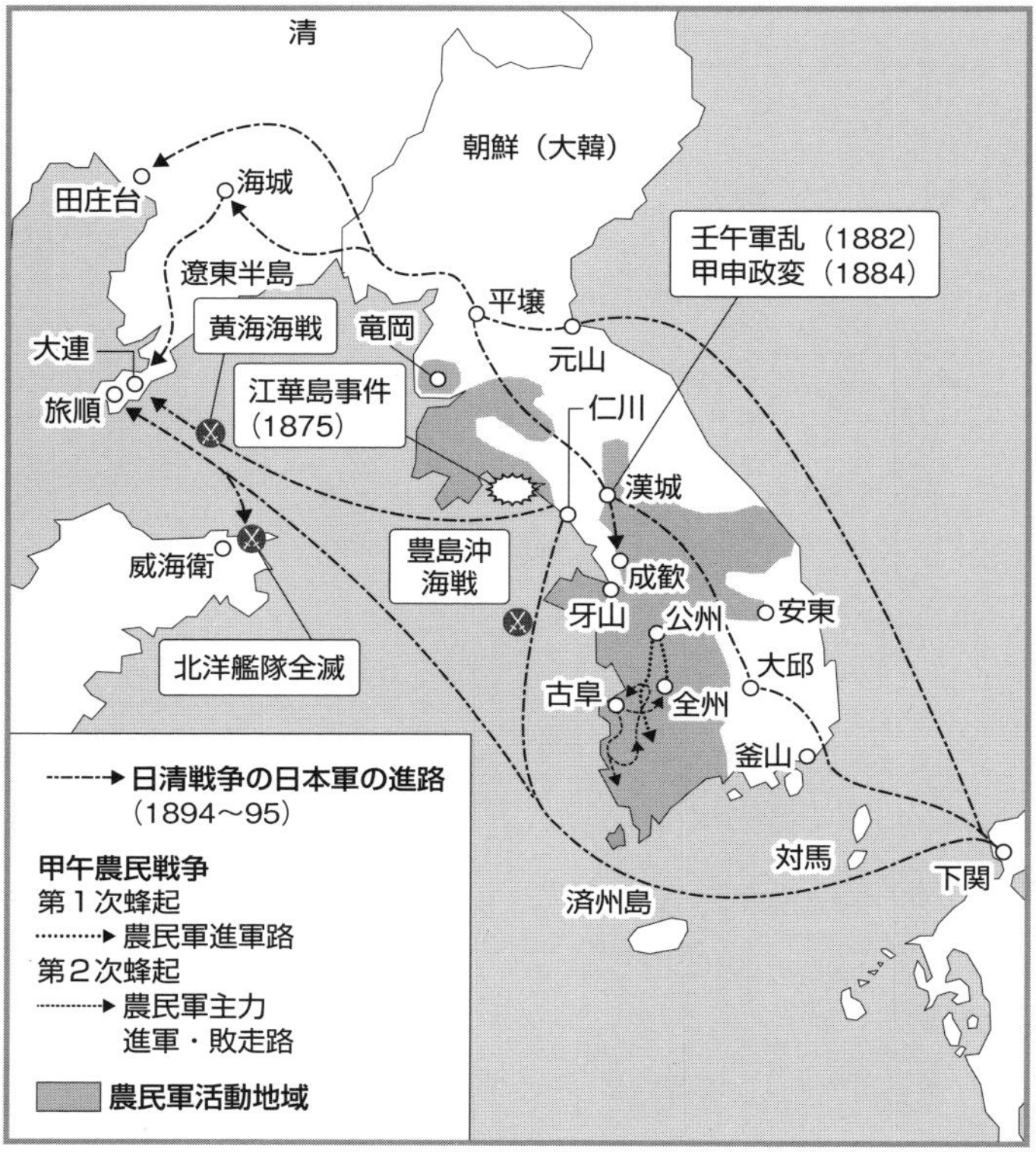
清
朝鮮（大韓）
田庄台
海城
遼東半島
大連
旅順
黄海海戦
竜岡
平壌
元山
江華島事件
（1875）
仁川
漢城
壬午軍乱（1882）
甲申政変（1884）
威海衛
豊島沖
海戦
成歓
牙山
公州
安東
大邱
北洋艦隊全滅
古阜
全州
釜山
対馬
下関
済州島
日清戦争の日本軍の進路
（1894〜95）
甲午農民戦争
第1次蜂起
農民軍進軍路
第2次蜂起
農民軍主力
進軍・敗走路
農民軍活動地域

日本と朝鮮の分かれ目
民衆の反乱が戦争へ

アヘン戦争（1840〜42年）は、東アジアに疾風怒濤の時代を呼び起こしました。「**華**（清国）を世界の**中央**」とする昔ながらの世界観が壊れるときとなります。これをきっかけに近代改革の必要をアジアは痛感しました。

清国では1861年に改革が始まりますが、それは西洋の兵器や軍事制度をまねる程度のもの。近代化全般に関わる改革を進めたのは、日本の明治維新だけでした。対照的なのは、清国の属国であり続けようとした朝鮮。改革派の動きはことごとく押しつぶされ、

※甲午農民戦争…私利私欲まみれの役人が、農民から勝手に税を取り立てたことが引き金となった。農民の怒りはまたたく間に広がり、一大反乱へ発展した。

●日清戦争後の中国の勢力分割

国	租借地	年代	期限	勢力圏	鉄道施設権獲得年
ロシア	旅順・大連	1898年	25年	満州・モンゴル	東清鉄道 1896
ドイツ	膠州湾	1898年	99年	山東省	膠済《こうさい》鉄道 1898
イギリス	威海衛・九竜半島北部	1898年	22・99年	長江流域	津浦鉄道 1899
フランス	広州湾	1899年	99年	広東・広西・雲南省	滇越《てんえつ》鉄道 1898

左から順に、英・仏・露・独・日の５ヵ国をカリカチュア（人物風刺画）にしたもの。各国は思惑をもって互いに、有益なところを勢力圏にしようとしています。注意したいのは日本以外の４国は、日清戦争の賠償金貸し付けの担保として、勢力圏を清国から与えられたということ。武力で奪ったわけではありません。また、日本が「チョンマゲ」にされているのは、未開・野蛮という風刺画家の差別観によるもの。一枚のイラストから興味深いことが窺えます。

大《だい》（＝清国）に事《つか》える「事大」派が政権を取り続けました。**日本と朝鮮の分かれ目はこの点にあった**といえます。

朝鮮の独立と近代化を抑え込む清国。そのことが欧米列国の朝鮮介入の口実になりました。19世紀末、清国は朝鮮の支配を強め、朝鮮は保護国同然の扱いになります。

そして1894年、朝鮮で**甲午農民戦争**※**（東学党の乱）**が全羅道で起こりました。朝鮮は日清両国の武力を借りて、反乱を収拾しましたが、両国は撤収過程で衝突し、日清戦争へと発展しました。結果は日本が勝利し、朝鮮の独立を達成。賠償金は2億両《テール》。当時の国家予算の2年分は軽くいきます。

賠償金は**英・仏・独・露からの借金**で支払われました。列強の4国は担保として、清国内に勢力圏を得ました。日清戦争によって、中華の歴史はピリオドを打つことになったのです。

column

ゴールド・ラッシュと苦力《クーリー》の カリフォルニア・ドリーミング

清国は19世紀、自己変革ができず、**アヘン戦争**（1840～42年）敗北後、混乱の時代を迎えます。しかも国内では満州族の支配に反発した**太平天国の乱**（1851～64年）が起こりました。長江（揚子江）以南は、戦争の影響が著しく、貧困と没落がこの地を支配しました。

同じとき遠く太平洋を隔てた北米で、**アメリカ・メキシコ戦争**（1846～48年）が起こり、アメリカはメキシコからカリフォルニアを獲得しました。この一見、なんの脈絡もない東アジアと北米の両方で起こった戦争が、中国で移民トルネード現象をまき起こすことになるのです。

アヘン戦争後、海外渡航のタガが外されると、年季労働のため、海外に移住する中国人が急増しました。貧困から解放されたい、新天地に夢を託すなど、事情は多種多様。イギリスをはじめ、奴隷制が廃止に向かった時代だけに、アメリカでも奴隷に替わる労働力が求められました。そのときです。メキシコから奪ったカリフォルニアで、ゴールド・ラッシュが起こりました。インフラ整備のために多大な労働力が必要となったのです。また南北戦争（1861～65年）が起こると、アメリカ大陸横断鉄道の建設も始まりました。

こうした事情が重なって、中国人は少しでも給料の高い仕事を求めて、船でサンフランシスコに向かいました。大陸横断鉄道の建設では苛酷な労働に従事させられ、発破作業などの危険な作業は中国人に割りあてられました。彼らは**苦力**（クーリー）とよばれ、労働力の商品として「輸出」されました。クーリー貿易は大繁盛。「**新奴隷船**」という評判もたちました。中国人は、なけなしの金をはたき、あるいは雇い主から前借りで船賃を都合してもらいました。クーリーを乗せた船は、広州を出発し、サンフランシスコに向かいます。

今日、アメリカ西海岸にチャイナタウン（中国人街）など、アジア系の街並みが目立つのは、19世紀のこうした世界史的事情によるものなのです。成功者になるまで本国に帰れないという思いをもつ中国人のことを「**華僑**」といいます。華僑とは本来、いずれ帰国することを前提にした言葉だったのです。

第5章

戦争の世紀と二つの世界大戦

アメリカ・スペイン戦争【米西戦争】〈1898年〉……108
南アフリカ戦争【ボーア戦争・ブール戦争】
〈1899～1902年〉……110
日露戦争〈1904～1905年〉……112
第一次世界大戦〈1914～1918年〉……114
イーペルの戦い〈1915年〉……116
スペイン内戦〈1936～1939年〉……120
第二次世界大戦〈1939～1945年〉……122
独ソ戦争〈1941～1945年〉……126
ソ連の日本侵攻〈1945年〉……128

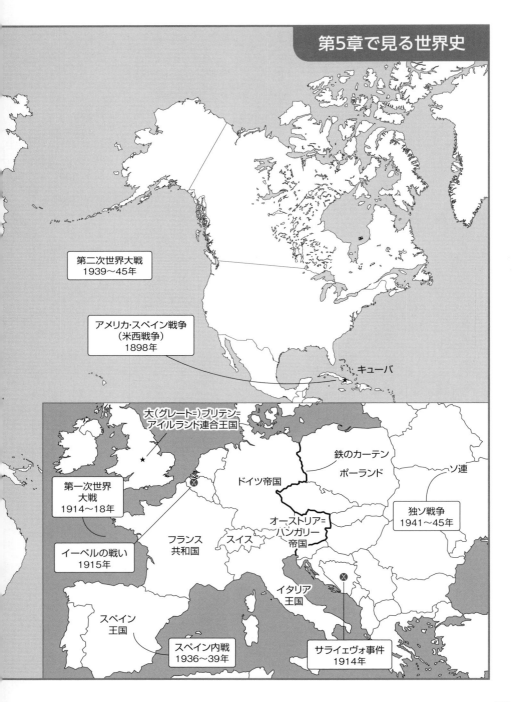

第5章で見る世界史

第二次世界大戦
1939～45年
アメリカ･スペイン戦争
（米西戦争）
1898年
キューバ

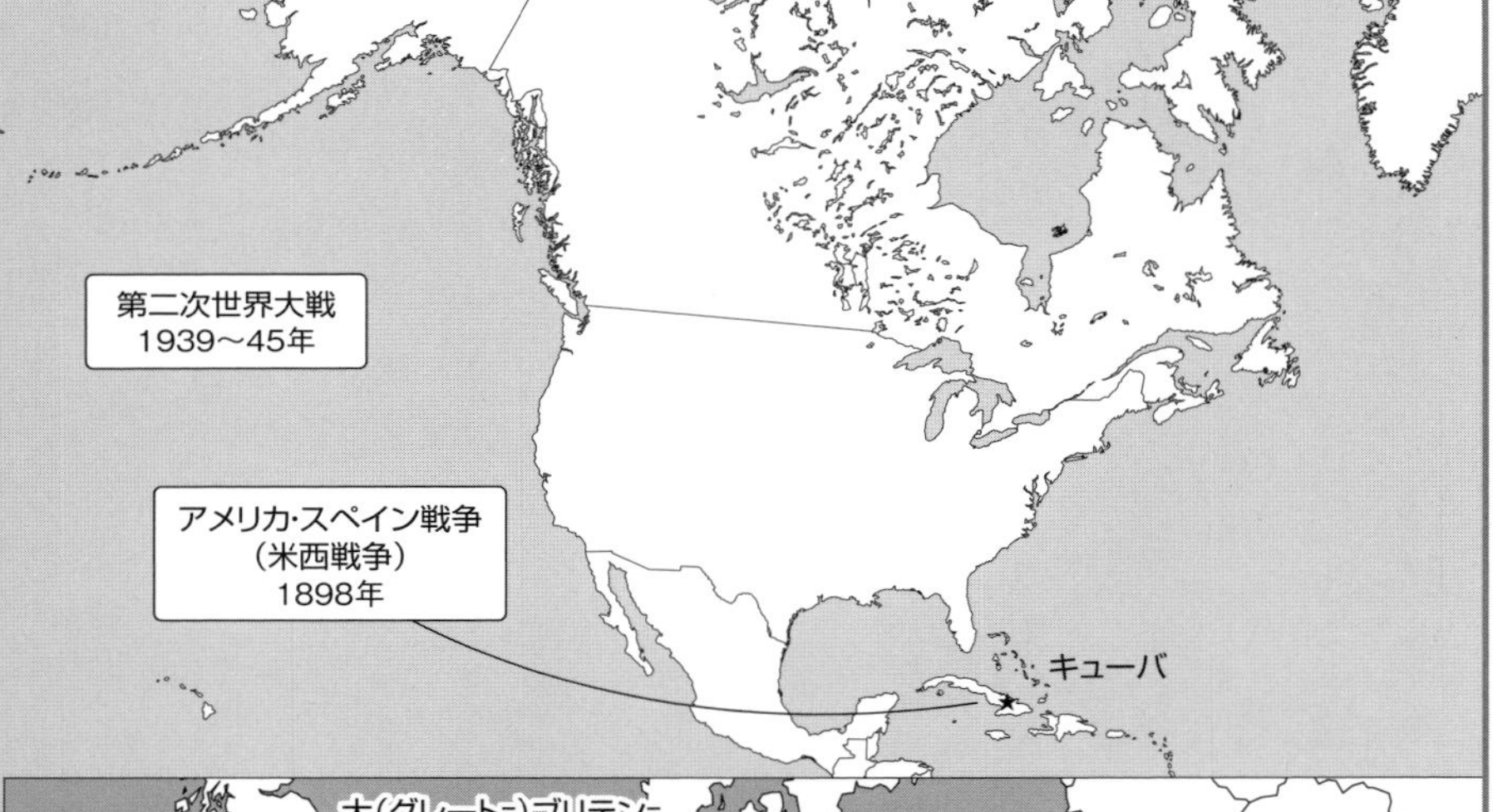
大（グレート＝）ブリテン＝
アイルランド連合王国
鉄のカーテン
ポーランド
ソ連
ドイツ帝国
第一次世界
大戦
1914～18年
独ソ戦争
1941～45年
オーストリア＝
ハンガリー
帝国
フランス
共和国
スイス
イーペルの戦い
1915年
イタリア
王国
スペイン
王国
スペイン内戦
1936～39年
サライェヴォ事件
1914年

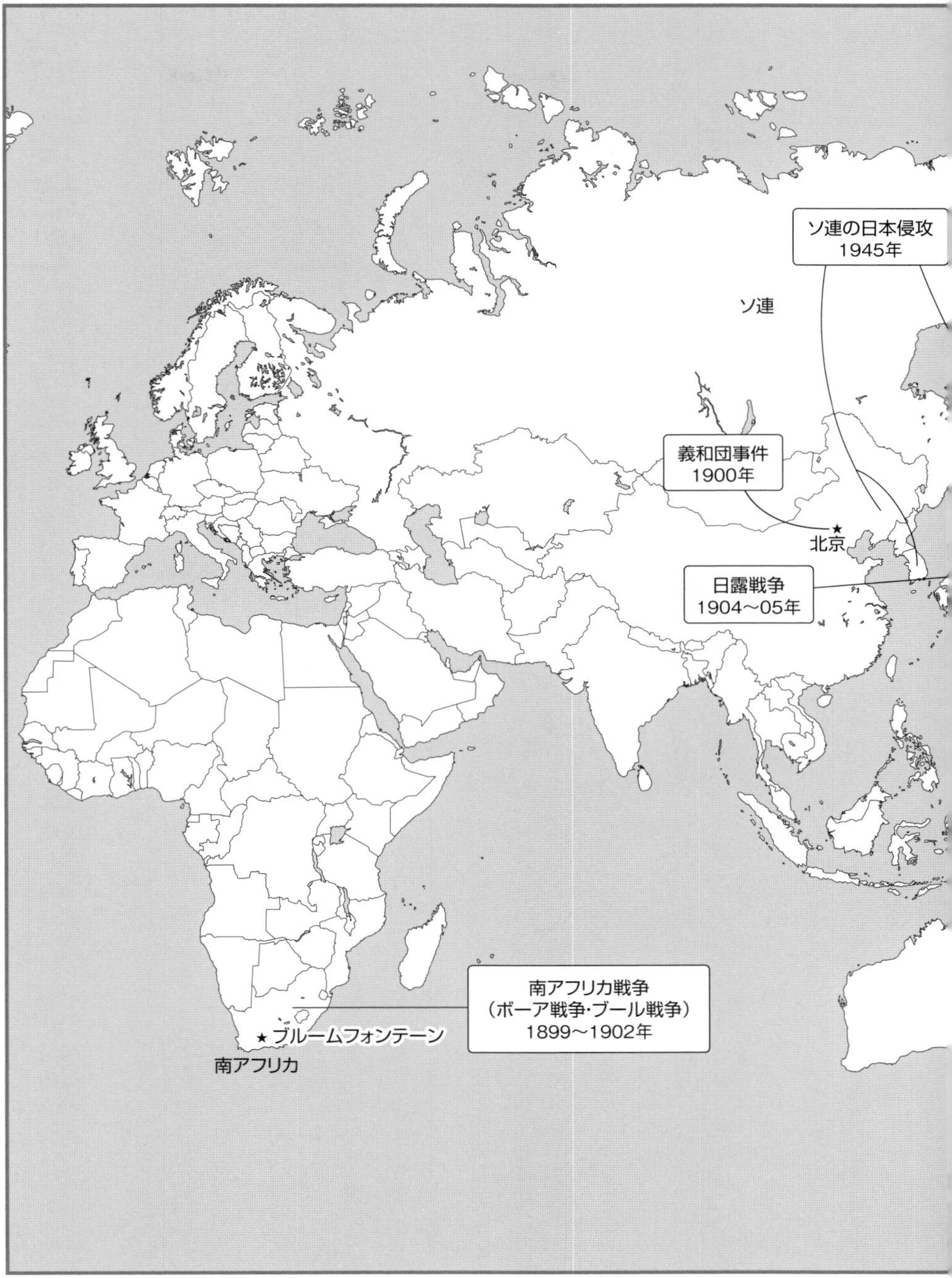
ソ連の日本侵攻
1945年
ソ連
義和団事件
1900年
北京
日露戦争
1904〜05年
南アフリカ戦争
（ボーア戦争・ブール戦争）
1899〜1902年
ブルームフォンテーン
南アフリカ

アメリカ・スペイン戦争

米西戦争・1898年

暴走するピューリツアとアメリカの帝国化

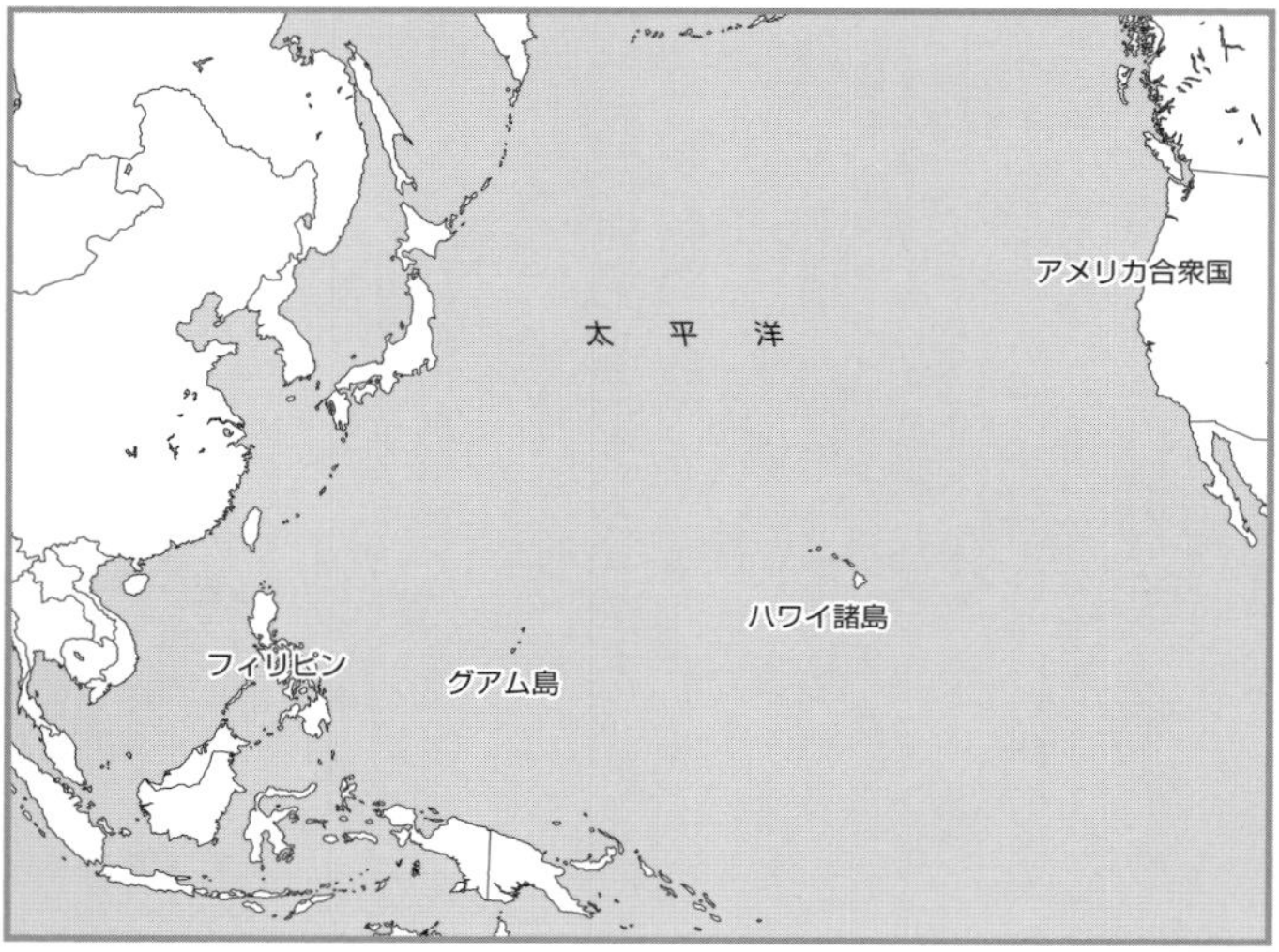

戦争が起こるたび、報道とは何かが問われてきた。

ジャーナリズムと戦争の関係

1898年、アメリカは「裏庭」のカリブ海に進出しました。発端は**スペイン領キューバで起こった独立革命**。スペインは事態鎮圧に奔走します。アメリカはキューバ在留の自国民を避難させるため、軍艦メイン号を派遣しますが、ハバナ港に停泊していると突如爆沈しました。米国政府はスペインに抗議しますが、スペインはわが国とは無関係と反論します。

これを煽ったのが、ジョゼフ・ピューリツアの新聞『ニューヨーク・ワールド』。興味本位のスキャンダル

EPISODE

サトウキビとタバコで潤うスペイン植民地キューバ

キューバはカリブ海に浮かぶ島国。今どき珍しい社会主義国家です。16世紀の初め、コロンブスの西インド航路開拓をきっかけに征服され、以来スペイン領（1511〜1898年）となります。カトリックとスペイン語が移植され、ラテン文化の一角に組み込まれました。

スペインはカリブ海の自然・気候を利用し、熱帯性作物の栽培を大規模に進めます。それが**プランテーション経営**でした。白人地主の農園で、サトウキビやタバコなどがつくられ、ヨーロッパに輸出されました。その労働力は西アフリカから運ばれてきた黒人奴隷です。大西洋を挟み、「西ヨーロッパ—西アフリカ—カリブ海」をつなぐ三角貿易圏として栄えます。

ただ、キューバが他の植民地と違ったのは、キューバには国境を越えていろいろな国の人たちが出入りし、経済活動だけでなく、世界の諸事情も届けられ、情報交換の場となったことです。

19世紀、独立運動のムーブメントがラテンアメリカに及ぶと、ほとんどの植民地が独立を遂げます。その運動の中心となったのは、自由貿易に期待する白人地主たちでした。ところが、独立した国々で政治的混乱が目立つと、キューバの白人地主たちは、独立運動を控えます。サトウキビやタバコがもたらす利益を考えると、本国スペインの下にあったほうが、いいんじゃな〜い！　といった状況が生まれたのです。独立ムーブメントが湧き起こるなかで、なぜキューバだけが独立を見なかったのか。その理由は、このあたりにあったということです。

記事と扇情的な紙面づくりで、同紙をアメリカ最大手の新聞に育てました。他紙もピューリツアに対抗して戦争を煽ります。こうしたジャーナリズムが、**アメリカ・スペイン戦争のスイッチとなった**のです。

結局、メイン号爆沈事件の真相はわからずじまい。戦争は短期決戦でアメリカが勝利し、スペイン領だったカリブ海のプエルトリコ、太平洋のフィリピンやグアムは米国領になり、キューバはアメリカの保護国になります。

ジャーナリズムに煽られて始まった戦争は、報道とは、新聞とは何かを反省させるきっかけとなりました。コロンビア大学ジャーナリズム大学院は、ピューリツアが寄付した基金で設立されました。優秀な新聞報道や文学・音楽作品に贈られる**ピューリツア賞も創設**。メディアと戦争は、深い関係で結ばれているのです。

ボーア戦争・ブール戦争・1899～1902年

金とダイヤはイギリスがいただく！

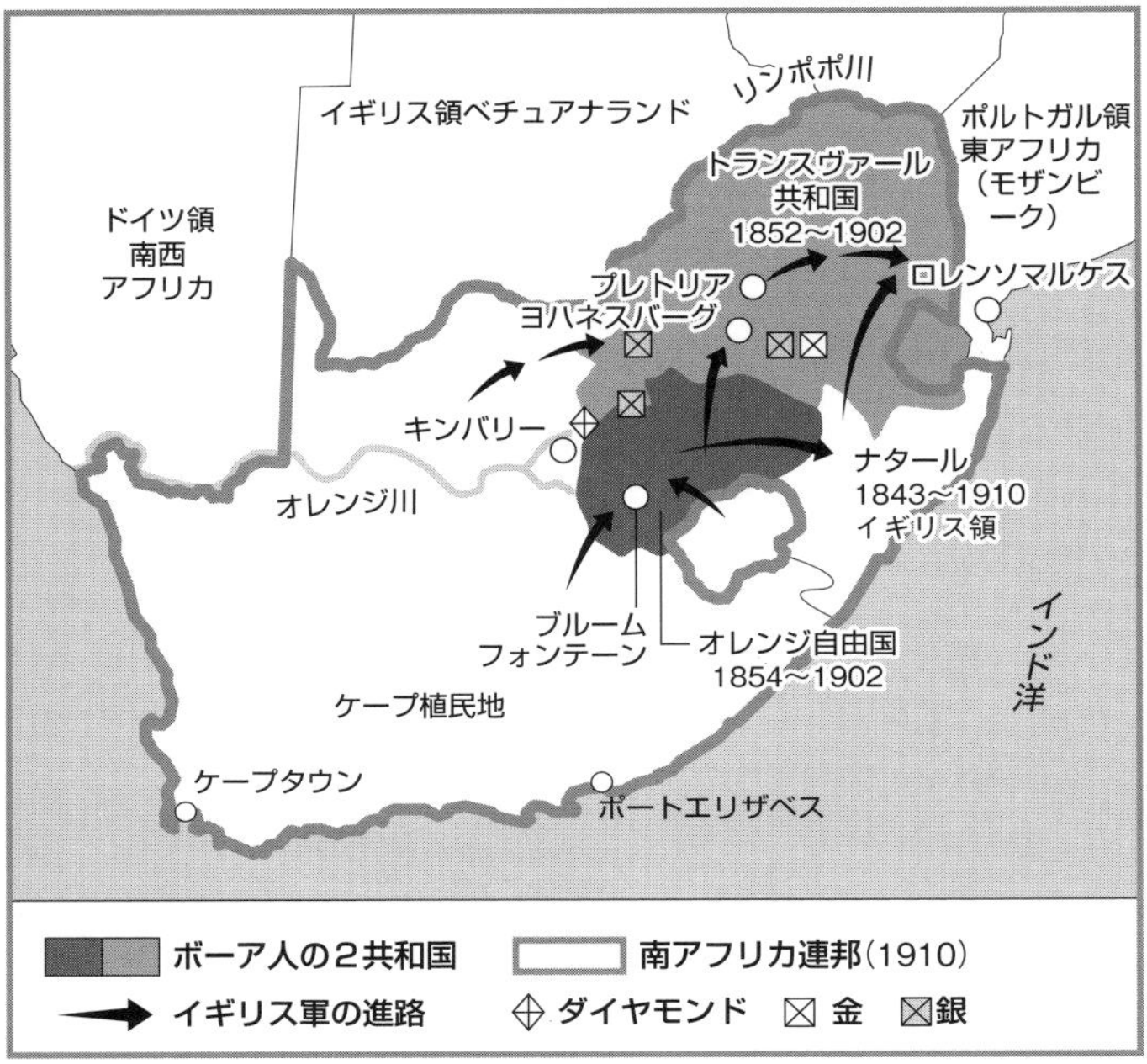
リンポポ川
イギリス領ベチュアナランド
ポルトガル領
東アフリカ
（モザンビーク）
トランスヴァール
共和国
1852～1902
ドイツ領
南西
アフリカ
プレトリア
ヨハネスバーグ
ロレンソマルケス
キンバリー
ナタール
1843～1910
イギリス領
オレンジ川
インド洋
ブルーム
フォンテーン
オレンジ自由国
1854～1902
ケープ植民地
ケープタウン
ポートエリザベス
ボーア人の2共和国
南アフリカ連邦(1910)
イギリス軍の進路
ダイヤモンド
金
銀

ダイヤモンドと金により、戦争が勃発。そしてイギリスの勝利により、その後アパルトヘイトが確立された。

南アフリカをめぐる戦争とアパルトヘイト

アメリカの帝国化（植民地獲得）がカリブ海から始まった頃、国際政治は目まぐるしい展開を見せました。そのひとつが**南アフリカ戦争**です。南アフリカ※は、いくつもの歴史が織りなしたところ。17世紀にはオランダ人の入植が進み、南アフリカは**「ボーア人（ブール人）」とよばれるオランダ系白人の活動圏**として発展します。

状況が一変したのは19世紀。ボーア人が建てたオレンジ自由国とトランスヴァール共和国で、ダイヤモンドや金鉱が見つかりました。これを知ったイ

※南アフリカ…15世紀末アフリカ南端は「東インド」の起点とされ、以来ヨーロッパ諸国は、ここを経由してインド・中国に向かった。

セシル・ローズ（1853〜1902年）

「できるなら、夜空に浮かぶ星さえも併合したい」――こんな思いを憚《はばか》らないで言い放ったのが、セシル・ローズ（Cecil Rhodes）です。

「世界地図をイギリス領に塗り替えるのは、神の思《おぼ》し召《め》し」。そこまで言うか！ですよね。こうした豪語の背景には、彼の欲望がありました。

1880年、南アフリカでダイヤモンドを掘り当てたローズは、それを元手に鉱山採掘会社を起ち上げ、この地のダイヤモンド鉱山と産金業を独占します。英領ケープ首相に就くと、1894年アフリカ南部にイギリス本国の面積の４倍以上もの土地を獲得し、「ローズの土地」（Rhodesia ローデシア）と名づけました。

また、エジプトのカイロとケープタウンを鉄道と電信で結んで、アフリカ大陸の支配を進めました。しかしボーア人のトランスヴァール共和国への侵略（1895〜96年）に失敗して失脚してしまいます。「アフリカのナポレオン」とよばれるローズの欲望が打ち砕かれた瞬間でした。

ギリスは、トランスヴァールの併合を画策。こうして南アフリカ戦争が始まりました。

イギリスは思わぬ苦戦を強いられます。トランスヴァールは、**ドイツから新式の兵器を得た**のです。くわえて、戦争途中の1900年北京《ペキン》で**義和団事件**が起こります。イギリスは清国内の権益（勢力圏・租借地など）を守るため、軍を送らなければなりません。そうはいっても南アフリカ戦争の真っ最中。厳しい状況です。イギリスはここが踏ん張りどころとなりました。

南アフリカ戦争が終わったのは、1902年のことでした。勝利したイギリスは支配の安定を図るため、この地に入植した自国民とボーア人を白人同士の「仲間」として、現地黒人との間に格差を設けました。この妥協策が、後の**アパルトヘイト（人種隔離政策）**として確立されることになるのです。

日露戦争　1904〜1905年

日本はアジアのリーダーとして期待された

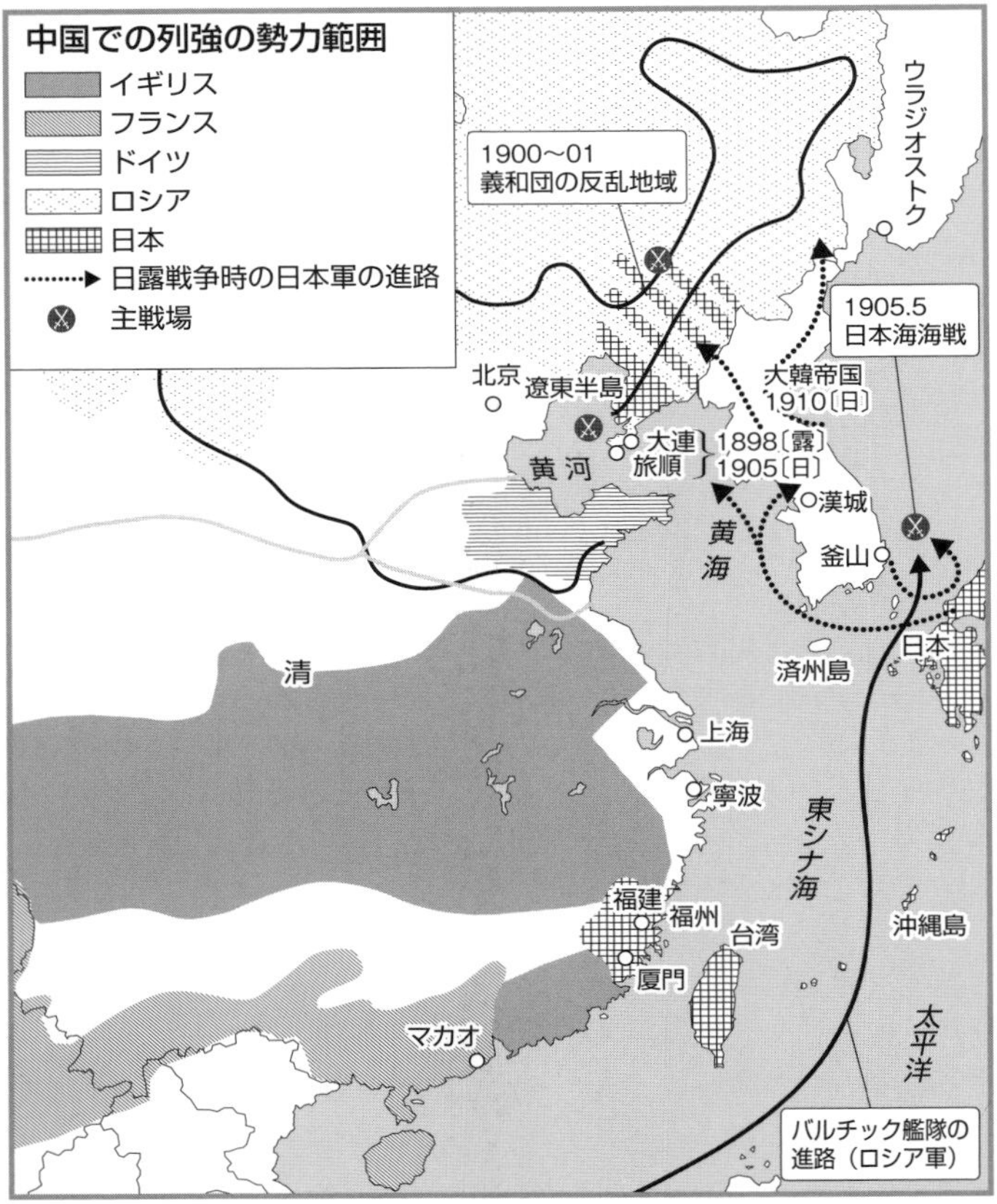
中国での列強の勢力範囲
イギリス
フランス
ドイツ
ロシア
日本
日露戦争時の日本軍の進路
主戦場
1900〜01
義和団の反乱地域
ウラジオストク
1905.5
日本海海戦
北京
遼東半島
大韓帝国
1910〔日〕
大連
旅順
1898〔露〕
1905〔日〕
黄河
漢城
黄海
釜山
日本
清
済州島
上海
寧波
東シナ海
福建
福州
台湾
沖縄島
厦門
太平洋
マカオ
バルチック艦隊の
進路（ロシア軍）

アジアの独立と発展を目指した日本の戦争

南アフリカ戦争勃発の翌1900年、東アジアは突如、緊迫した空気に包まれました。清国の首都北京で、宗教結社を核とする民衆反乱（**義和団事件**）が起こります。列強による清国勢力分割に民衆が怒りを爆発させたのです。勢力分割は、列強が日清戦争の賠償金を用立てた際の見返り、つまり借款の担保でした。列強は担保を守るため、8ヵ国連合軍を結成し、反乱を鎮圧しました。

ところがロシア軍が満州に居座ると、日本とイギリスはこれに抗議、190

EPISODE

ラッパのマークの正露丸

100年の歴史と伝統がつくり上げた国民的常備薬の正露丸。抑菌効果のある木《もく》クレオソートからつくられた丸薬です。ラッパは兵士たちに食事の時間を知らせるもの。それだけに正露丸は、戦争とつながっています。

日清戦争（1894〜95年）では、たくさんの兵士が伝染病に悩まされたため、軍ではクレオソート丸の製造に力を入れました。イメージは胃腸の洗浄薬です。そして日露戦争（1904〜05年）が近づくと、日本では「恐露《きょうろ》」（ロシアを恐がる）という言葉が広がります。クレオソート丸は、そんな思いを取り払い、ロシアを征伐するということで、「征露丸」と名づけられ、社会的に一般化しました。

征露丸が「正露丸」となったのは、第二次世界大戦後のことです。

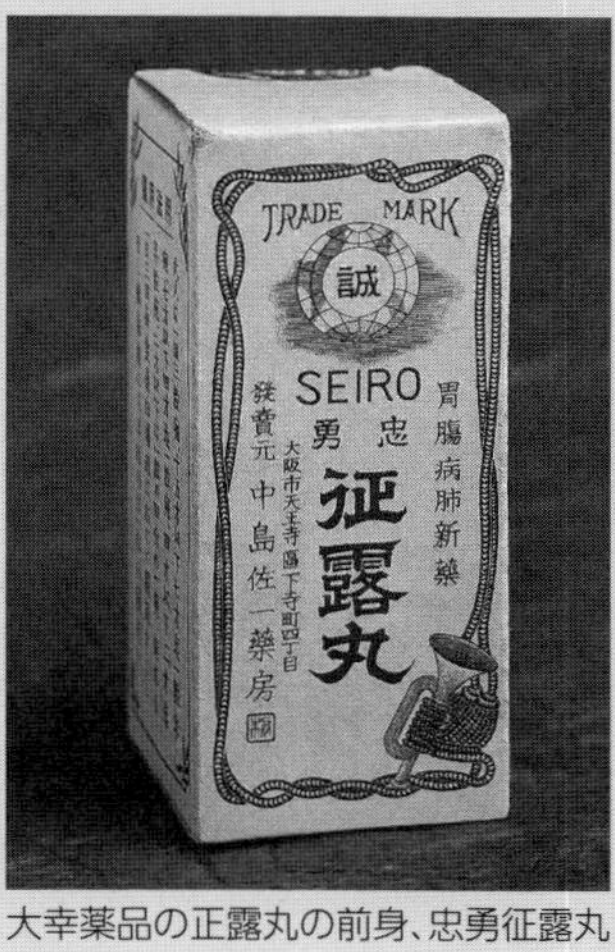

大幸薬品の正露丸の前身、忠勇征露丸　写真提供：大幸薬品株式会社

2年日英同盟を結びます。こうした展開から**日露戦争**は始まりました。

ロシアは、近代化が覚つかない大韓帝国（韓国・1897〜1910年）も、南下政策のターゲットにしました。満州から遼東、朝鮮という二つの半島をロシアは欲しがったのです。ロシア革命が起こると、日露戦争は終結し、日本はポーツマス条約で、南満州鉄道（旅順〜長春）の経営権や韓国への優越権などを得ます。日本の勝利は、世界の民族運動家たちの間で「**ヨーロッパに対するアジアの勝利**」と讃えられました。中国、ベトナム、イランやオスマン帝国でも、日本と同じような立憲国家になろうという運動※が起こります。日本の勝利が刺激したのです。世界史から見ると、日本が「お兄さん」的存在となって**アジアの独立と発展の道標**になっていくという点も、日露戦争がもたらした一断面だったのです。

※東京では孫文が清国打倒の中国同盟会をつくり、ベトナムでは日本留学のドンズー運動が展開された。

第一次世界大戦

1914～1918年

世界は女性の社会進出を見た

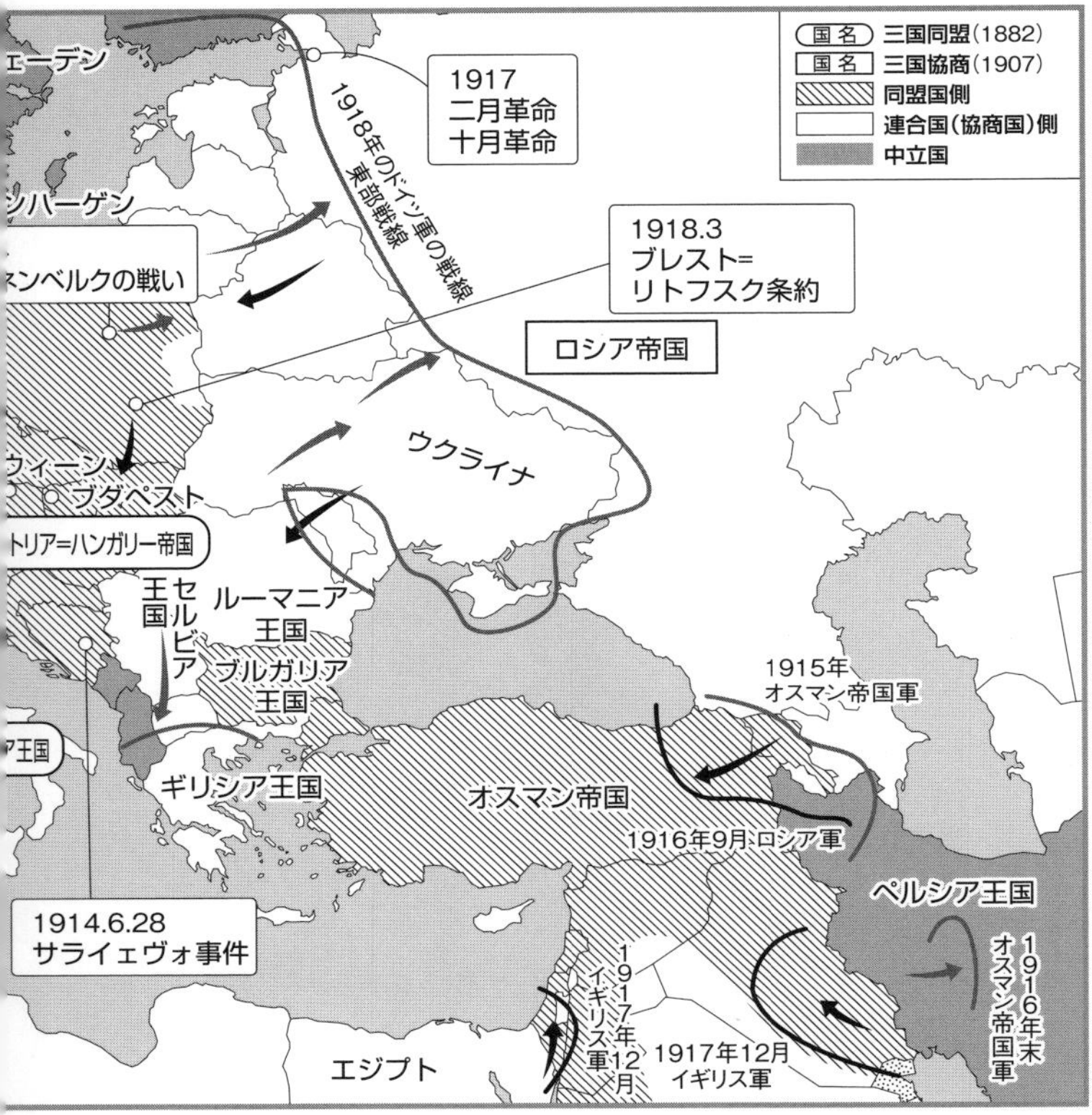

国名 三国同盟(1882)
国名 三国協商(1907)
同盟国側
連合国(協商国)側
中立国
ェーデン
1917
二月革命
十月革命
1918年のドイツ軍の戦線
東部戦線
ンハーゲン
1918.3
ブレスト=
リトフスク条約
ネンベルクの戦い
ロシア帝国
ウクライナ
ウィーン
ブダペスト
トリア=ハンガリー帝国
セルビア王国
ルーマニア王国
ブルガリア王国
ア王国
ギリシア王国
オスマン帝国
1915年
オスマン帝国軍
1916年9月 ロシア軍
ペルシア王国
1914.6.28
サライェヴォ事件
1917年12月
イギリス軍
1917年12月
イギリス軍
1916年末
オスマン帝国軍
エジプト

戦争によって女性の社会進出が始まった

日露戦争が終わると、列強の対抗図は塗り替えられました。イギリスとロシアは、敵対から同盟へ。そして今度は、ドイツとの対立を迎えます。

イギリスは、インドのカルカッタ、エジプトのカイロ、南アフリカのケープタウンを結ぶ、この広大なエリアを勢力圏としました（**3C政策**）。これに対してドイツは、首都ベルリンからビザンティオン（現イスタンブル）、バグダードを経由してペルシア湾を目指します（**3B政策**）。この鉄道区間はドイツ帝国主義の要となり、ここから世界の海に出て行こうとしたのです。しかしドイツの膨張は、イギリスの3C政策のエリアに突っ込んでくるかたちになります。これを警戒したイギリスは、ロシアに接近します。1907年に英・仏・露による**三国協商**が成立しました。一方のドイツはオーストリア、イタリアとの間に1882年以来**三国同盟**がありました（イタリアはその後三国協商に参加した）。両者の対立は1914年、サライェヴォ（オーストリア皇太子暗殺）事件をきっかけに第一次世界大戦に発展します。

この大戦は史上初の総力戦となり、男性は戦場に送られました。このため、工場労働者はもとより、武器・弾薬の製造、交通機関の運転士、警官のほか、今では当たり前の美容師も女性が務めました。

女性の社会貢献は明らかで、同時に「女性にも政治的発言の場を与えよ」と**女性解放運動**も広がりました。結局1918年イギリス、1919年ドイツ、1920年アメリカといったように、女性参政権が各国で承認されるようになります。総力戦が、女性の社会的地位を引き上げることになったのです。

ノルウェー
大（グレート＝）ブリテン＝アイルランド連合王国
デンマーク
1918.11
ドイツ革命
オランダ
西部戦線
1917
1918.11
連合国・ドイツ間の休戦協定
フランス共和国
ポルトガル共和国
スペイン王国
モロッコ
アルジェリア

EPISODE

ユーハイム

バウムクーヘンを日本で初めてつくったのは、ドイツ人の菓子職人カール・ユーハイムです。1909年、中国の青島《チンタオ》で喫茶店を開いたものの第一次世界大戦中に捕虜となり、日本に連行されます。1919年にドイツ人捕虜による展示即売会が広島県物産陳列館（現原爆ドーム）で催されると、ユーハイムはバウムクーヘンを出品。これが評判をよび、横浜に店を出しました。ところが1923年、関東大震災で店も財産も焼失。しかしその後、神戸に移り洋菓子の「ユーハイム」を復興させました。日本人にとって、バウムクーヘンは戦争の産物だったのです。

イーペルの戦い 1915年

初の毒ガス戦争となった

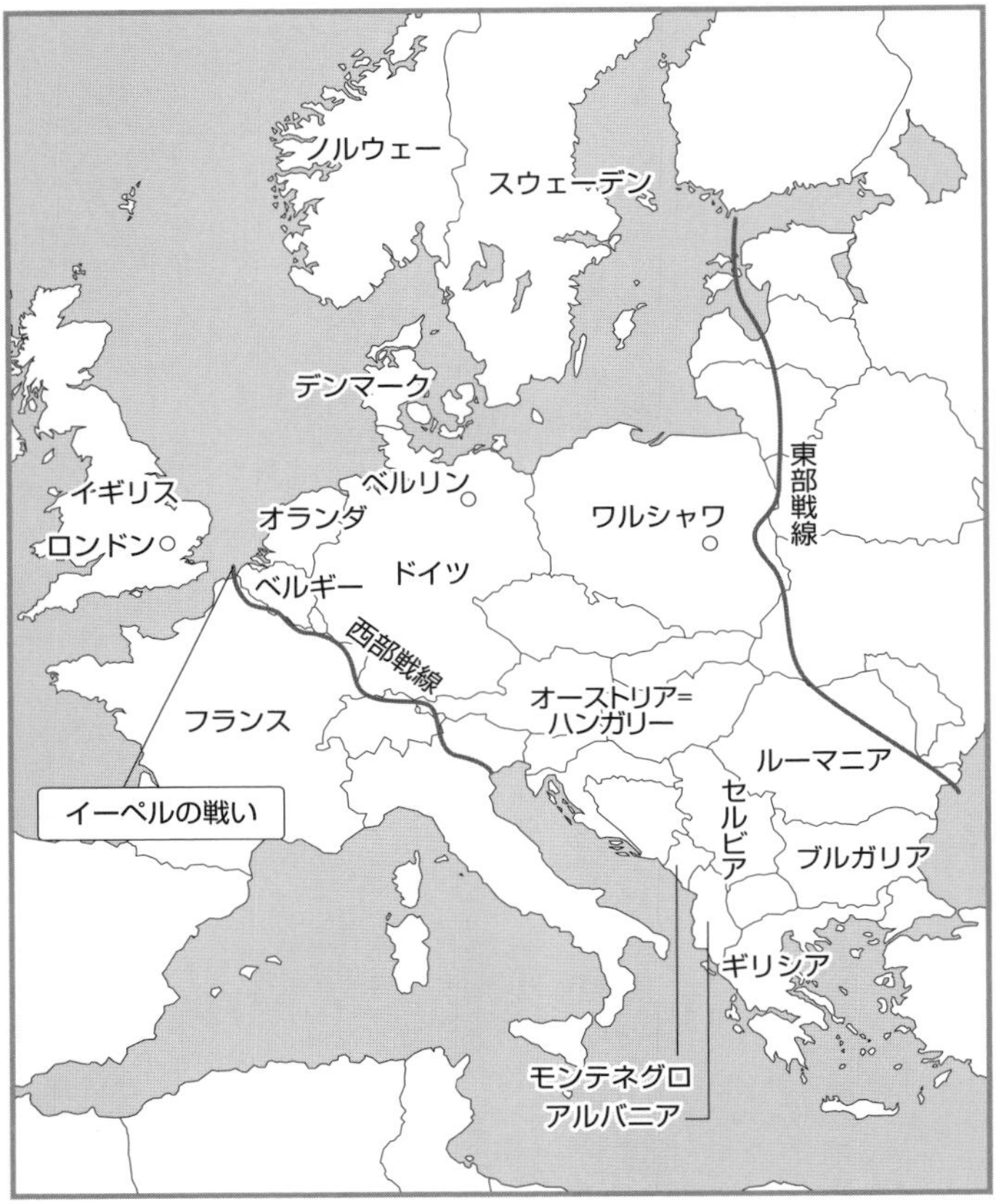
ノルウェー
スウェーデン
デンマーク
イギリス
ロンドン
ベルリン
オランダ
ワルシャワ
ドイツ
ベルギー
東部戦線
西部戦線
フランス
オーストリア=
ハンガリー
ルーマニア
イーペルの戦い
セルビア
ブルガリア
ギリシア
モンテネグロ
アルバニア

新たな敵
悪魔の兵器が誕生

第一次世界大戦勃発の翌年、ドイツ軍と英仏側連合軍は、**ベルギー西端のイーペル**で激しくぶつかります。このとき、世界は悪魔を見ました。

4月22日夕刻、ドイツ軍側から風に従えられて、這うように向かってきた高さ1mほどの白煙、それが塹壕《ざんごう》のなかに沈んでいきました。すると兵士たちは目が充血し、おう吐をくり返し、口から泡を吹き……。これは**大量殺戮化学兵器＝毒ガス**でした。この瞬間に5000人が亡くなり、1万5000人の中毒者が出ました。人類は悪魔の

●第一次世界大戦の兵器

キャタピラのついた戦車の誕生。これに乗って壕に近づいていった。

洗礼を受けたのです。

遠くから兵士にダメージを与える兵器

第一次世界大戦では、兵士たちは塹壕に身を隠して、攻撃態勢をとりました。このため敵兵に打撃を与えることは、難しくなります。そこで**塹壕戦に有効な兵器はなにか**考えられました。

塹壕を乗り越えて敵陣に向かっていく戦闘車は、イギリスで考案されました。車輛にキャタピラをつけたのです。これが**戦車（タンク）**の誕生となりました。

飛行機の発明は1903年のライト兄弟によるもの。滞空時間は59秒でした。それが10年ちょっと後に起こった大戦では、空を戦闘機が飛ぶほどになっていました。塹壕上空での攻撃も可能となります。戦車・飛行機・毒ガスは、第一次世界大戦で展開された塹壕戦を背景に登場したと言っていいでしょう。

毒ガスという悪魔をつくり出したのは、ノーベル賞に輝くフリッツ・ハーバー。彼の妻は毒ガス研究だけはしないように何度も訴えましたが、ハーバーは言います。「科学は、平時は人類のために、戦時は祖国のためにある」と。この直後、妻は自ら命を絶ちました。

第一次世界大戦では戦闘機が使われるようになった。二重の羽根が特徴。

世界大戦を招いた一発の銃弾――サライェヴォ事件――●

世界大戦の始まり

１９１４年6月28日、バルカン半島のサライェヴォ（現ボスニア・ヘルツェゴヴィナ首都）で銃声が響きました。迫力に欠ける乾いた音。しかし銃弾は、オーストリア＝ハンガリー帝国皇太子を容赦なく死に追いやりました。一発の銃弾が、史上初の総力戦をよび込むことになったのです。

テロ犯は19歳のセルビア人。バルカン半島に勢力を広げてきたオーストリアに反発してのことでした。

一方、セルビアは、バルカン半島北西部を走るカルパチア山脈以南のスラヴ民族の地をまとめたい。そんな誇大妄想に駆られました。そのため、バルカン半島に関心を強くするロシアに接近します。バルカン半島の勢力獲得問

サライェヴォ事件の際に使われていたオープンカー。

車体に当たった弾の痕がなまなましい。

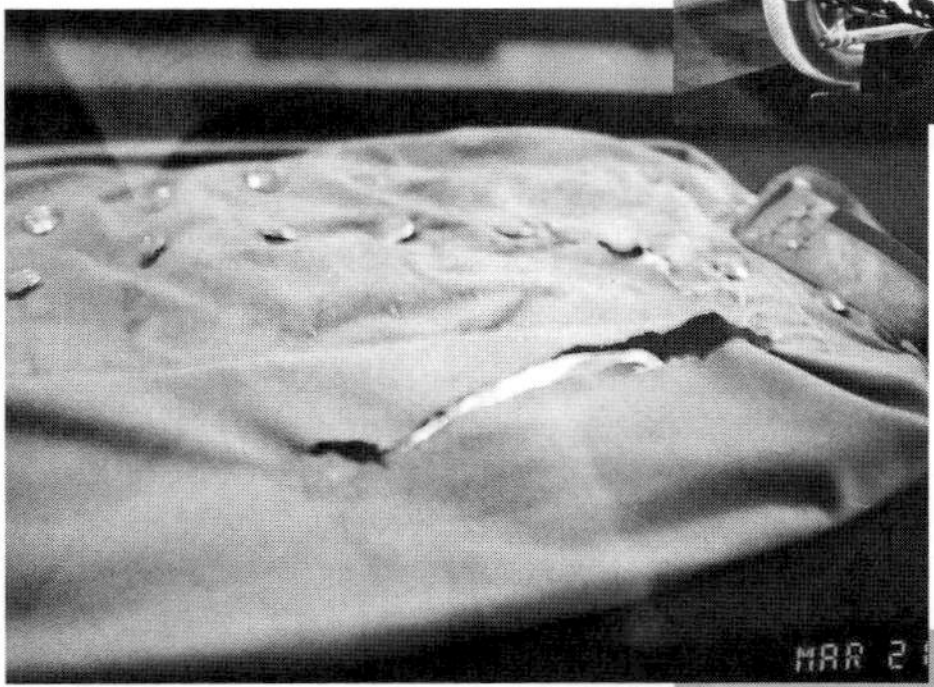

オーストリア皇太子が襲われたときに着ていた礼服。銃撃の痕が残る。

オーストリア皇太子殺害に使われた銃。この一発が世界大戦を引き起こした。

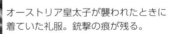

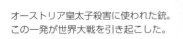

暗殺場面を描いた新聞の挿絵。

題をめぐり、オーストリアとセルビア、ロシア側との関係はどんどん悪化しました。サライェヴォ事件は、こうした状況下で起こりました。

そして1ヵ月後の7月28日、ついにオーストリアとセルビアの間で火ぶたが切って落とされます。するとロシアはセルビアを支援。一方、オーストリアと同盟関係にあったドイツが参戦。ロシアと三国協商を結んでいるイギリスやフランスも参戦。遠くイギリスと同盟する日本も参戦しました。その後はロシアに反発するオスマン帝国とブルガリアがドイツ側に立って参戦。開戦時に参戦しなかった主要国はアメリカとイタリアだけでした。

参戦諸国では老若男女、植民地も戦争に動員されます。これを総力戦といいます。サライェヴォ事件という、たった一発の銃弾が、これだけの規模の世界戦争をもたらしたのです。

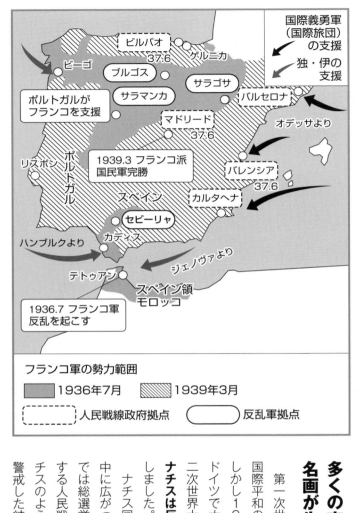

スペイン内戦　1936～1939年

ピカソにパリ万博出品作「ゲルニカ」を描かせた

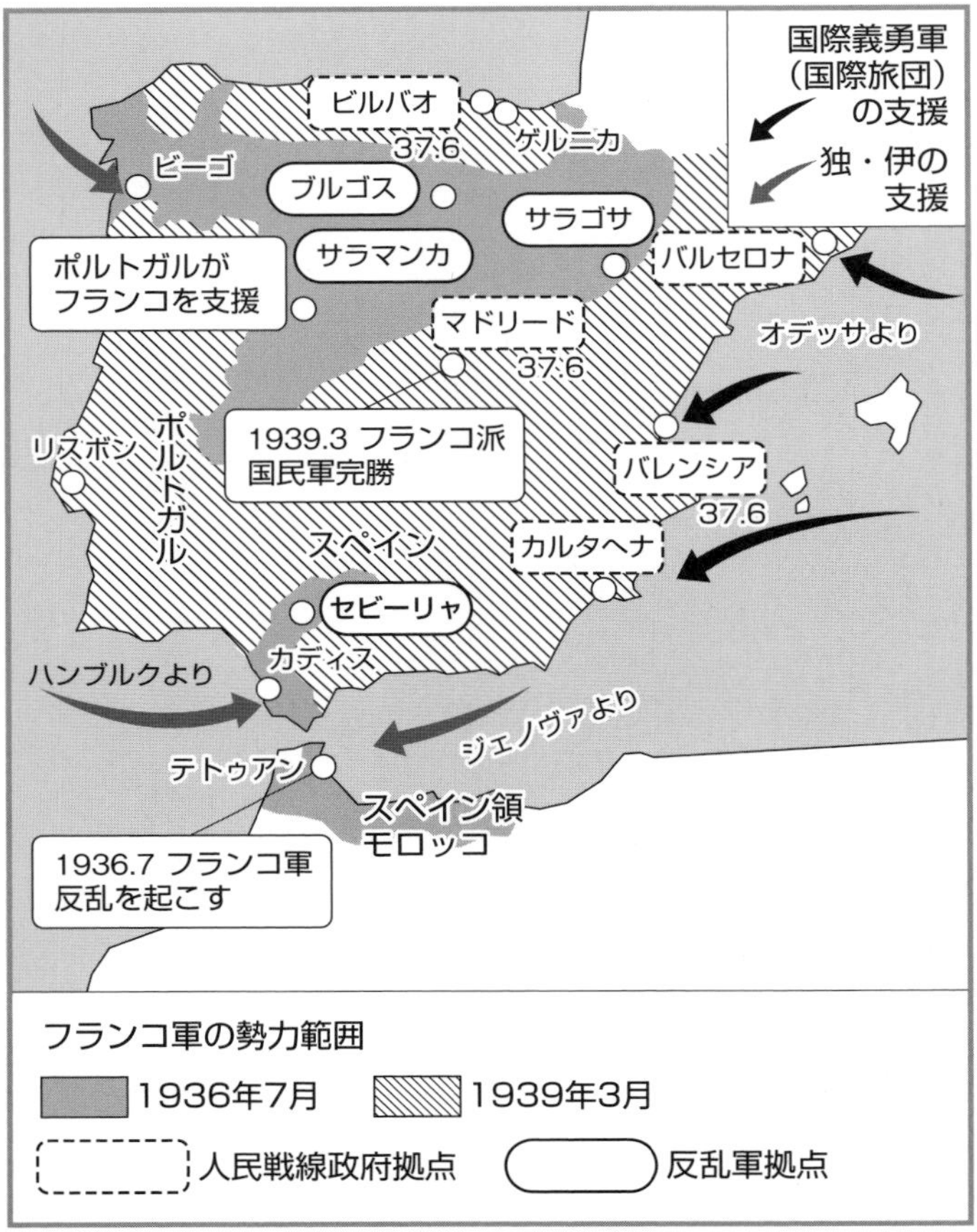

国際義勇軍（国際旅団）の支援
独・伊の支援
ビルバオ
37.6
ゲルニカ
ビーゴ
ブルゴス
サラゴサ
サラマンカ
バルセロナ
ポルトガルがフランコを支援
マドリード
37.6
オデッサより
ポルトガル
リスボン
1939.3 フランコ派国民軍完勝
バレンシア
37.6
スペイン
カルタヘナ
セビーリャ
カディス
ハンブルクより
ジェノヴァより
テトゥアン
スペイン領モロッコ
1936.7 フランコ軍反乱を起こす
フランコ軍の勢力範囲
1936年7月
1939年3月
人民戦線政府拠点
反乱軍拠点

多くの市民が犠牲になり名画が生まれた

第一次世界大戦が終わると、世界は国際平和の回復のために努力しました。しかし1929年世界恐慌が始まり、ドイツでナチス政権が誕生すると、第二次世界大戦の足音が高鳴り始めます。**ナチスは反共主義を唱えてソ連に対抗**※しました。

ナチス同様の政治運動がヨーロッパ中に広がった1930年代、スペインでは総選挙が行われ、共産党を与党とする人民戦線政府が誕生しました。ナチスのような政治勢力の台頭を国民が警戒した結果でした。政府内で共産党

※ソ連とナチス…ソ連は、世界を共産党独裁で埋め尽くそうと画策し、独ソ両国は敵対関係に。ナチスもソ連も、民主主義と自由を抑圧する全体主義国家という点では変わらない。

●スペイン内戦の流れ

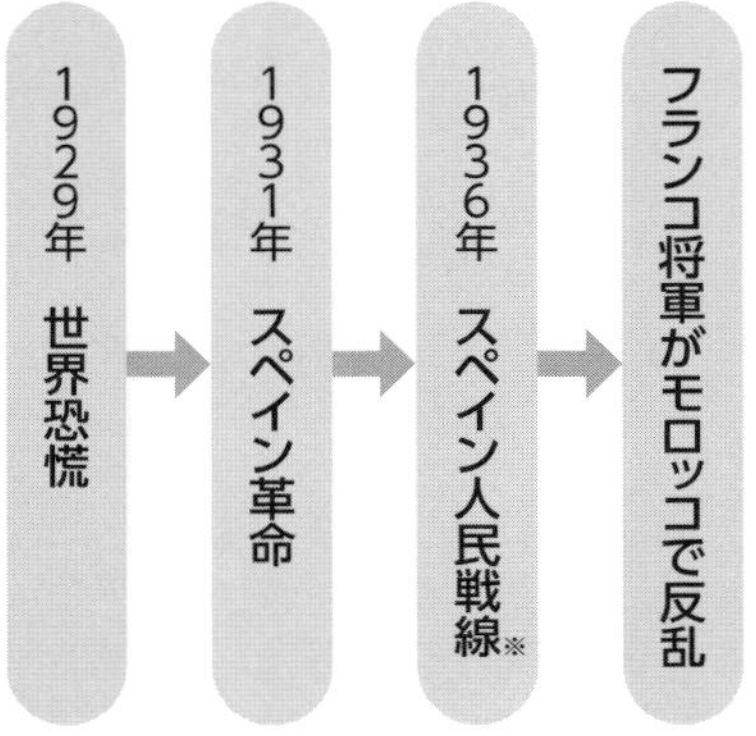
1929年 世界恐慌
1931年 スペイン革命
1936年 スペイン人民戦線※
フランコ将軍がモロッコで反乱

※1935年にコミンテルンが採用した反全体主義の戦線。

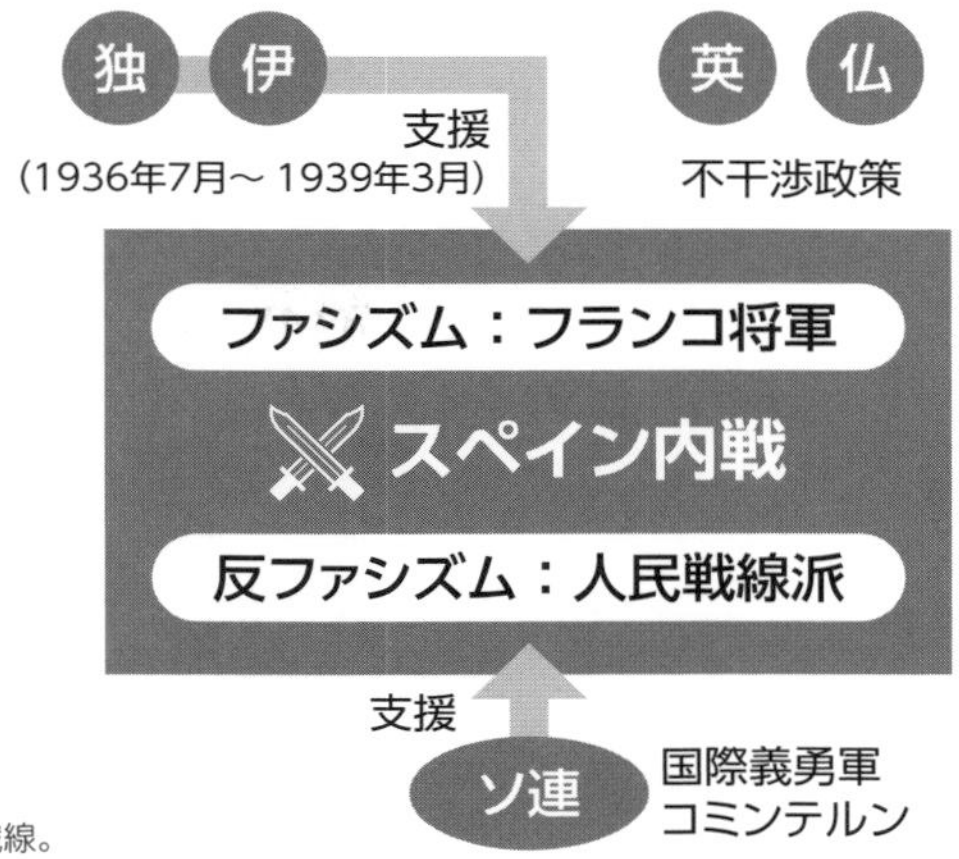
独
伊
支援
(1936年7月～1939年3月)
英
仏
不干渉政策
ファシズム：フランコ将軍
スペイン内戦
反ファシズム：人民戦線派
支援
ソ連
国際義勇軍
コミンテルン

PICK UP

「ゲルニカ」は、パブロ・ピカソの代表作のひとつ。死んだ子を抱え泣き叫ぶ母親、血相を変えた馬など戦争の悲惨さが表現されています。「ゲルニカ」は、1937年のパリ万国博覧会で公開されたあと、世界中を巡回しましたが当初の評判はいまひとつでした。本格的に注目を集めるようになったのは第二次世界大戦以降。「ゲルニカ」は反戦のシンボルとして、世界中から注目を集め、賞賛されるようになったのです。

は影響力をもちました。このことが**地主や銀行、カトリック勢力を不安にさせました。**

重苦しい空気が垂れ込めるなかで、1936年夏、軍人フランコの反乱が起こります。これをきっかけに、**スペイン内戦**が始まりました。

翌年ドイツは、フランコを支援するため、スペイン北部の都市ゲルニカを爆撃し、多くの市民が犠牲になりました。額から血を流す一市民の報道写真を見て、憤りを強くしたのが、スペイン生まれの芸術家**パブロ・ピカソ**でした。ピカソは、ゲルニカの悲劇を世界に知らせるため、依頼を受けたパリ万博出品作に、怒りを表現したのです。それが名画**「ゲルニカ」**の誕生です。

第二次世界大戦の前哨戦となったスペイン内戦の行方は、政府が反乱軍に倒されて幕を閉じました。

第二次世界大戦 1939～1945年

コンピューター時代の幕開け

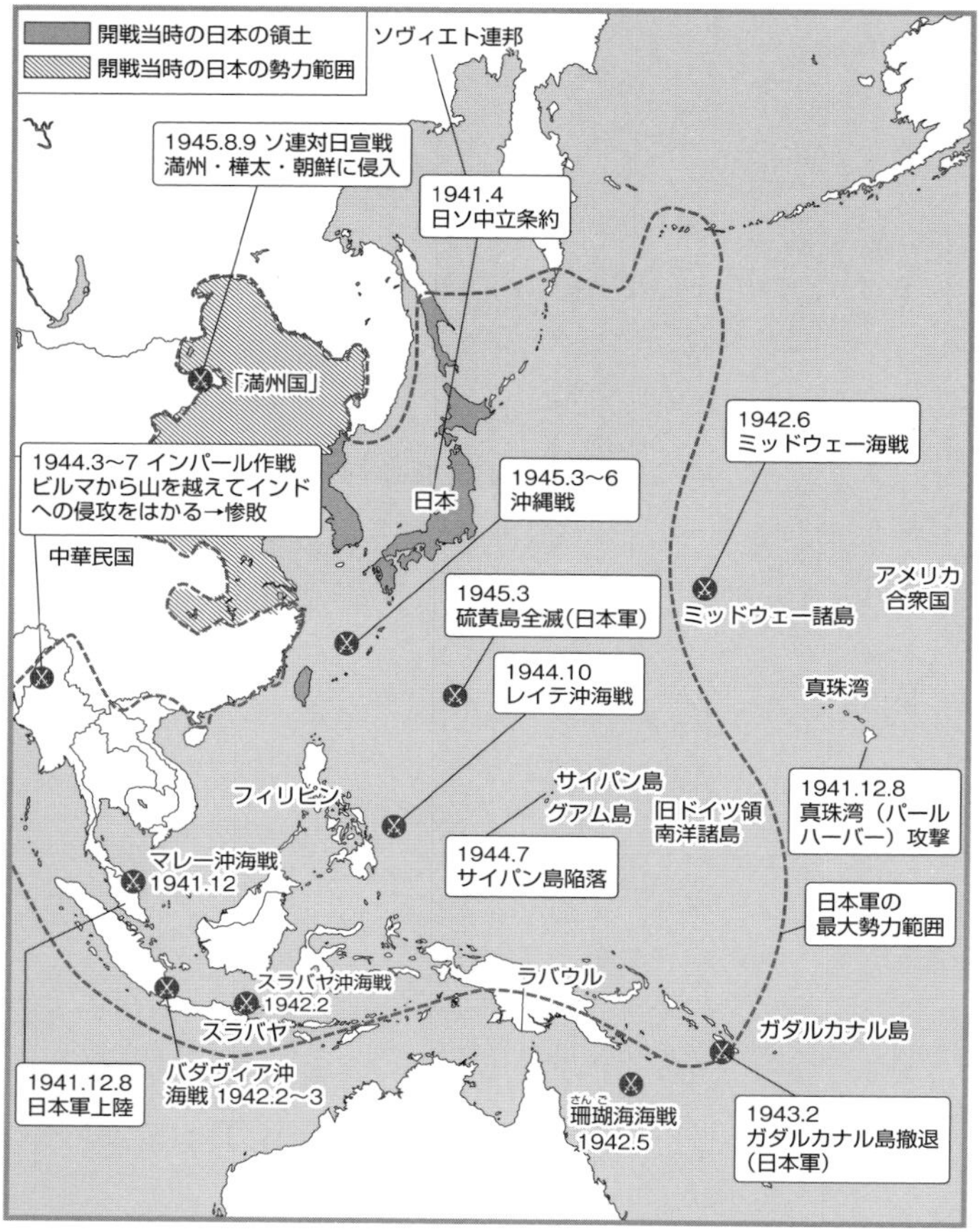

開戦当時の日本の領土
開戦当時の日本の勢力範囲
ソヴィエト連邦
1945.8.9 ソ連対日宣戦
満州・樺太・朝鮮に侵入
1941.4
日ソ中立条約
「満州国」
1942.6
ミッドウェー海戦
1944.3～7 インパール作戦
ビルマから山を越えてインド
への侵攻をはかる→惨敗
日本
1945.3～6
沖縄戦
中華民国
アメリカ
合衆国
1945.3
硫黄島全滅(日本軍)
ミッドウェー諸島
1944.10
レイテ沖海戦
真珠湾
サイパン島
フィリピン
グアム島
旧ドイツ領
南洋諸島
1941.12.8
真珠湾(パール
ハーバー)攻撃
マレー沖海戦
1941.12
1944.7
サイパン島陥落
日本軍の
最大勢力範囲
ラバウル
スラバヤ沖海戦
1942.2
スラバヤ
ガダルカナル島
バダヴィア沖
海戦 1942.2～3
1941.12.8
日本軍上陸
珊瑚《さんご》海海戦
1942.5
1943.2
ガダルカナル島撤退
(日本軍)

これまでとは異なる コンピューターを使った戦争

スペイン内戦が終わった1939年、ソ連はヒトラーにポーランド領土を分け合おうと話を持ちかけます。実行は9月。まず、ドイツがポーランドに侵攻。その後、ソ連が続きます。**第二次世界大戦**はこうして始まりました。

1941年12月、日本は米英中蘭4国による**ABCD包囲**を受け、石油などの資源を得ることができなくなります。これに反発した日本は米英と開戦。戦域は太平洋に拡大されました。1942年1月、米英中ソを中心に26ヵ国連合国が結成されます。日本はドイ

E P I S O D E

新潟がゴーストタウンになった日

1945年８月13日、新潟市の全市民18万人が突如、消えました。日本海側最大の都市から人っ子ひとりいなくなる。ゴーストタウンとは、まさにこのことです。これは実際の話。10日付の「県知事布告」で、新潟市民に強制疎開が命じられました。その理由は次のとおり。県が「熟慮」した結果、広島の次に原爆が落とされるのは、**新潟の「公算極メテ大」**と見たからでした。これが「原爆疎開」です。

きっかけは、県職員が東京で得たうわさ話でした。「新型爆弾」（原爆）でねらわれるのは空襲がない都市だ、と。職員はこの話に合点がいきました。８月１日長岡が空襲を受け、壊滅的になりました。ところが大都市の新潟市のほうは、爆撃されなかったからです。この職員がつくった報告書をもとに、県幹部は緊急疎開を決定。原爆投下のために、新潟市は通常の爆撃から外されている、と。こうして緊急疎開は、内務省の反対を押し切って行われました。11日には市内のあちらこちらで疎開が進み、国鉄（現JR）は無料で市民を輸送。市民は郊外２里（８キロメートル）以上の場所に退避。身寄りや伝手《つて》のない疎開者には、県が集団宿泊施設を用意したようです。市民が戻ったのは、終戦から３日後の18日です。

結局、新潟に原爆は落ちませんでした。ですが、県知事の推理は間違っていませんでした。新潟は、当初原爆投下の「目標選定」都市に挙げられていたからです。目標から外されたのは、最終決定がなされた８月１日のこと。新潟は「遠すぎる」「小さすぎる」というのが理由でした。目標からは外されたとはいえ、新潟県知事の判断は大変鋭いものでした（次ページの資料参照）。

ツ・イタリアの枢軸国側に。第二次世界大戦は、連合国と枢軸国との戦いとなりました。

アメリカでは軍事目的で、あるマシーンが開発されました。**大砲を発射する際、最も効果的な弾道を計算する機械**です。敵陣を攻撃する際、最大効果を引き出すためには、風速などの気象条件も含め、いろいろなデータを参考にして計算し、射程が決められます。簡単にいえば、大砲の発射角度を迅速に、正確に計算する機械です。これが史上初の**電子計算機（コンピューター）**。完成したのは１９４５年の秋。戦争が終わってからのことでした。

平和な現代のコンピューターは、役所、会社、地域、学校、個人などの暮らしに欠かせない必需品。それは史上最大の戦争といわれた第二次世界大戦をきっかけに生み出され、私たちの日常に便利さをもたらしているのです。

●新潟県知事が出した新型爆弾投下に対する警戒のための緊急避難布告

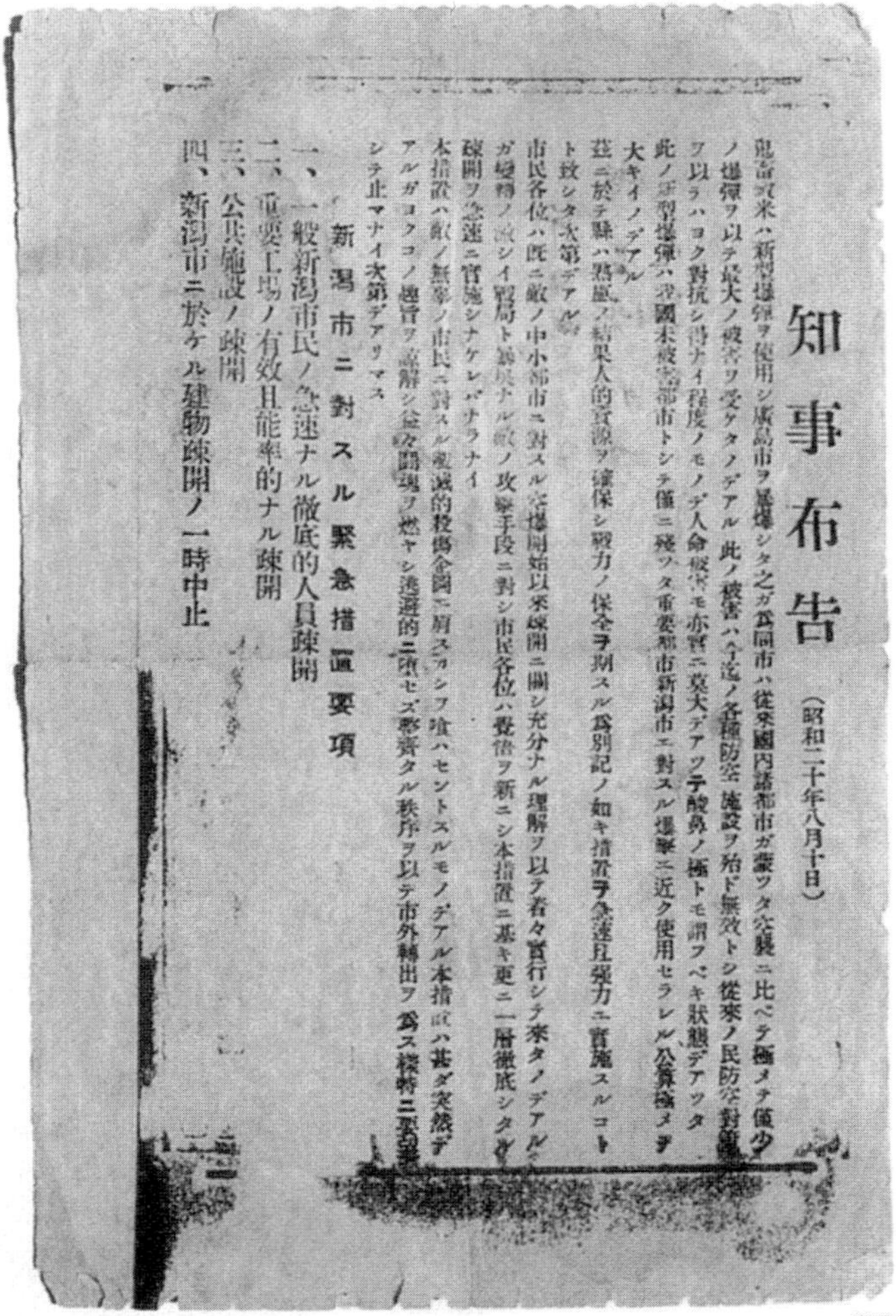

知事布告

（昭和二十年八月十日）

鬼畜米英ハ新型爆弾ヲ使用シ廣島市ヲ爆撃シタ之ガ爲同市ハ從來國内諸都市ガ蒙ツタ空襲ニ比ベテ極メテ僅少ノ爆弾ヲ以テ最大ノ被害ヲ受ケタノデアル 此ノ被害ハ今迄ノ各種防空施設ヲ殆ド無効トシ從來ノ民防空對策ヲ以テハヨク對抗シ得ナイ程度ノモノデ人命被害モ亦實ニ莫大デアツテ酸鼻ノ極トモ謂フベキ状態デアツタ

此ノ新型爆弾ハ我國未被害都市トシテ僅ニ殘ツタ重要都市新潟市ニ對スル爆撃ニ近ク使用セラレル公算極メテ大キイノデアル

茲ニ於テ縣ハ熟慮ノ結果人的資源ヲ確保シ戰力ノ保全ヲ期スル爲別記ノ如キ措置ヲ急速且強力ニ實施スルコトト致シタ次第デアル

市民各位ハ既ニ敵ノ中小都市ニ對スル空爆開始以來疎開ニ關シ充分ナル理解ヲ以テ着々實行シテ來タノデアルガ戰局ノ激シイ戰局ト凶暴ナル敵ノ攻撃手段ニ對シ市民各位ハ覺悟ヲ新ニシ本措置ニ基キ更ニ一層徹底シタル疎開ヲ急速ニ實施シナケレバナラナイ

本措置ハ敵ノ無差別ノ市民ニ對スル殲滅的殺傷企圖ニ肩スカシヲ喰ハセントスルモノデアル 本措置ハ甚ダ突然デアルガコノ趣旨ヲ諒解シ益々闘魂ヲ燃ヤシ逃避的ニ流レズ整齊タル秩序ヲ以テ市外轉出ヲ爲ス樣特ニ要望シテ止マナイ次第デアリマス

新潟市ニ對スル緊急措置要項

一、一般新潟市民ノ急速ナル徹底的人員疎開

二、重要工場ノ有効且能率的ナル疎開

三、公共施設ノ疎開

四、新潟市ニ於ケル建物疎開ノ一時中止

新潟市

1945年８月13日に新潟市がゴーストタウン化した。新潟では、長岡がほとんど空襲で焼かれた（市内の80％）が、県都の新潟市は無傷だった。そのため、県をあげて「これはおかしい？」と疑心暗鬼になった。

原爆投下された広島も長崎も、無傷に近い状態だった。「次は新潟市ではないか!?」と考えられ、市民全員が一斉に避難を行い、ほぼ一日で成し遂げることに。結局、原爆投下はなく、新潟の街は無事だった。

EPISODE

朝鮮戦争がつくったレジェンド 日本のカメラは世界一！

1950年12月10日『ニューヨーク・タイムズ』に日本製カメラが称賛される記事が載りました。そのカメラはニコン（Nikon）。写真雑誌で有名な『ライフ』の朝鮮戦争従軍カメラマンの話がソースになっています。

朝鮮半島の北は、冬の寒さが厳しくなります。そのためカメラが凍りつき、作動しなくなってしまったそうです。そのなかでニコンだけは、シャッターが切れた。当時カメラといえば、ドイツ製のライカやコンタックスでした。インドシナ戦争（1946～54年）でシャッターチャンスをねらったロバート・キャパもそう。「日本製品は安かろう、悪かろう」と言われた時代に、ニコンは「精密で、仕上げも美しい」と報じられました。「世界のニコン」神話を生んだのは、朝鮮戦争だったのです。

当時発売されていた「ニコンM型」。 （写真提供：株式会社ニコンイメージングジャパン）

ソ連が戦後「鉄のカーテン」をつくることになった

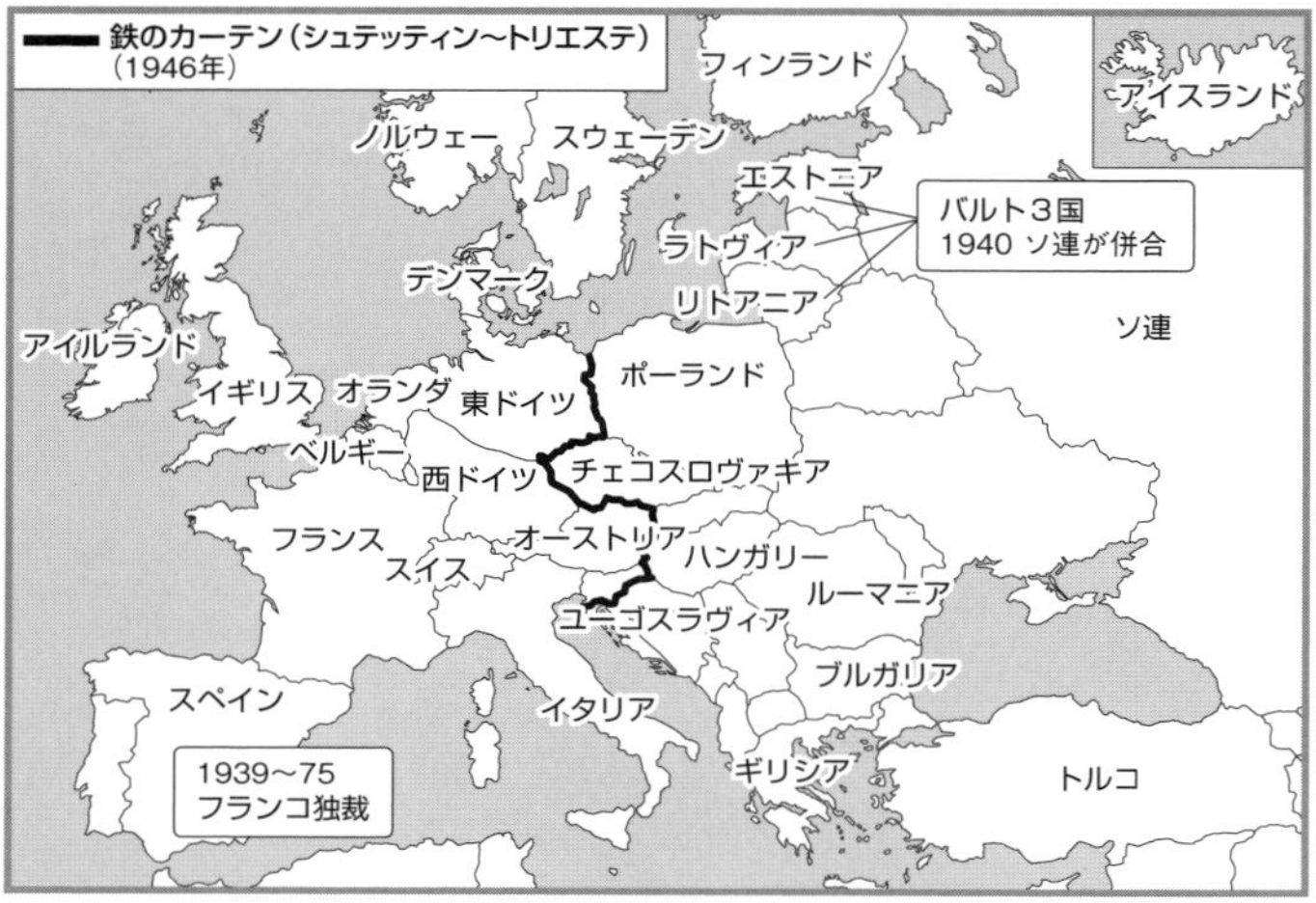
鉄のカーテン（シュテッティン〜トリエステ）（1946年）
フィンランド
アイスランド
ノルウェー
スウェーデン
エストニア
ラトヴィア
リトアニア
バルト3国
1940 ソ連が併合
デンマーク
アイルランド
イギリス
オランダ
東ドイツ
ポーランド
ソ連
ベルギー
西ドイツ
チェコスロヴァキア
フランス
スイス
オーストリア
ハンガリー
ルーマニア
ユーゴスラヴィア
ブルガリア
スペイン
イタリア
ギリシア
トルコ
1939〜75
フランコ独裁

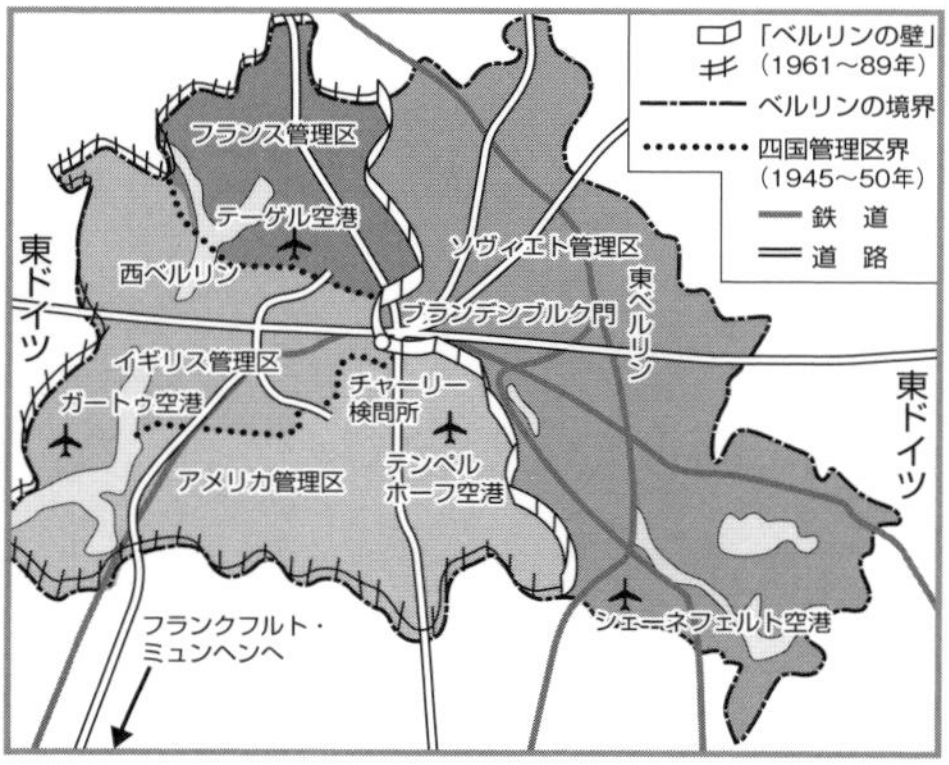
「ベルリンの壁」（1961〜89年）
ベルリンの境界
四国管理区界（1945〜50年）
鉄道
道路
フランス管理区
テーゲル空港
西ベルリン
ソヴィエト管理区
東ベルリン
東ドイツ
ブランデンブルク門
イギリス管理区
ガートゥ空港
チャーリー検問所
アメリカ管理区
テンペルホーフ空港
東ドイツ
シェーネフェルト空港
フランクフルト・ミュンヘンへ

第二次世界大戦後、鉄のカーテンでヨーロッパは二分された。

ソ連による東欧の占領と東西の分断

第二次世界大戦は、ソ連がドイツを誘って、**ポーランドと東欧圏の分割密約**※を行ったことから始まりました。ドイツはポーランド西部を取った後、西欧に向かってパリに入ります。こうして1940年6月、ヨーロッパはイギリスを除いて、ソ連とベルリン―ローマ枢軸の勢力下に置かれました。

そのときです。アメリカがヨーロッパ情勢を批判して、イギリスへの支援を鮮明にしたのです。これを見たドイツは、戦争は長期化すると踏んで、食糧と石油の豊富なソ連南部に侵攻しま

※分割密約…ソ連は密約のとおり、ポーランド東部からフィンランド、バルト3国、ベッサラビア（現モルドヴァ共和国）までを軍事占領。

PICK UP

ベルリン封鎖――「ベルリン大空輸」作戦

1945年５月ヨーロッパで戦争が終わると、敗戦国のドイツは英米仏ソの４国で分割統治されました。首都ベルリンのある東ドイツはソ連が、西ドイツは英米仏が占領。目的は民主改革を行うためです。４国の話し合いの場がベルリンに置かれたことで、東ベルリンはソ連、西ベルリンは英米仏で分割されました。ところが通貨改革をめぐって、ソ連と英米仏が対立すると、ソ連は西ベルリンに通じる道路・鉄道・河川の通行路をことごとく封鎖しました。それだけではありません。ライフラインも止めたのです。西ベルリン市民200万人は、生命の糧を断たれました。この事態をベルリン封鎖（1948年６月～49年５月）といいます。

ただし空路は例外とされました。ソ連は空輸だけで、西ベルリン市民に隈なく食料などを運ぶのはムリ、と高《たか》をくくったからです。でも、西ベルリン市民は負けません。こぞって飛行場（滑走路）の増設に協力したのです。こうして24時間フル稼働、３分ごとに発着するという異常な運航態勢の下で、英米仏の飛行機が食料・生活必需品を西ベルリン市民に届けたのです。

この間、美容院は空輸で届いた石炭を焚いて、焼きゴテの熱でパーマをかけました。印刷所では体力のある者に自転車をこがせ、回転する後輪と輪転機をベルトでつないで印刷しました。「ベルリン大空輸」は、ソ連がどれほど非人間的なことを行う国であるかが、世界に知られた瞬間でした。飛行機の爆音が昼夜を問わず、四六時中うなっていれば、普通はうるさく感じますが、西ベルリンの市民たちは、爆音を聞くことで生命がつながれているという安堵感を得たのです。

した。

１９４１年６月、**独ソ戦争**の勃発です。ソ連は当初ドイツ軍に徹底的にやられますが、アメリカからの武器貸与で形勢を逆転します。それが激戦となったスターリングラードの戦い（１９４２～43年）でした。ソ連は後退するドイツ軍を追い、１９４５年４月、ベルリン陥落。独ソ戦争は終結します。

ところが、ソ連はドイツに向かう途中で、東欧諸国を次々と占領していたのです。東欧は、**ナチスからソ連の支配下**に置かれることになりました。自由と民主主義を抑圧された東欧共産国家群の誕生のきっかけは、ここにあったのです。イギリスの政治家チャーチルは、戦後ヨーロッパが**「鉄のカーテン」**で東西に分断されたと言いました。このカーテンの東側では、秘密警察が国民の日常を監視する非人道的な社会がつくられることになります。

ソ連の日本侵攻 1945年

なぜ朝鮮半島は分割されたのか

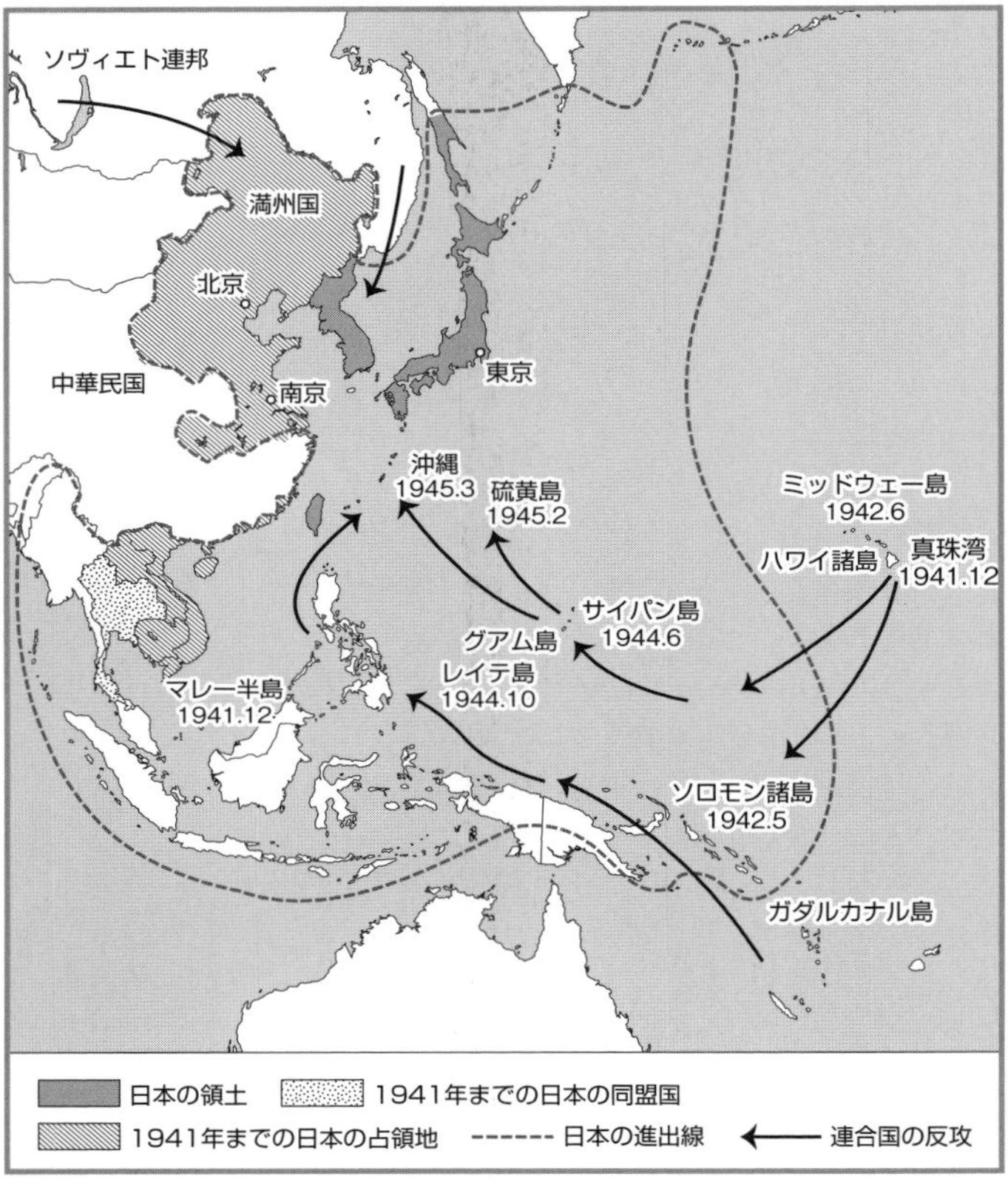

ソヴィエト連邦
満州国
北京
中華民国
南京
東京
沖縄 1945.3
硫黄島 1945.2
ミッドウェー島 1942.6
ハワイ諸島
真珠湾 1941.12
サイパン島 1944.6
グアム島
レイテ島 1944.10
マレー半島 1941.12
ソロモン諸島 1942.5
ガダルカナル島
日本の領土
1941年までの日本の同盟国
1941年までの日本の占領地
日本の進出線
連合国の反攻

一方的な条約の破棄とソ連軍の朝鮮侵攻

1945年2月、米大統領F・ローズヴェルト、英首相チャーチル、ソ連首相スターリンの連合国3首脳がクリミア半島に集まりました。戦後世界のあり方を決定づけた**ヤルタ会談**です。

席上、大変重要なことが決められました。ひとつは朝鮮半島の共同管理。もうひとつが、ソ連の対日参戦でした。

ソ連は1941年4月、独ソ戦争を警戒してドイツと同盟関係にある日本と**中立条約**を結びました。この条約を一方的に破棄して、日本に侵攻するというものです。後世、グッドな大統領だっ

EPISODE

原爆投下の第1目標は京都である！

日本の降伏は、広島と長崎の２度の原爆投下で決定的となりました。それでも日本が降伏しなかったら、当然「３度目」があったはずです。３発目の原爆はどこに……それは京都だったかもしれません。京都は空襲をほとんど受けておらず、唯一無傷に近い人口100万人都市でした。他の100万人都市――東京・大阪・名古屋は、すでに大空襲で破壊しつくされていました。京都ほどの大都市であれば、軍部としては、原爆の破壊効果を測るにはもってこいです。それは広島・長崎以上に魅力がありました。ですから、当初は京都が広島と並ぶ第１目標だったのです。

では、なぜ京都に原爆が落ちなかったのか。いちばん、もっともらしい理由として語られてきたのは、「京都には、たくさんの歴史的文化財があるから」。しかし、考えてみてください。敵国のそんな事情を考えて行われる戦争ってあるのでしょうか。常識的にいってあり得ない話です。そういう都市伝説が日本人を支配しています。戦後、米軍は天皇を利用して占領政策を進めようとしました。そのため、京都は除外されたと考えられます。

京都は原爆を免れた。

たと言われるため、米軍兵士の犠牲を最小限にとどめたい。こうした事情からローズヴェルトは、ソ連に参戦を要請したのです。スターリンは、その見返りを**千島・樺太の占領**に求めました。ソ連への譲歩に徹したローズヴェルトは、お安い御用くらいの気持ちでＯＫします。対日参戦は、ドイツ降伏から3ヵ月後と決まりました。

8月9日、ソ連軍が陸海から当時の日本の島々に侵攻します。満州に大量の不良兵士が送り込まれ、多くの日本人女性が犠牲になりました。そして8月10日、ソ連軍は朝鮮半島に侵攻。アメリカはこの勢いをくい止めるため、**北緯38度線での朝鮮分割占領を提案**すると、ソ連はふたつ返事で了承。結果、日本領土の朝鮮地方は米ソ両軍の管理下に置かれました。この状況に米ソ冷戦がかぶさると、北緯38度線はアジアの**「鉄のカーテン」**となったのです。

column

史上まれに見るジェノサイド

ジェノサイドは「集団殺害」「大量殺戮」などと訳されますが、これだと、なんだか重みがなく簡素な話に聞こえます。ですので、次のように言いかえてみました。ジェノサイドとは、戦場の兵士だけでなく、街中のまったく抵抗不能な一般人を、幼子も関係なく、いっぺんに突然殺す行為であり、そして殺せる精神状態にあること、を指します。

ジェノサイドには戦場と銃後社会の線引きがなく、まったく抵抗できないような人々を大量に殺戮するものです。そこにあるのは、人間であることをを棄てた精神状態に**レイシズム**（人種差別主義）が加わったもの。それがジェノサイドではないかと考えます。

大量の無差別殺戮は、戦争に飛行機を登場させることで可能になりました。その意味で実験的だったのが、1937年ナチス・ドイツ軍によるゲルニカ爆撃でした。スペイン内戦（1936～39年）でドイツ軍は、フランコの反乱軍を支援しました。

こうした空爆を大規模に編制したのが、米軍による1945年３月10日の**東京大空襲**です。攻撃目標は、東京最大の住宅密集地。軍事拠点でも何でもありません。ここにあるのは、市井の人々の生活と大平原のように広がる木造民家の建築群だけでした。

米軍は、この東京上空から焼夷弾爆撃という大量殺戮を強行しました。焼夷弾は、空中で油脂ガソリンと火花をまき散らしながら落下。またたく間に木造の建築群を炎の海にし、一般市民を焼き殺しました。２時間にわたる大爆撃でした。投下直後だけで10万人が殺されています。この大量殺戮は、広島・長崎の原爆投下当日の犠牲者数を超えるものといわれ、東京大空襲は、史上空前のジェノサイドとなりました。

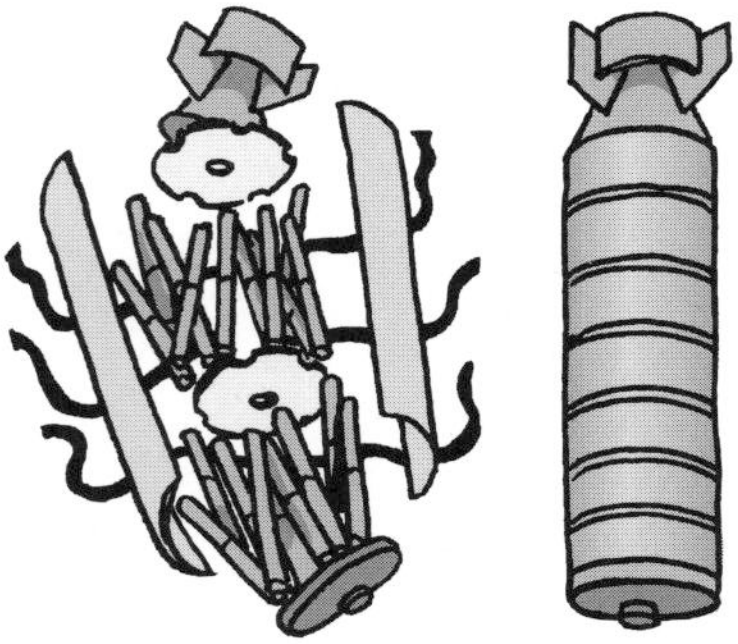

第6章

戦後世界の戦争

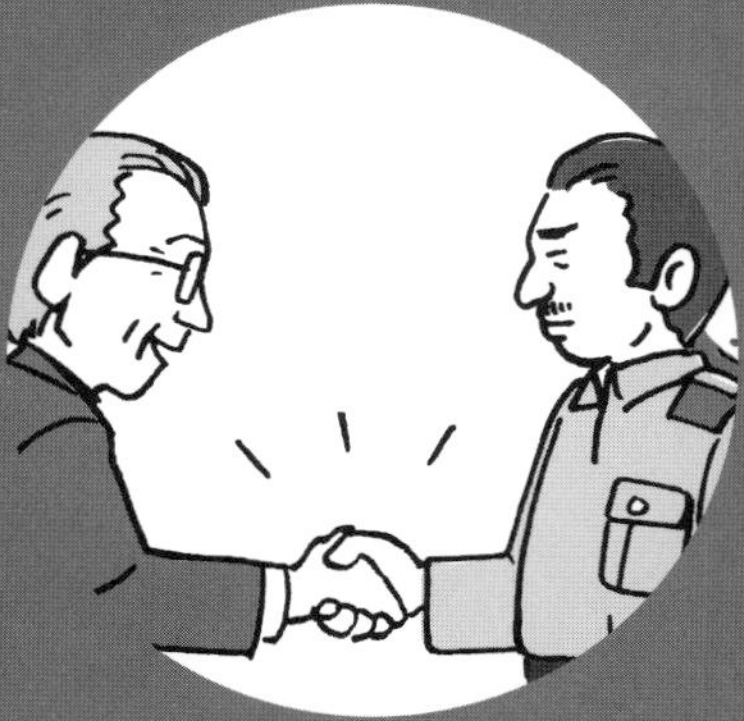

印パ戦争〈1947・1965・1971年〉……134
パレスチナ戦争〈1948〜1949年〉……136
朝鮮戦争〈1950〜1953年〉……138
ベトナム戦争〈1960〜1975年〉……140
ソ連のアフガン侵攻〈1979〜1989年〉……146
イラン・イラク戦争〈1980〜1988年〉……148
湾岸戦争〈1991年〉……150
ユーゴスラヴィア内戦【ボスニア=ヘルツェゴヴィナ紛争】〈1992〜1995年〉……152
アフガニスタン紛争〈2001年〉……154
クリミア危機〈2014年〉……156

第6章で見る世界史

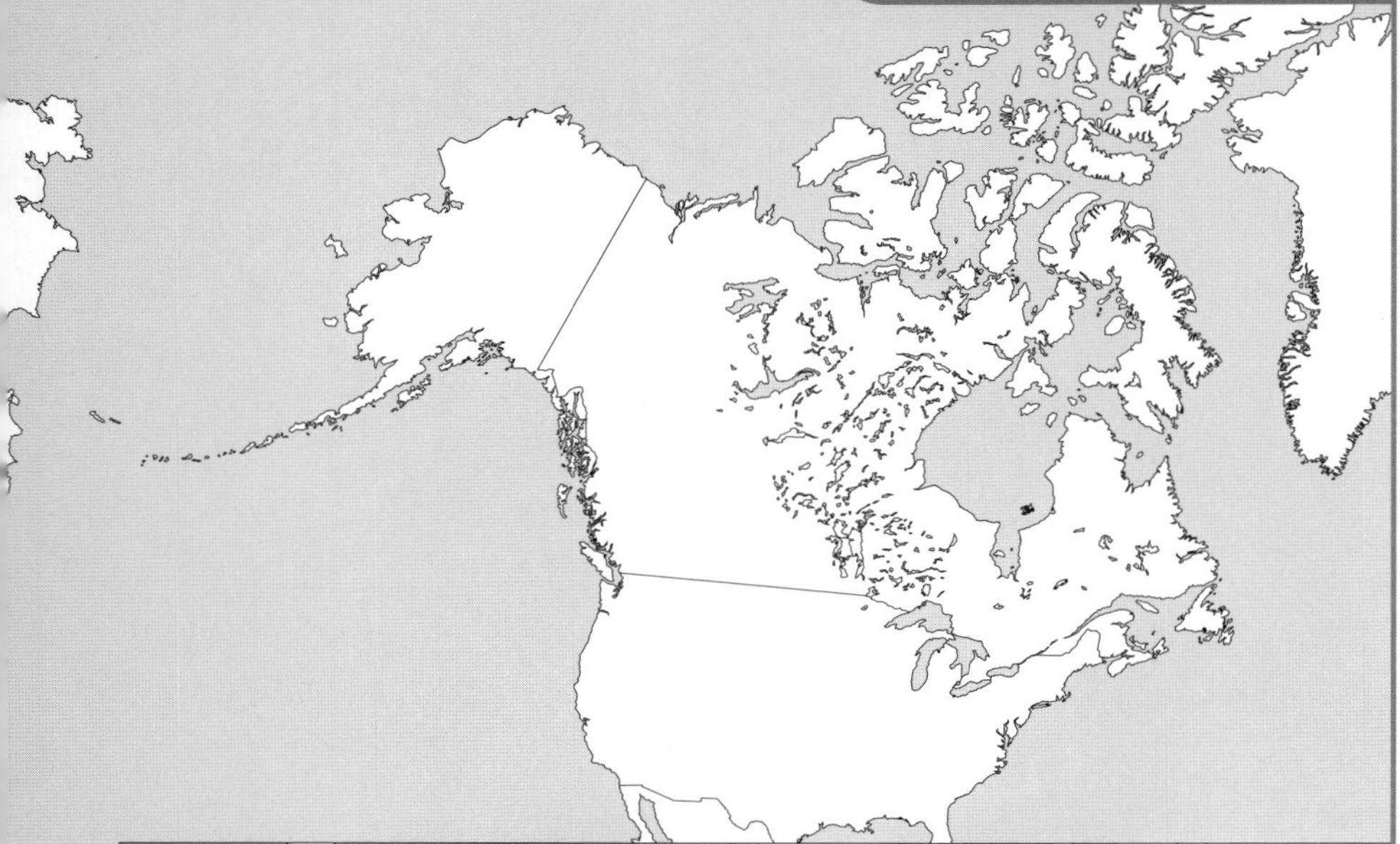

ユーゴスラヴィア内戦
1992～95年
スロヴェニア
クロアティア
セルビア
マケドニア
ボスニア=
ヘルツェゴヴィナ
モンテネグロ

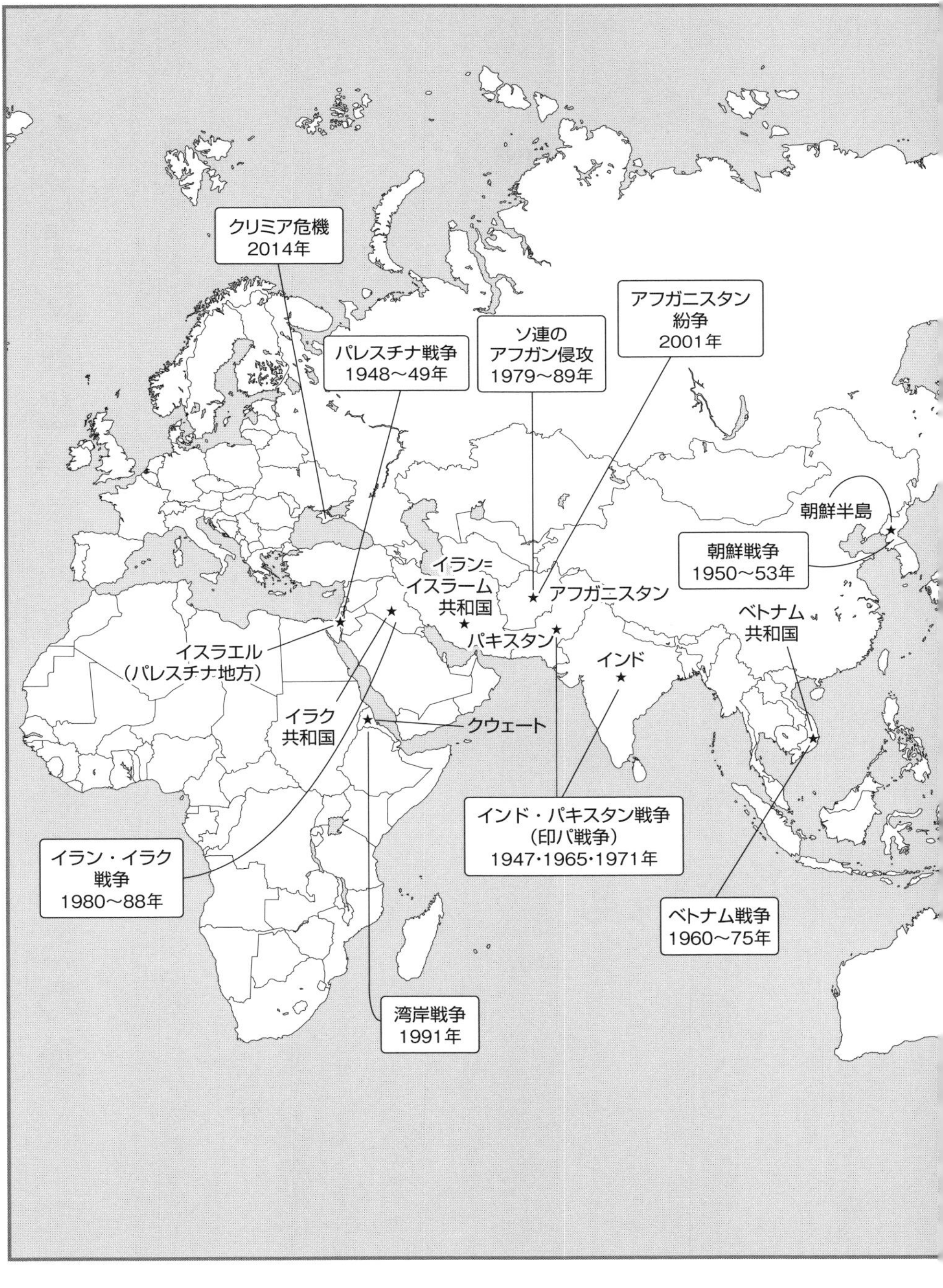
クリミア危機
2014年
パレスチナ戦争
1948～49年
ソ連の
アフガン侵攻
1979～89年
アフガニスタン
紛争
2001年
朝鮮半島
朝鮮戦争
1950～53年
イラン＝
イスラーム
共和国
アフガニスタン
パキスタン
ベトナム
共和国
イスラエル
（パレスチナ地方）
インド
イラク
共和国
クウェート
インド・パキスタン戦争
（印パ戦争）
1947・1965・1971年
イラン・イラク
戦争
1980～88年
ベトナム戦争
1960～75年
湾岸戦争
1991年

印パ戦争 1947・1965・1971年

なぜインドとパキスタンは衝突するのか

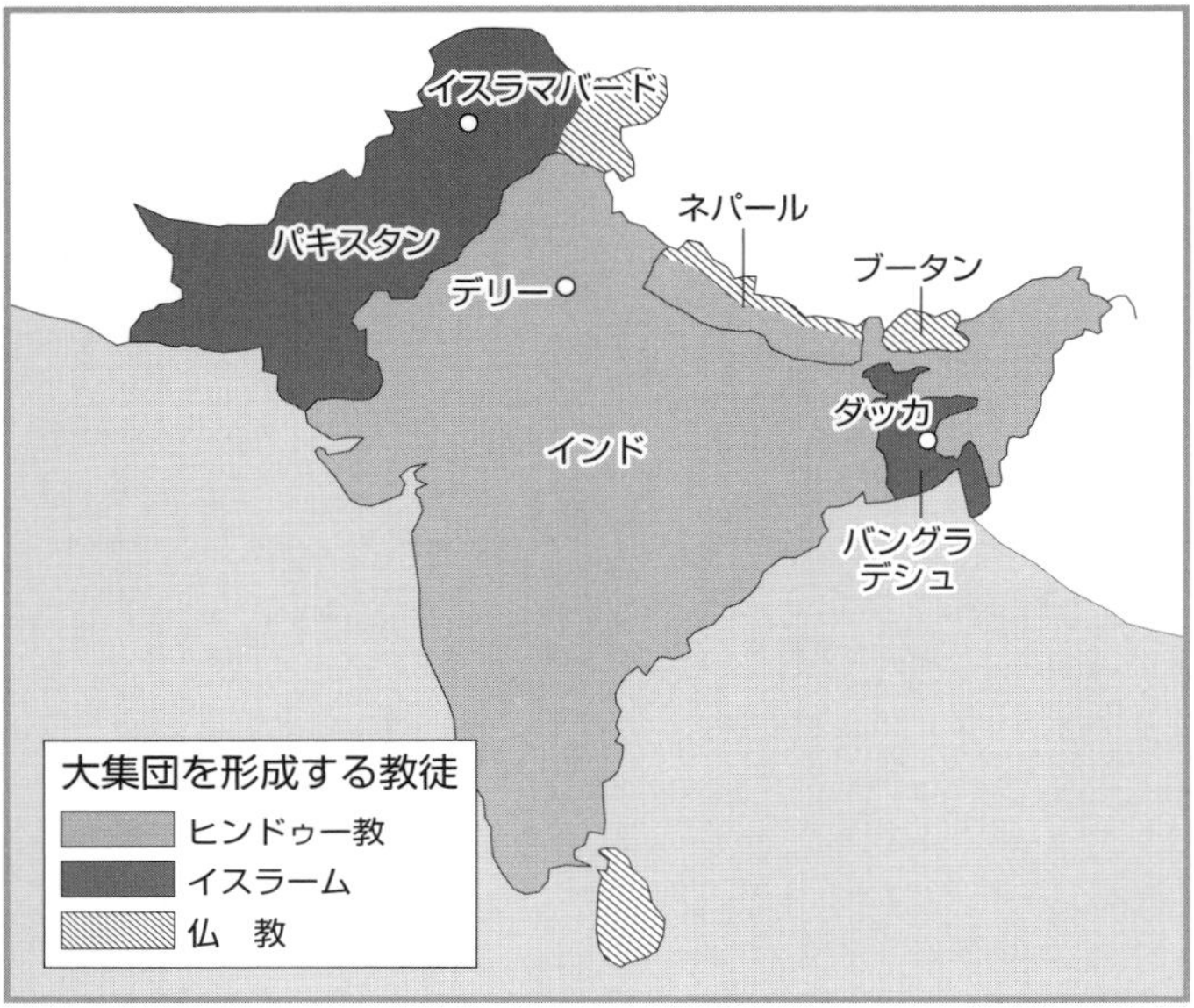
イスラマバード
パキスタン
ネパール
ブータン
デリー
ダッカ
インド
バングラデシュ
大集団を形成する教徒
ヒンドゥー教
イスラーム
仏　教

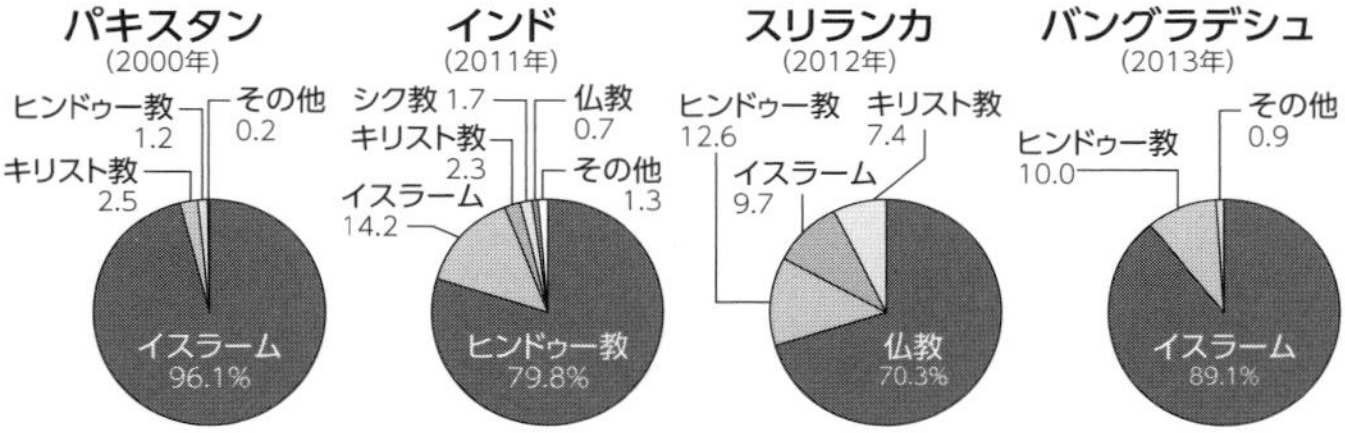
パキスタン
(2000年)
ヒンドゥー教 1.2
その他 0.2
キリスト教 2.5
イスラーム 96.1%
インド
(2011年)
シク教 1.7
仏教 0.7
キリスト教 2.3
その他 1.3
イスラーム 14.2
ヒンドゥー教 79.8%
スリランカ
(2012年)
ヒンドゥー教 12.6
キリスト教 7.4
イスラーム 9.7
仏教 70.3%
バングラデシュ
(2013年)
ヒンドゥー教 10.0
その他 0.9
イスラーム 89.1%

長きにわたる戦争 現在も解決しない国際問題

第二次世界大戦後、アジアは独立のときを迎えます。イギリス繁栄の要とされたインド植民地も1947年に独立。インドは古くから複数の文化を包み込んだユニークな地域でした。

ところが独立のとき、イスラーム教徒がパキスタン※をつくると、カシミールはインドに属するとインドが主張し、カシミール領有権問題がきっかけとなって、**インド・パキスタン戦争**（印パ戦争、1947・65年）が起こりました。領土は印パ両国とも、われ先にとカシミール地方を占領するかたちと

※パキスタン…領土は大戦時のインド内のイスラーム教徒が住んでいた地域。具体的にはインダス川の中流と東ベンガル地方（後のバングラデシュ）、それに北部のカシミール藩王国のこと。

EPISODE

ガンディーの一断面を覗き見る

マハトマ・ガンディー（1869〜1948年）は、「インド独立の父」。非暴力に徹した無抵抗主義の思想と運動は世界中に感銘を与えました。1960年代の米国で、黒人・マイノリティーの公民権獲得運動を主導したキング牧師もそのひとり。2007年の国連総会では、ガンディーの誕生日（10月２日）が「国際非暴力デー」とされました。ひとりの人間が、これほどまでに愛されたことはあったでしょうか。

そんなガンディーにも子どもの頃、ヤンチャな面がありました。悪友に誘われて、ご法度の牛肉を食べたといいます。理由は、素朴な疑問から。〈なぜ、イギリス人は身体が大きいのだろう？　そうだ、牛肉を食べているからだ！〉

子どもらしい発想ですね。独立の志士となってからは、外野のヤジや心無い罵声にもさらされたことでしょう。

興味深いのは、ガンディーの部屋には木彫りの「三猿」（見ざる・聞かざる・言わざる）があったこと。案外、これがガンディーの境地なのかもしれません。

なり、**互いに領有権を一歩も譲らないまま今日に至っています。**

それだけではありません。1971年、パキスタン領の東ベンガルで独立運動が起こると、パキスタン政府は武力鎮圧を図ります。これをインドが批判し、東ベンガルの独立を支持したことから、事態は**第三次印パ戦争**へ発展。東ベンガル独立運動は、インドの支援を得て、バングラデシュの誕生を実現させました。

その後も印パ関係には、キナ臭さがつきまといました。自国を守るということで、核開発が進展したのです。1998年、パキスタンで核実験が行われると、インドも行いました。印パの対立は、核の恐怖を導きだしたことになります。**「終わりなき印パ戦争」**は、21世紀の今、国際平和問題と関わっているのです。

パレスチナ戦争 1948～1949年

今も続くパレスチナ問題のはじまり

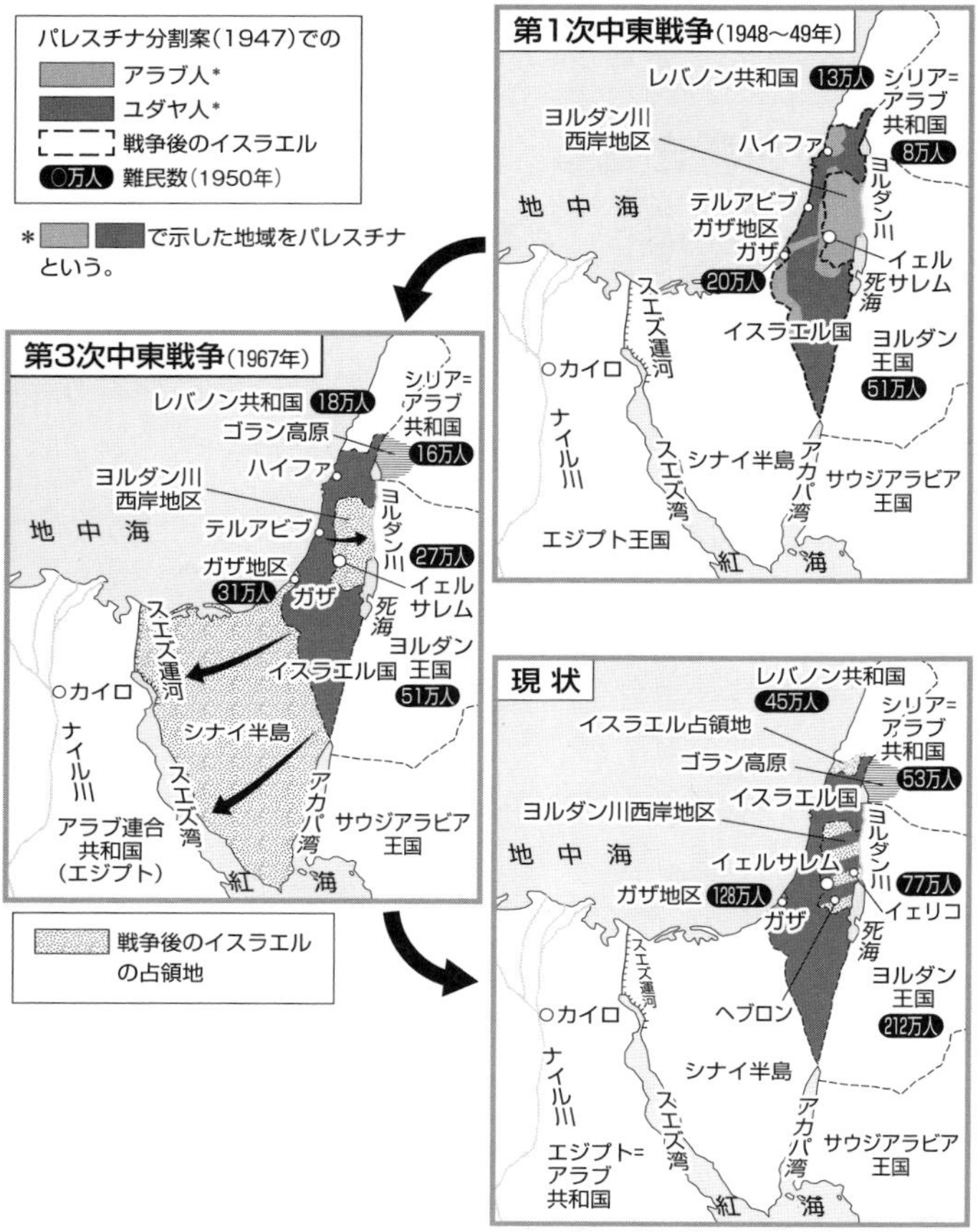

パレスチナ分割案（1947）での
アラブ人*
ユダヤ人*
戦争後のイスラエル
○万人 難民数（1950年）
* で示した地域をパレスチナという。
第1次中東戦争（1948～49年）
レバノン共和国 13万人
シリア=アラブ共和国 8万人
ヨルダン川西岸地区
ハイファ
地中海
テルアビブ
ガザ地区
ガザ 20万人
ヨルダン川
イェルサレム
死海
イスラエル国
ヨルダン王国 51万人
カイロ
スエズ運河
ナイル川
シナイ半島
アカバ湾
サウジアラビア王国
スエズ湾
エジプト王国
紅海
第3次中東戦争（1967年）
レバノン共和国 18万人
シリア=アラブ共和国
ゴラン高原 16万人
ハイファ
ヨルダン川西岸地区
地中海
テルアビブ
ガザ地区 31万人
ガザ
ヨルダン川 27万人
イェルサレム
死海
スエズ運河
イスラエル国
ヨルダン王国 51万人
カイロ
ナイル川
シナイ半島
スエズ湾
アカバ湾
サウジアラビア王国
アラブ連合共和国（エジプト）
紅海
戦争後のイスラエルの占領地
現状
レバノン共和国 45万人
イスラエル占領地
シリア=アラブ共和国
ゴラン高原 53万人
イスラエル国
ヨルダン川西岸地区
地中海
イェルサレム
ガザ地区 128万人
ガザ
ヨルダン川 77万人
イェリコ
死海
ヨルダン王国 212万人
スエズ運河
カイロ
ヘブロン
シナイ半島
ナイル川
スエズ湾
アカバ湾
サウジアラビア王国
エジプト=アラブ共和国
紅海

解決しない領土問題 多くの難民を生んだ

第一次印パ戦争勃発の翌年、地中海東端の一角で**パレスチナ戦争**が起こりました。この戦争は今に続くパレスチナ問題のスタート地点。原因は、根本的には領土問題です。パレスチナ地方は7世紀以来、イスラーム世界の時間を編んできました。19世紀末ロシアやヨーロッパで、ユダヤ人への迫害や差別が強まると、こんな目にあうなら昔ユダヤ人国家があった**パレスチナに自分たちの国をつくろう**、とユダヤ人が唱えるようになりました。しかしパレスチナは、当時オスマン帝国領。20

EPISODE

ユダヤ人と戦争

ユダヤ人が故地パレスチナを離れたのは、２世紀後半**ユダヤ戦争**でローマ帝国に負けたときでした。ヨーロッパではユダヤ人はキリスト教の敵とされ、15世紀末レコンキスタの最後にはユダヤ人の排撃が行われました。また、各国では**ゲットー**（ユダヤ人居住区）が設けられ、ユダヤ人の不動産取得も禁止されました。19世紀末ロシアでは、**ポグロム**とよばれるユダヤ人の大量虐殺が起こります。これに反発して、**日露戦争**（1904～05年）では、ユダヤ人は日本の国債をたくさん買って支援しました。20世紀は、スターリンのソ連とヒトラーのドイツで大迫害が行われました。

人物に迫る！

アミーン・アル・フサイニー
（1895～1974年）

アラブ人の地を守り、ひとつにまとまろう！――この運動の指導者がアミーン・アル・フサイニーです。

1929年、聖地イェルサレムをめぐってユダヤ人とアラブ人が衝突（嘆きの壁事件）すると、アミーンは**反ユダヤ主義**を煽ります。アラブ人の土地を奪おうとするユダヤ人を許すなと訴え、ユダヤ人への襲撃、虐殺を徹底しました。第二次世界大戦中には、ナチス・ドイツのヒトラーと会談し、アラブ人とドイツ人の「共通の敵＝ユダヤ人」を排除しようと説きました。

00年前はユダヤ人の領土でしたが、勝手にそこに国はつくれません。

ユダヤ人の建国運動に現実味をもたせたのはイギリスでした。第一次世界大戦中の1917年、イギリスはユダヤ人財閥から戦争資金を用立ててもらいます。見返りは、パレスチナのユダヤ人建国運動支持。1930年代ヨーロッパでナチスが権勢をふるうと、大量のユダヤ人がパレスチナに押しよせます。これが1948年の**「ユダヤ人国家＝イスラエル」建国**の布石になりました。エジプトを盟主とするアラブ諸国は猛反発。その怒りが、パレスチナ戦争となって火ぶたを切ったのです。

結果は、イスラエルがパレスチナの占領地を広げて終結。その結果100万人ともいわれる**パレスチナ難民**が発生しました。その後1956年、67年、73年と合計4回にわたる中東戦争の悲劇を見ました。

朝鮮戦争 1950〜1953年

日本の自衛隊のルーツはここにあった

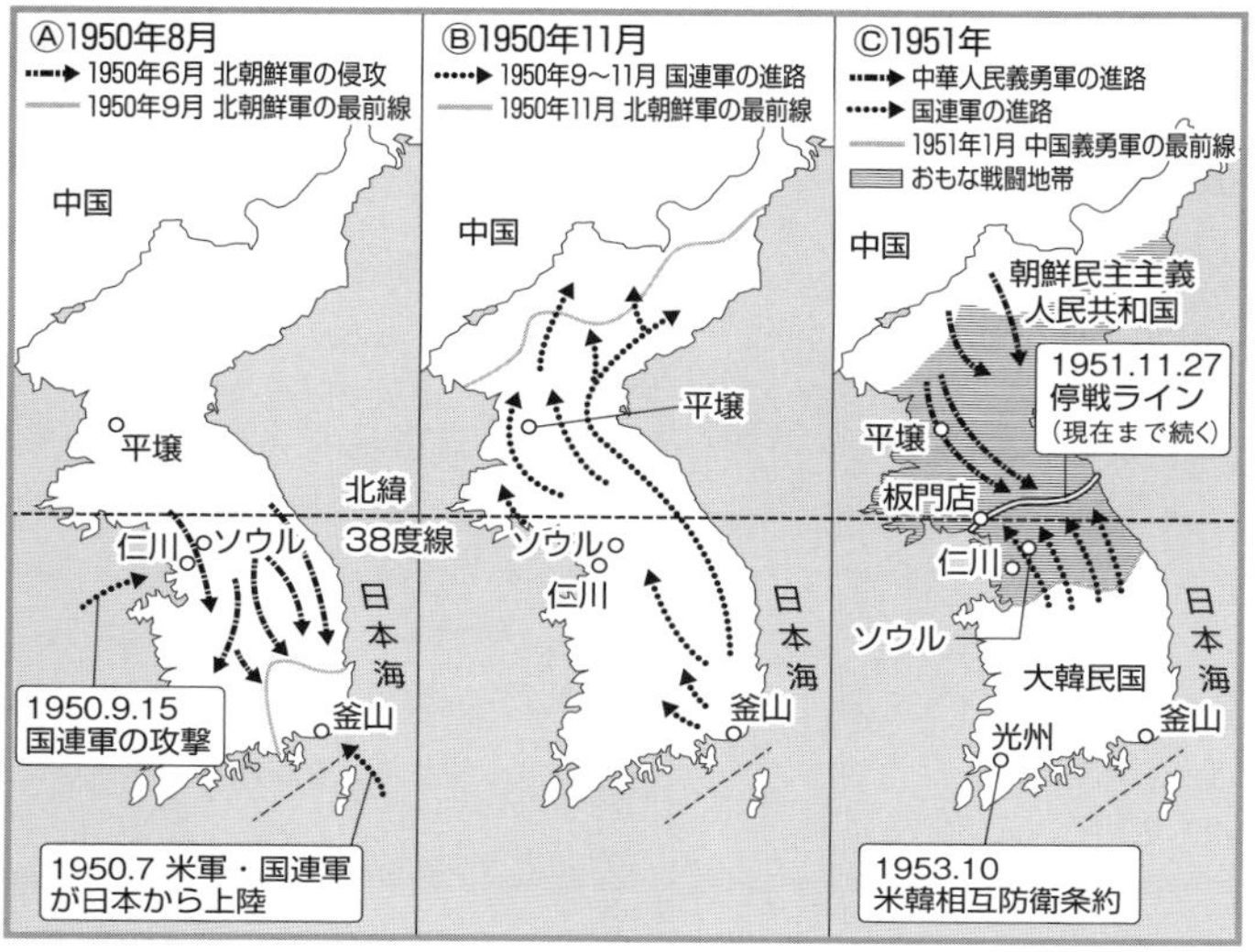

Ⓐ1950年8月
1950年6月 北朝鮮軍の侵攻
1950年9月 北朝鮮軍の最前線
中国
平壌
北緯
38度線
仁川
ソウル
日本海
釜山
1950.9.15
国連軍の攻撃
1950.7 米軍・国連軍
が日本から上陸
Ⓑ1950年11月
1950年9〜11月 国連軍の進路
1950年11月 北朝鮮軍の最前線
中国
平壌
ソウル
仁川
日本海
釜山
Ⓒ1951年
中華人民義勇軍の進路
国連軍の進路
1951年1月 中国義勇軍の最前線
おもな戦闘地帯
中国
朝鮮民主主義
人民共和国
1951.11.27
停戦ライン
（現在まで続く）
平壌
板門店
仁川
ソウル
大韓民国
光州
日本海
釜山
1953.10
米韓相互防衛条約

朝鮮戦争によって警察警備隊がつくられた。

朝鮮を二分した戦争は米VS中の戦争に

パレスチナ戦争が始まった1948年。日本の領土から切り離された朝鮮半島では、**南に韓国、北に朝鮮民主主義人民共和国**が分立しました。この状況を武力で統一しようとしたのが、北の金日成《キムイルソン》です。ソ連のスターリンはアメリカの介入が気がかりでOKを出さず、不満顔の金日成でしたが北朝鮮をつくってくれた恩人には逆らえません。

翌年、中華人民共和国が誕生すると、スターリンの信頼を得た毛沢東の言葉が影響力をもつようになります。アメリカは中国革命に介入しなかったのだから、朝鮮半島に介入することはないと。
朝鮮戦争は6月25日、北からの奇襲で幕が開きました。北の攻勢で、韓国側は釜山とその周辺を残すだけ。朝鮮半島のほとんどが北の勢力下に置かれましたが、**韓国を支援する国連軍(マッカーサー司令官)と、北朝鮮を支援する中国軍**の参戦で戦局は一変しました。朝鮮戦争は、社会主義陣営の予測とは異なりもはや米中戦争です。

国連軍は、日本にあった連合国の米軍で編制されました。日本でも朝鮮の事態に呼応して、共産党がテロや暴動をひき起こすのではと懸念され、こうしてつくられたのが軽装備の兵器をもつ警察予備隊でした。この組織が１９５４年に発足する自衛隊のルーツです。

一方、朝鮮戦争は１９５３年、**北緯38度線上の板門店**で国連軍と北朝鮮との間で**休戦協定**が結ばれましたが、冷戦の「化石」はまだ蠢《うごめ》いています。

●朝鮮戦争の構造

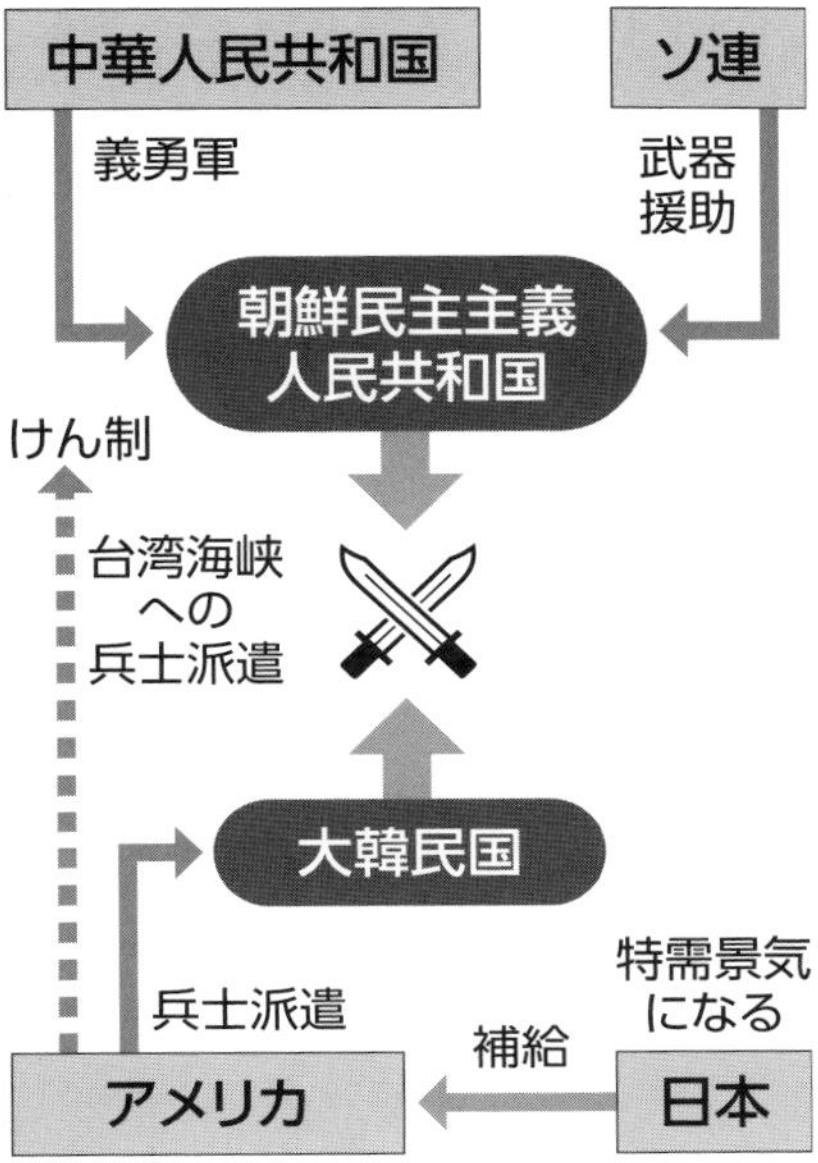
中華人民共和国
ソ連
義勇軍
武器援助
朝鮮民主主義人民共和国
けん制
台湾海峡への兵士派遣
大韓民国
兵士派遣
特需景気になる
補給
アメリカ
日本

EPISODE

板門店会談場から祝田秀全が報告

板門店は1953年に朝鮮戦争休戦協定が結ばれた場所で、北緯38度線上にあります。板門店内には石材のようなブロックが埋められており、38度線が一目でわかるようになっています。ここには韓国・北朝鮮両代表が話し合うための会談場があります。

興味深いのは、建物の屋根と屋内の床に、38度線が白い塗料で引かれていることです。その線上には会談用の大きなデスクがあり、デスクの上にはコード付きのマイクが置かれています。注目したいのがコードが北緯38度線になっているということ。白線を跨《また》いで、南北両方に足を置いてみるのも一興かと。「冷戦時代の化石」が体験できる場所です。されど朝鮮の冷戦は、まだ終わっていないのです。

Tシャツ、ジーンズ、ロック、フォーク・ソングの誕生

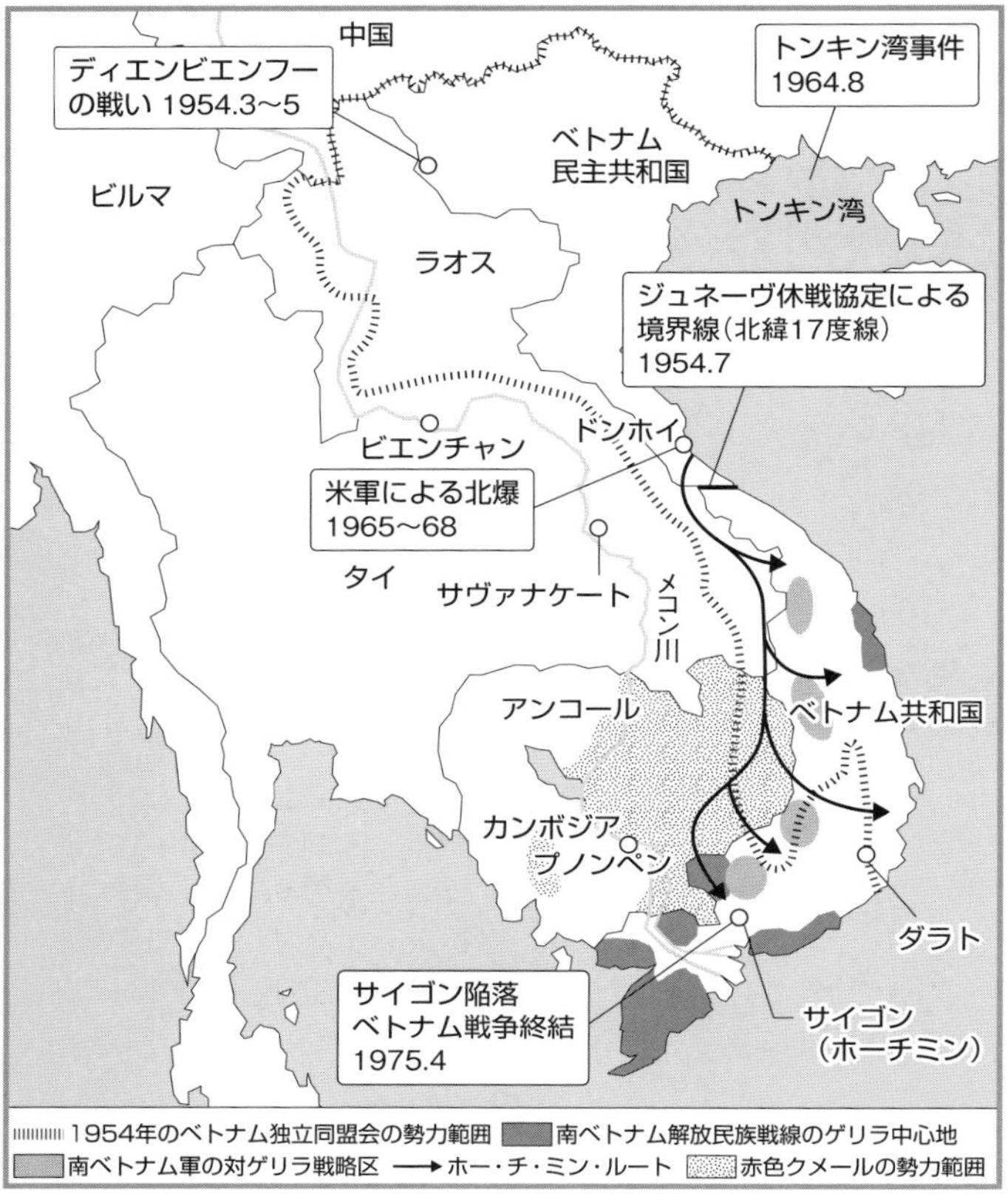
中国
ディエンビエンフーの戦い 1954.3～5
トンキン湾事件 1964.8
ベトナム民主共和国
ビルマ
トンキン湾
ラオス
ジュネーヴ休戦協定による境界線（北緯17度線）1954.7
ビエンチャン
ドンホイ
米軍による北爆 1965～68
タイ
サヴァナケート
メコン川
アンコール
ベトナム共和国
カンボジア
プノンペン
ダラト
サイゴン陥落 ベトナム戦争終結 1975.4
サイゴン（ホーチミン）
1954年のベトナム独立同盟会の勢力範囲
南ベトナム解放民族戦線のゲリラ中心地
南ベトナム軍の対ゲリラ戦略区
ホー・チ・ミン・ルート
赤色クメールの勢力範囲

戦争から若者のカルチャーが誕生した

第二次世界大戦が終わった翌年、フランスの植民地であるベトナムで**インドシナ戦争**（１９４６～54年）が起こりました。

１９４５年９月、ベトナムの英雄**ホー・チ・ミンが独立**を宣言したことに対して、フランスが武力鎮圧で臨んだからです。この結果、ベトナムは北緯17度線を境に南北に分断されました。この状況を打破するため、１９６０年**ベトナム戦争**が勃発します。ホー・チ・ミンの北ベトナム（共産派）に対して、アメリカは南を支援して介入。

※ベトナムの統一…1945年のベトナム民主共和国。この統一では、国民選挙などの手続きといった議会制民主主義が無視され、共産党の独裁となり、本来の独立建国とは、まったくかけ離れたもの。ベトナム統一は、いわば「国民不在の統一」だった。

●カウンターカルチャー

1960年代後半アメリカは若者たちの「叛乱《はんらん》の季節」にまみれました。ベトナム反戦運動や黒人・マイノリティの公民権獲得運動が広がると、反体制運動は盛り上がりを見せます。叛乱とは、大人たちがつくってきた既成文化に対抗すること。それがカウンター・カルチャー（対抗文化）です。

それが北ベトナムに対する爆撃、**北爆**（1965～68年）です。しかしアメリカは成果をあげられず敗退。1976年ベトナムは共産派によって統一が達成されました。※

ベトナムの惨劇は世界各地で批判されました。アメリカでは、**反戦運動が政府批判運動へと発展**し、黒人やマイノリティの公民権運動が盛り上がりました。既成世代の文化は否定され、若者による新しい文化運動が現れたのです。

自己主張のキャンバスといわれたTシャツには「ピース」（平和）という文字が書かれ、ジーンズをはき、兵士の短髪に対してロング・ヘアー、それにロックやフォーク・ソング。これらは「戦争を知らない世代」が生み出した**カウンター・カルチャー（対抗文化）**となって、今のファッションに受け継がれているのです。

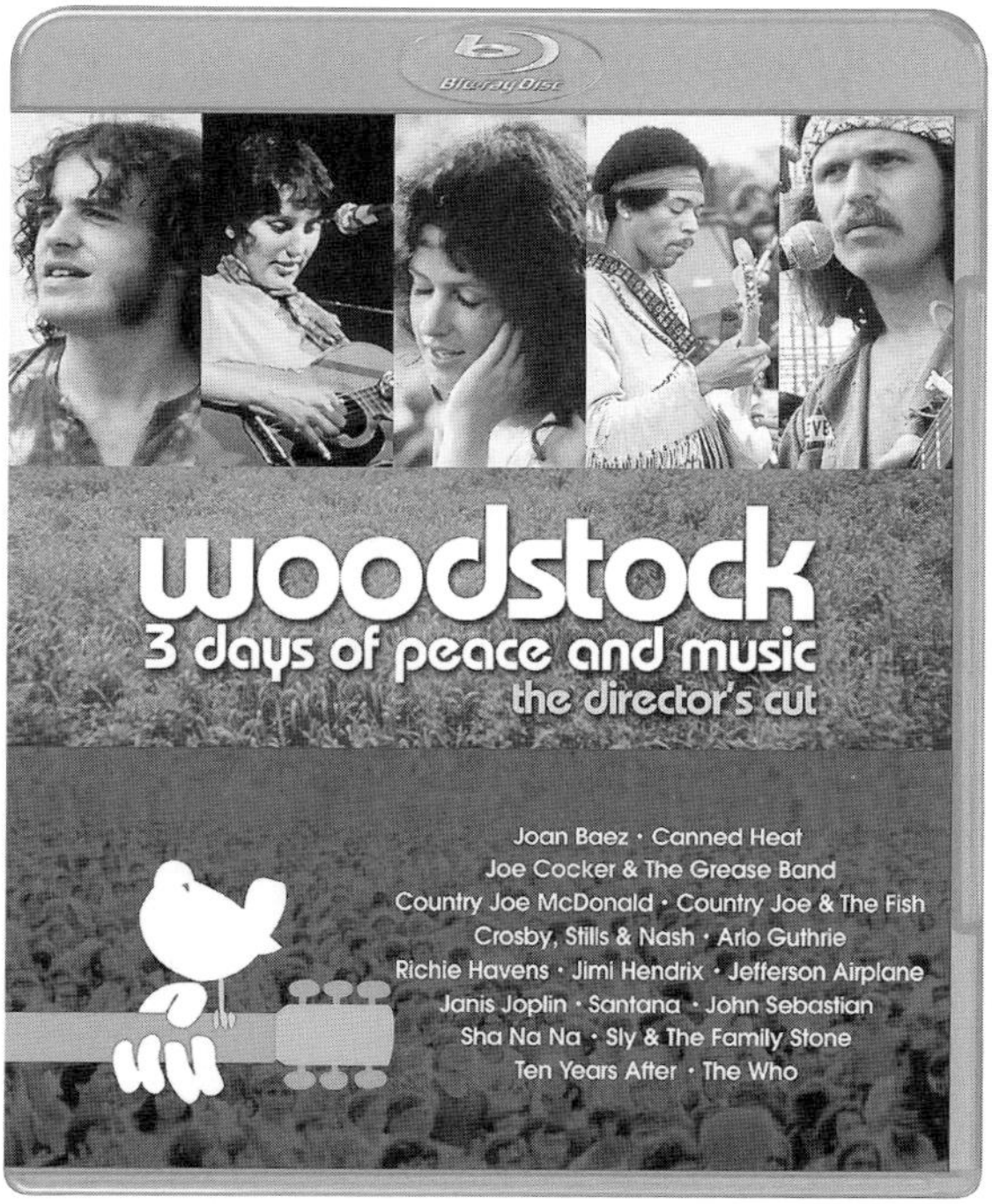

３日間にわたって開催されたロックの伝説的祭典「ウッドストック」を捉えたドキュメンタリー映画がある。
『ディレクターズカット　ウッドストック　愛と平和と音楽の３日間』
ブルーレイ ¥2,381＋税／DVD ¥1,429＋税
ワーナー・ブラザース ホームエンターテイメント

伝説的な野外音楽祭

自給の共同社会を理想とする**ヒッピー**の登場も1960年代後半のことです。

そして世界の耳目を集めたのが、1969年夏にニューヨーク州で開かれた**ウッドストック・フェスティバル**。3日間で40万人以上が一堂に会した野外音楽祭です。出演者たちは、プロテスト精神が込められたロックやフォーク・ソングで胸の内の怒り、モヤモヤを激しく吐き出しました。伝説のギターリストのジミ・ヘンドリックスやロックの女王とよばれたジャニス・ジョプリンが登場すると、場内は興奮のるつぼになりました。

フェスティバル会場に集まった若者たちの多くは、ジーンズとTシャツで

EPISODE

ビューポイント in Movie

アメリカがベトナム戦争（1960〜75年）から退いたのは1973年のことです。この年、名作映画『アメリカン・グラフィティ』（米ユニバーサル映画/CIC配給）がつくられています。

時代設定は1962年夏。題材は、ハイスクールを卒業する若者たちのワンナイト。40曲のアメリカン・ポップスがスクリーンにかぶさり、演出を盛りあげます。製作はフランシス・コッポラ、監督は後に『スター・ウォーズ』をひっさげて世界中を魅了したジョージ・ルーカス。この作品はベトナム介入前の「良き時代」をえぐったエンタメ映画です。次から次へと銀幕から流れ出る曲にワクワク感高揚。

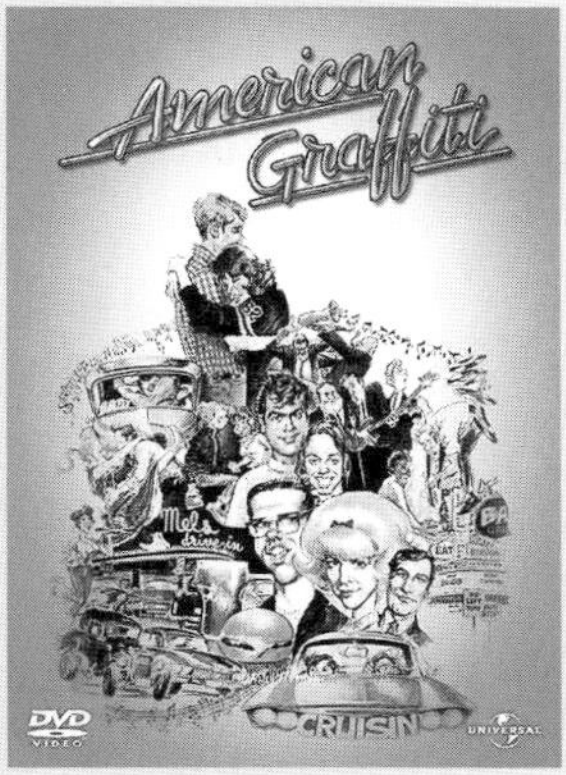

そして見ものはエピローグ。主な登場人物の「その後」が、静止画とともにスーパーインポーズ（字幕）で紹介されます。そのひとりに「ベトナムでの戦闘中に行方不明」と……この瞬間、観客は過去のファンタジーから突如、現在の時間に引き戻されるのです。カウンター・カルチャー以前と以後の「時代の段差」が感じられる、グッとくる映画です‼

※記事内容は執筆時点のものです。最新の内容をご確認ください。
- 商品名：アメリカン・グラフィティ
- 価格：1,886円＋税
- 発売元：NBCユニバーサル・エンターテイメント

自己主張を行いました。野良仕事や鉱山の作業着だったジーンズは、ヒッピーの間で対抗文化のシンボルとされ、世界に広がりました。

白いTシャツに描かれたメッセージ

また、白い下着にすぎなかったTシャツの前面には、「ピース」のロゴやデザイン画が描かれました。「叛乱の季節」をきっかけに、Tシャツはカラフルになり、「自己表現のキャンバス」に変身したのです。指2本を開いた、ピースというVサインも、「平和の勝利」を訴えることを意味し、世界化しました。

ジーンズ、Tシャツは、現代ファッションのコーディネートに欠かせませんが、その源流はカウンター・カルチャーにあったのです。

戦後の日本文化と学生運動

戦後のアメリカスタイル

第二次世界大戦後、日本は連合軍（実体は米軍）の占領下に置かれました（1945～52年）。大都市はどこも焼け野原。破壊しつくされ、残ったのは飢餓だけ。そんなときに痩せ細った敗戦国民の心をつかんだのが、**アメリカ的生活スタイル**でした。

豊富な食料、特大の牛乳ビン、大きな冷蔵庫、システムキッチン、マイカー、ジャズ音楽、ファッションなどなど。日本人には、どれをとっても、よだれが出そうなモノばかり。この思いは戦後の日本人の精神文化に大きく影響しました。

高度経済成長の日本

「朝鮮特需」で弾みをつけた日本経済は、高度成長時代（1950年代後半～70年代前半）を迎えます。

人々は「**三種の神器**」（白黒テレビ・洗濯機・電気冷蔵庫）購入を目指して働き、その後は3C（カラーテレビ・クーラー・カー）、マイホームをもつことに一所懸命でした。

1964年にはアジア初の東京オリンピック、1970年は日本万国博覧会（大阪）が開かれ、日本は終戦から20年ほどで、経済力と国力をつけました。国民総生産もアメリカに次いで世界第2位になりました。

公害の発生と学生運動

しかし60年代の終わり頃から、経済成長優先のツケがまわってきます。

公害問題はその最たる例です。ときを同じくして社会の不合理に対する疑問や怒りが、戦後民主主義の申し子である**団塊《だんかい》世代**のなかで噴き出しました。

きっかけは1968年、東大医学部のインターン制度や日大の20億円の使途不明金問題です。

団塊世代の叛乱は、東京から全国の大学に広がりました。その頂点となったのが、大学の民主化を目指した東大紛争でした。

全学を巻き込んでの一大運動となりました。が、残念なことに紛争は、大学の改革から外れて、学外の政治運動に利用され、学内は大混乱になりました。

その舞台となったのが、東大安田講堂でした。1969年の東大入試は中止。安田講堂だけでなく、大学内外の建造物を壊して傷つけた若者たちは、文化やヒューマニズムをどれだけ知っていたのでしょう。その瞬間、世間や社会は「叛乱」に同情しなくなりました。

学生運動が、東大で終わったと言われるのも当然のこと。先細りした学生運動は、セクトに引き取られる格好になり、自分たちの不満をハイジャックや爆弾づくりで解消。果てはただのリンチ殺人に堕ちてゆくしかありませんでした。

以降、日本で学生運動が起こらないことにはいろいろな理由があるでしょうが、血で血を洗う末路と、善良な市民を犠牲にしたことが一因であることは争えません。未来の学生運動の芽を摘んだのは、彼ら自身だったのです。

「初代松本楼」

「10円カレーチャリティ」のカレー。

毎年９月25日、日比谷公園のレストラン松本楼では、秋の風物詩として親しまれている「10円カレーチャリティ」が行われます。1971年の秋、日比谷公園内で行われた沖縄返還協定に反対する過激派による放火が原因で松本楼は全焼してしまいましたが、全国からの励ましにより再オープンすることができました。感謝の気持ちをこめ、９月25日に「10円カレーチャリティ」を実施。名物のカレーを先着1500名を対象に10円で提供しています。

(写真提供：日比谷松本楼)

ソ連のアフガン侵攻　1979〜1989年

オリンピック大会に亀裂を生んだ

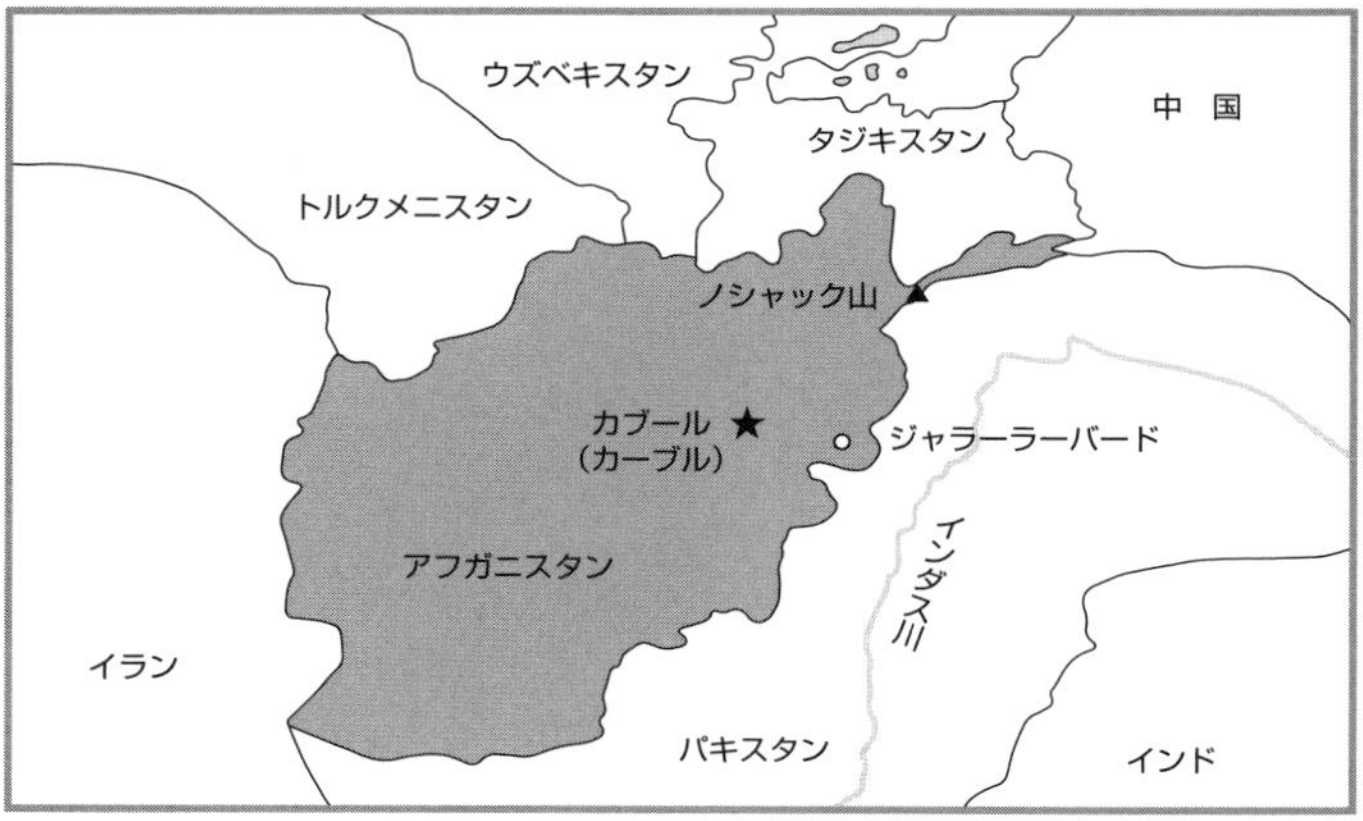

ベトナム戦争からのドルショックへの流れ

ベトナム戦争は戦後の国際関係をひっくり返しました。**朝鮮戦争**（1950〜53年）で激突した米中両国は、ニクソン訪中後の1979年、関係正常化を見ました。日本もこの前年に**日中平和友好条約**を結びます。

こうした変化の裏側には、アメリカによる**ベトナム戦争介入問題**がありました。その歳月は10年に及びます（1964〜73年）。この間にベトナム戦争絡みで、大量の米ドルが国外に流出しました。米ドルは金と交換可能な唯一の国際通貨でしたから、ドルを金と交換してほしいといわれても、交換できないほどドルが国際社会に出まわってしまったのです。

1971年、ついに金とドルの交換は停止され、国際通貨制度は崩壊。**ドル・ショック**です。

以来、軍事費軽減はアメリカの重要課題。そうしたなかで浮上したのが、米中関係の正常化でした。

一方、1969年、**中ソ国境紛争**が起こります。ソ連との関係を悪化させた中国も、アメリカとの接近に傾きます。こうした米中双方の思いが、両国の関係正常化をもたらしました。

●モスクワ五輪・ロス五輪

1979年ソ連軍のアフガニスタン侵攻が非難されると、自由主義陣営は翌年予定されたモスクワ五輪に不参加。ところが次の五輪はロサンゼルス（1984年）でした。今度はソ連陣営が不参加。次の1988年ソウル五輪でようやく両者がともに参加するオリンピックが再開されました。

モスクワ五輪。

ロス五輪。

戦争による対立がスポーツの祭典にも影響

水をあけられるかたちになったソ連は、１９７９年アフガニスタンの親ソ派政権を守るため、同国へ軍事侵攻を始めました。以来ソ連軍によるアフガニスタン占領は、冷戦終結の１９８９年まで続きます。

アメリカをはじめとする自由主義陣営は、１９８０年の**モスクワ五輪**をボイコットすることで抗議します。すると４年後の**ロサンゼルス五輪大会**を、今度はソ連と親ソ派の社会主義諸国がボイコットしました。

こうしてソ連のアフガニスタン侵攻は、新たな冷戦（第二次冷戦）時代の幕開けとなったのです。

イラン・イラク戦争　1980～1988年

アメリカとイラクの蜜月時代

アフガニスタン=
イスラーム共和国
アンカラ
トルコ共和国
シリア=アラブ
共和国
テヘラン
レバノン共和国
バグダード
カブール
イスラエル国
イラク共和国
イラン=
イスラーム
共和国
カイロ
ペルシア湾
パキスタン=
イスラーム共和国
ヨルダン=
ハシミテ王国
（1946 トランス=
ヨルダン王国）
マスカット
紅海
メッカ
サウジアラビア
王国
エジプト=
アラブ共和国
アラブ首長国連邦
オマーン国
イエメン共和国

宗教による対立が戦争を引き起こす

ソ連のアフガニスタン侵攻は、**イラン革命**（1979年）と深く関わっていました。

イランでは1960年代に国王パフレビー・シャー2世の下で**「白い革命」（近代改革）**が進められ、対外的には欧米との関係が重んじられました。しかしイラン革命は、近代化への道をくつがえし、反欧米と唯一神アッラーの教えに基づくシーア派国家に徹しようというものでした。

イラン周辺の中央アジアにはウズベキスタン、カザフスタン、トルクメニ

人物に迫る!

サダム・フセイン
（1937～2006年）

1979年、イラク大統領になると、フセインは石油国営会社の利益を独占し、それを軍などにバラまいて、自分の権力を固めました。自分を「国父」と見たて、対外的にはアラブの盟主を自負。クルド人やシーア派は化学兵器を使って弾圧。そして2001年9・11米同時多発テロが起こると、米国はイラクが犯人組織を匿《かくま》っていると非難。イラク戦争（2003年）でフセインは身柄を拘束され、裁判の後、2006年に人道に対する罪で処刑されました。

スタンといったイスラーム諸国が広がります。これらは当時、ソ連領内の国々です。それだけに、イラン革命に同調する動きが気になります。

それは許さない、というソ連の態度こそ、1979年**親ソ派国家アフガニスタン**への侵攻となって表れたのです。「ソ連は自分の勢力圏を守るためには、国外でも制圧に行くぞ」、そういった軍事パフォーマンスでした。

米ソによるイラクの支援 次の戦争へ流れていく

一方、イランの西隣にはスンナ派のイラクがあります。大統領**サダム・フセイン**（在任1979～2005年）は、イラン革命に巻き込まれることを警戒し、翌年**イラン・イラク戦争**を起こしました。

イラン革命の輸出を警戒する米ソは一緒になって、イラクを支援。1987年、国連の停戦決議もあって、翌年イランが停戦を受諾します。イラクは辛勝し、「イラン革命の防波堤」の役目を果たしました。

同時にイラン・イラク戦争は**アメリカとイラクの蜜月時代**をもたらしました。アメリカはイラクを「テロ支援国家」リストから外し、武器支援も行いました。しかしそれは、もろくも崩れます。それが**湾岸戦争**でした。

湾岸戦争

1991年

日本政府のトラウマとなった「感謝されなかった」衝撃

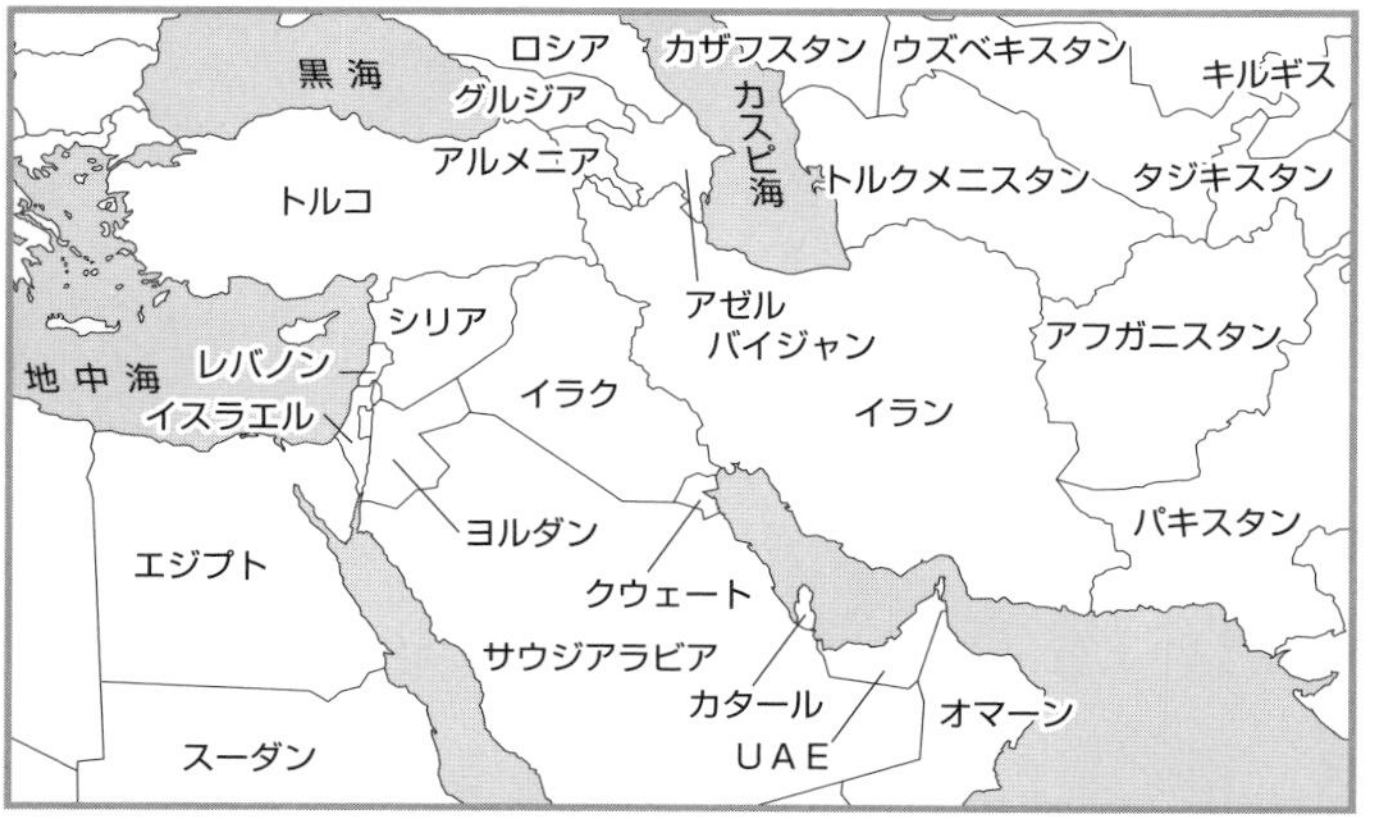

石油によって起こったクウェートへの侵攻

1990年8月、イラクが突如、隣のクウェート国に侵攻しました。**イランとの戦争**（1980～88年）が終わって、戦後復興もままならない時期なのに、なぜこういった行動に出たのでしょうか。

イラクは、以前からクウェートは自分の領土だと主張してきました。しかも腹立たしいことがありました。

イランとの長期戦で財政再建が急務なときに、クウェートは**OPEC（石油輸出国機構）**の生産量割当に反して、石油を増産します。このため、石油価格は落ち込みます。イラクは石油輸出立国ですから、クウェートのこの行為が、イラクの財政再建に打撃を与えていたのです。

こうした不満を背景に、イラクは**クウェート侵攻**を強行しました。このとき国連は、武力制裁で臨むことを決議します。

1991年1月、欧米・アラブ諸国を中心に多国籍軍が編制され、イラクへの攻撃が始まりました。**湾岸戦争**の勃発です。イラクに勝ち目はまったくなく、**「1000時間戦争」**で終戦となりました。

●ハイテク兵器

先端科学技術によってつくられた兵器のこと。空爆がミサイルに変わったのは、その最たる例。自律飛行能力が与えられた巡航ミサイルは、誘導機能を使って、攻撃目標に近づくとレーダーに探知されないように低空で飛びます。近年は情報取得のための無人飛行機（ドローンなど）や軍事用・戦闘用ロボットの開発も進んでいます。

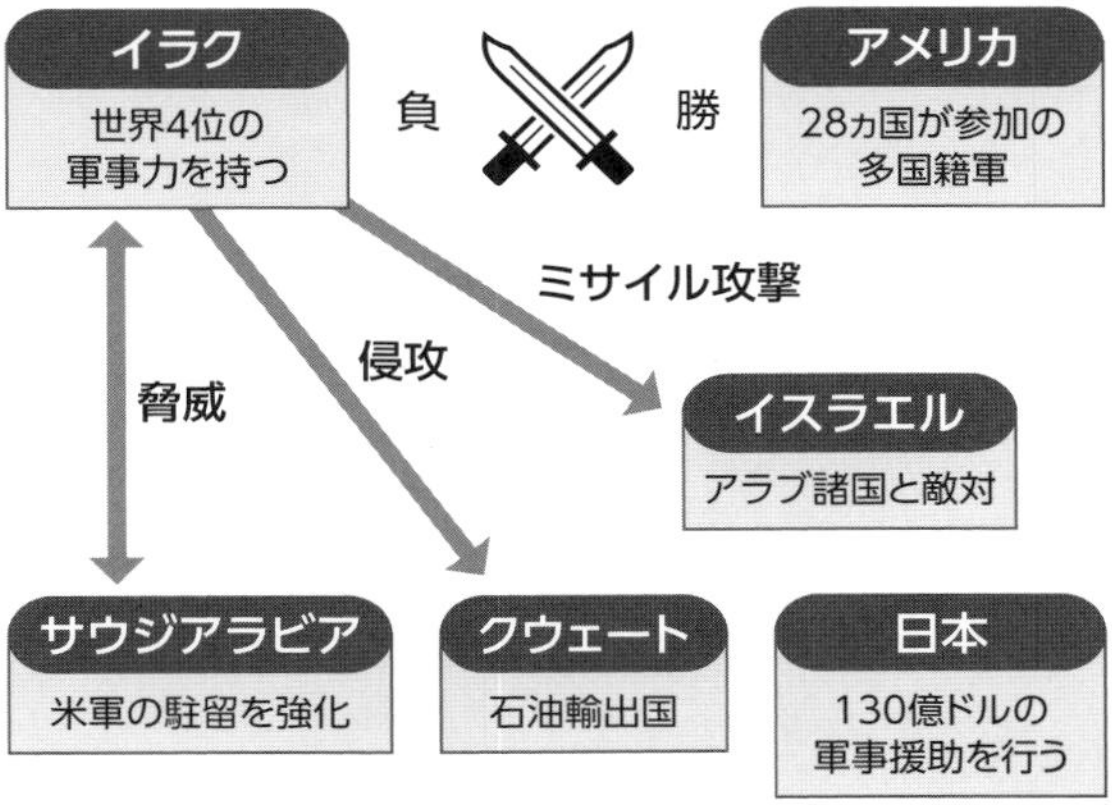

兵を出さない日本は、巨額の援助をしたにもかかわらず、世界から認められなかった。

金銭的な援助だけでは認められなかった日本

一方、**この戦争で衝撃を受けたのが日本**でした。日本政府は多国籍軍に130億ドルという巨額の援助を行いました。

後日、クウェートはイラクの軍事侵攻から救ってくれた世界30ヵ国の名を掲げて、米国の新聞に感謝の広告を掲載しました。ところが、そのなかに日本の名はありませんでした。**「血を流さない」援助**に対し、冷ややかだったのです。

日本は国際社会の恩恵を受けながら、イラクの蛮行に対して世界とともに行動しない、と見られたのです。憲法9条をめぐる議論や国際貢献のあり方が安保政策となって浮上したのは、湾岸戦争が原点だったのです。

ユーゴスラヴィア内戦

ボスニア=ヘルツェゴヴィナ紛争・１９９２〜１９９５年

民族と宗教が戦火を引き起こす

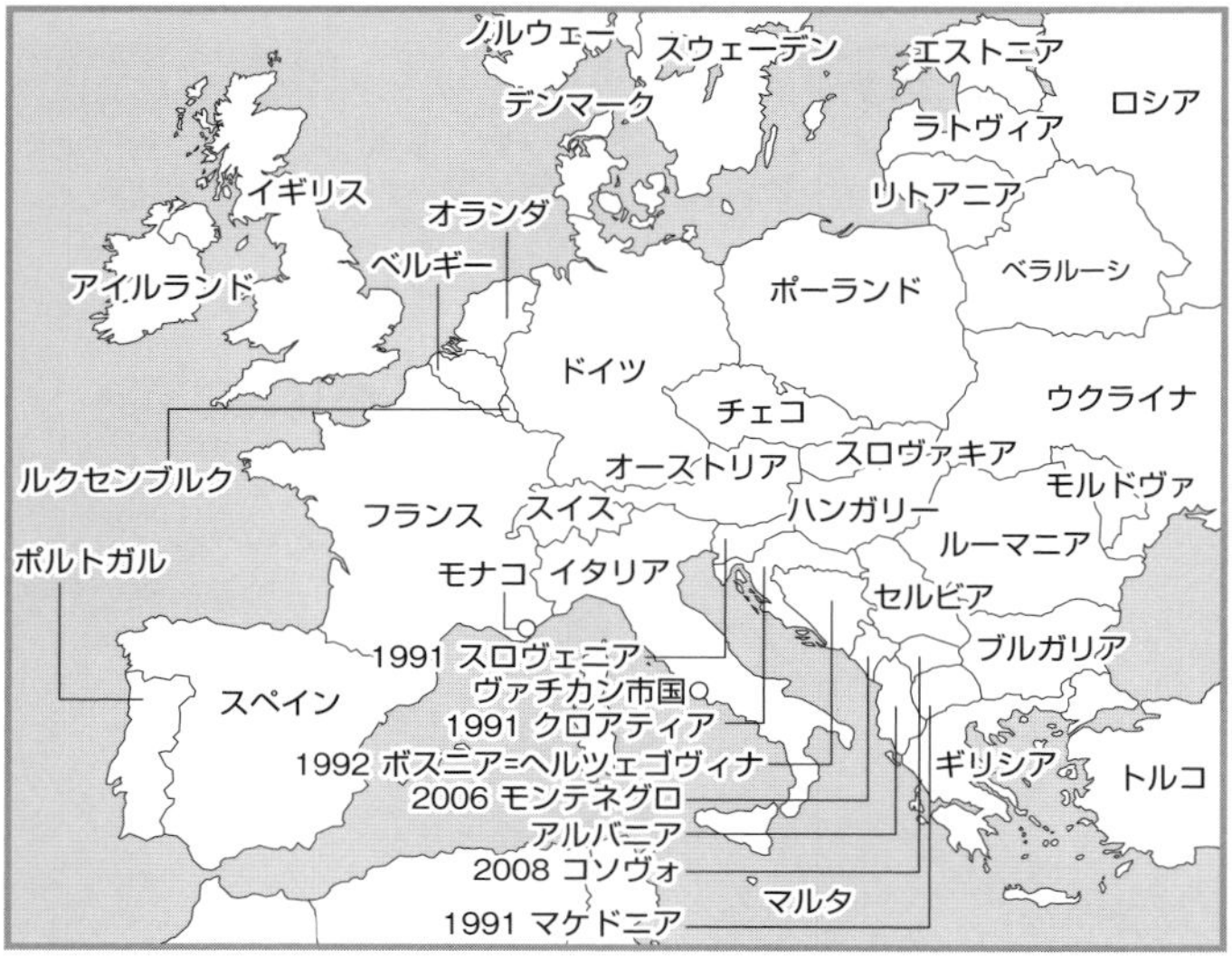

ノルウェー
スウェーデン
エストニア
ロシア
デンマーク
ラトヴィア
リトアニア
イギリス
オランダ
ベルギー
アイルランド
ポーランド
ベラルーシ
ドイツ
チェコ
ウクライナ
ルクセンブルク
オーストリア
スロヴァキア
モルドヴァ
フランス
スイス
ハンガリー
ルーマニア
ポルトガル
モナコ
イタリア
セルビア
ブルガリア
1991 スロヴェニア
ヴァチカン市国
スペイン
1991 クロアティア
1992 ボスニア=ヘルツェゴヴィナ
ギリシア
トルコ
2006 モンテネグロ
アルバニア
2008 コソヴォ
マルタ
1991 マケドニア

内戦の勃発 民族とは何なのか

湾岸戦争（１９９１年）が終わると、国家とは何か、民族とは何か、そんな問いかけが、内戦となって各地で噴出しました。

なかでも長期化したのが、6共和国連合の**ユーゴスラヴィア連邦**でした。ユーゴでは１９８０年、建国以来の指導者ティトーが亡くなると、連邦の求心力は低下していきました。

そして冷戦の終結と東欧革命の影響がユーゴに及ぶと、１９９１年民主化が進むなか、スロヴェニアとクロアティアが独立を表明します。

翌１９９２年、今度はボスニア=ヘルツェゴヴィナが独立。ところが、この国はユーゴ連邦の縮図のようなところで、**ギリシア正教（セルビア人）**、**カトリック（クロアティア人）**、**イスラーム教（ムスリム）**の三つの宗教が混在していました。

そこにもってきて、**セルビア人が隣国のセルビアと一緒になって、セルビア人の支配を打ち立てよう**と叫びます。

このためユーゴ内戦では、ボスニア=ヘルツェゴヴィナ紛争が、最も激しいものとなりました。そして、セルビア

●セルビア人とクロアティア人――民族浄化の戦い

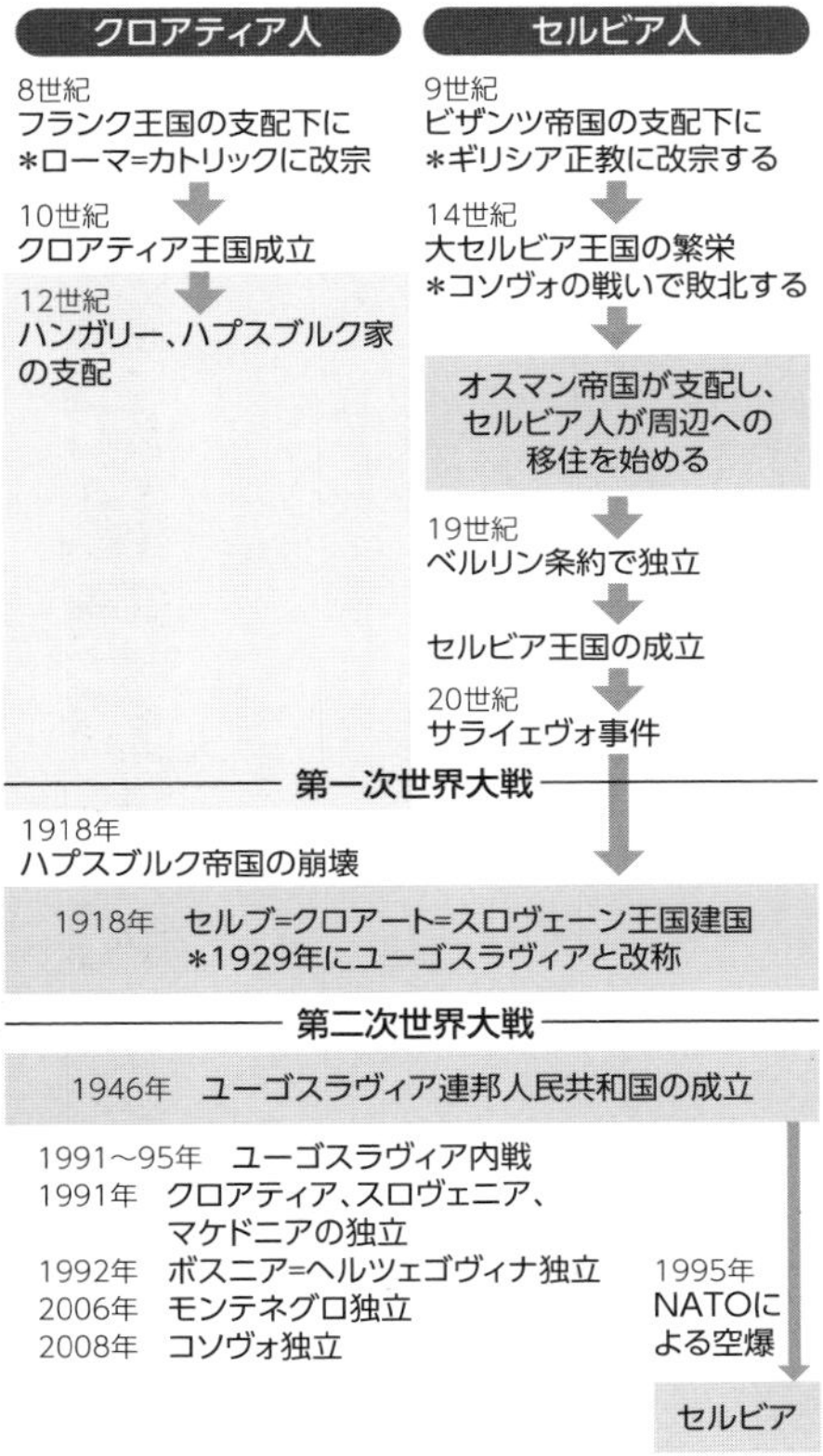

クロアティア人
8世紀
フランク王国の支配下に
*ローマ=カトリックに改宗
10世紀
クロアティア王国成立
12世紀
ハンガリー、ハプスブルク家の支配
セルビア人
9世紀
ビザンツ帝国の支配下に
*ギリシア正教に改宗する
14世紀
大セルビア王国の繁栄
*コソヴォの戦いで敗北する
オスマン帝国が支配し、セルビア人が周辺への移住を始める
19世紀
ベルリン条約で独立
セルビア王国の成立
20世紀
サライェヴォ事件
第一次世界大戦
1918年
ハプスブルク帝国の崩壊
1918年　セルブ=クロアート=スロヴェーン王国建国
*1929年にユーゴスラヴィアと改称
第二次世界大戦
1946年　ユーゴスラヴィア連邦人民共和国の成立
1991〜95年　ユーゴスラヴィア内戦
1991年　クロアティア、スロヴェニア、マケドニアの独立
1992年　ボスニア=ヘルツェゴヴィナ独立
2006年　モンテネグロ独立
2008年　コソヴォ独立
1995年
NATOによる空爆
セルビア

　セルビア人とクロアティア人は、ともにバルカン半島の同じスラヴ系民族。20世紀、この両者が中心となって、「ユーゴスラヴィア」（1918・王国、1946・連邦人民共和国）を建国しました。第二次世界大戦後は、カリスマ指導者ティトーの下で発展しましたが、1991年にユーゴは解体。翌年ボスニア内戦（1992〜95年）が起こります。ムスリム（イスラーム教徒の意）、セルビア人（ギリシア正教徒）、クロアティア人（カトリック教徒）が入り混じり、内戦は民族紛争へ。セルビアの支援を受けたセルビア人たちは、「民族浄化」の名の下に、異文化・異民族への集団暴行・殺害を徹底しました。セルビア人・クロアティア人・ムスリム人の3者がボスニア内の異民族を抹殺して自己の勢力圏を広げようとした悲惨な事態でした。

●民族問題

イタリア
スロヴェニア
ハンガリー
旧ユーゴ連邦
ルーマニア
クロアティア
新ユーゴ連邦（1992〜2003）
ボスニア=ヘルツェゴヴィナ
セルビア人共和国
ボスニア連邦
セルビア
モンテネグロ
コソヴォ
マケドニア
セルビア人
クロアティア人
アルバニア人
マケドニア人
ムスリム
スロヴェニア人
モンテネグロ人
混住地域

人が「民族浄化」を訴えて、ムスリムを虐殺するという蛮行を起こしました。

連邦からの独立
内戦と民族問題

　これをきっかけに1995年、**NATO（北大西洋条約機構）**軍による空爆がセルビア人勢力に対して行われます。セルビア人側は打撃を被り苦戦します。内戦は停止となり、ボスニア=ヘルツェゴヴィナは、クロアティア人とムスリムの「ボスニア連邦」と、セルビア人の「セルビア人共和国」のふたつの体制でひとつの国家としました。こうした合意で一応の終結を見ました。

　ユーゴ内戦の本質は民族問題。冷戦終結がそのタガを外すことになったのです。

アフガニスタン紛争　2001年

21世紀はテロとの戦争

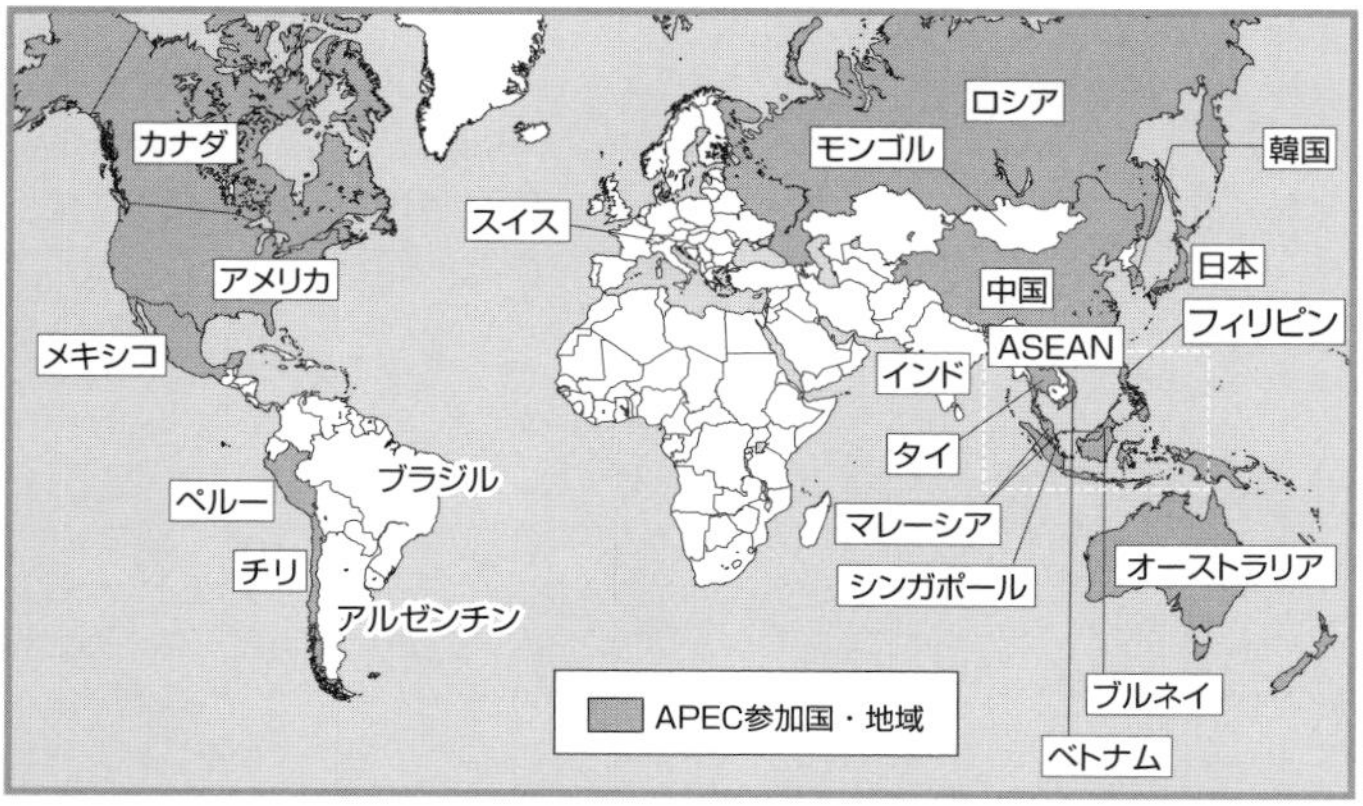

	NAFTA	EU	MERCOSUR	ASEAN
人口	4.9億人	5.1億人	3.0億人	6.5億人
GDP	23.4兆円	18.7兆円	2.6兆ドル	3.0兆ドル
貿易額	6.0兆ドル	12.8兆ドル	0.7兆ドル	2.9兆ドル

(2018年)

2001年9月11日。世界は衝撃に包まれた。

テロによる武力支配　過激派との戦争の開始

2001年9月11日のニューヨーク。110階建の世界貿易センター・ツインタワーにハイジャック旅客機が突っ込みました。炎と黒煙を噴き上げながら、二つのビルは崩れ落ちました。世界を恐怖のどん底に陥れた**9・11同時多発テロ**です。

アル・カーイダ※によるテロは、1991年の**湾岸戦争**と深く関わっています。当時イラクへの軍事制裁を進めるため、多国籍軍の中心となったアメリカ軍が、サウジアラビアに配備されます。欧米と中東の両雄が、タッグを

※アル・カーイダ…イスラーム教過激派のビン・ラーディンによってつくられた。アル・カーイダは基地の意味。

●アフガニスタンと武装組織

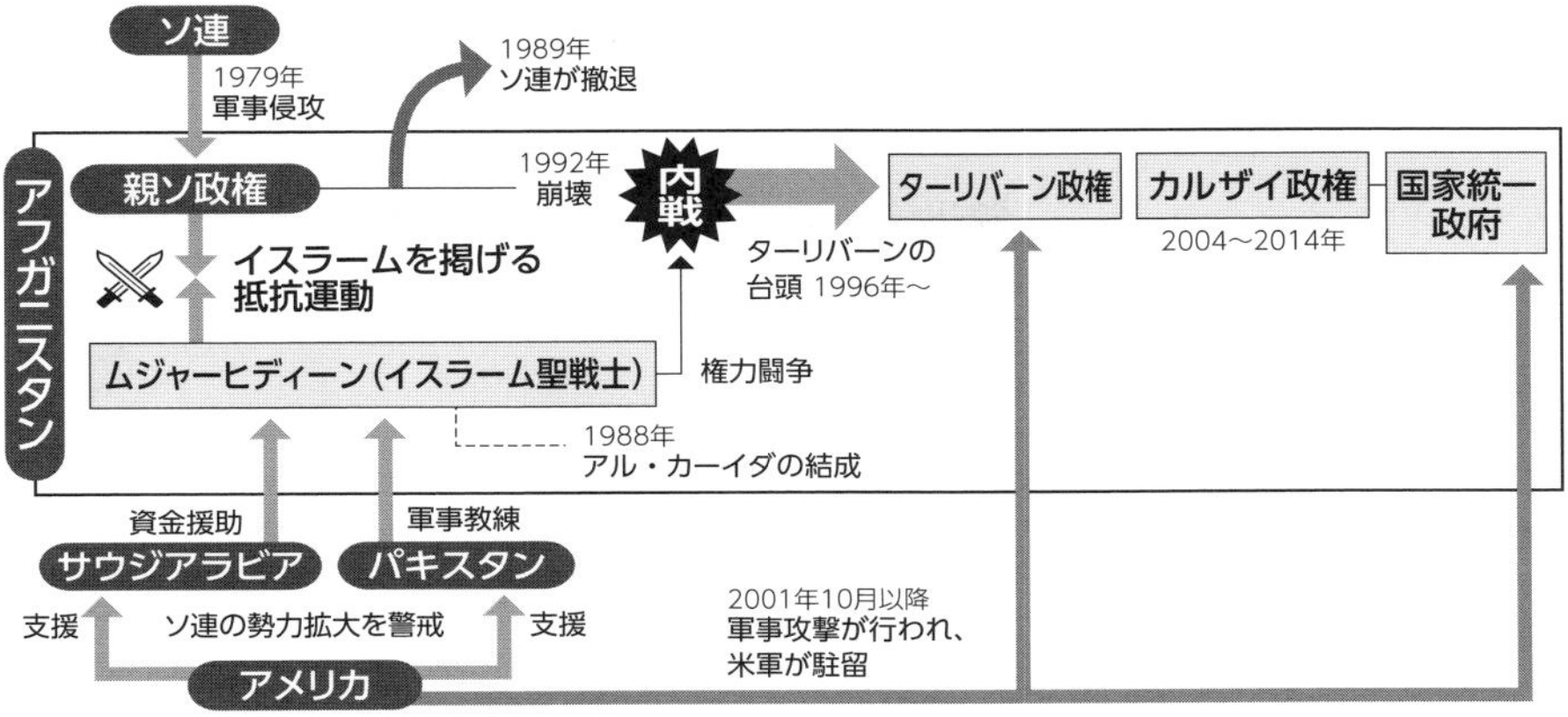
ソ連
1979年
軍事侵攻
1989年
ソ連が撤退
アフガニスタン
親ソ政権
1992年
崩壊
内戦
ターリバーン政権
カルザイ政権
2004〜2014年
国家統一政府
イスラームを掲げる
抵抗運動
ターリバーンの
台頭 1996年〜
ムジャーヒディーン（イスラーム聖戦士）
権力闘争
1988年
アル・カーイダの結成
資金援助
軍事教練
サウジアラビア
パキスタン
支援
ソ連の勢力拡大を警戒
支援
アメリカ
2001年10月以降
軍事攻撃が行われ、
米軍が駐留

バーミアーンの石仏破壊。

●ターリバーンの行動

ターリバーンとは「イスラーム神学を学ぶ生徒」という意味。最大の特徴は、近代文明を認めないことです。

女性はベールをかぶせられ、職に就くことや、教育を受けることは禁止。男はヒゲをはやすのが義務。ラジオ、テレビ、映画といったメディアは存在しません。欧米文化はダメということ。

世界文化遺産であるバーミアーンの石仏を木端微塵に爆破し、女子教育を認めないことに抗議した14歳の少女を銃撃しました。こうした行為は、世界を唖然とさせました。

組んでイラクに対抗したのです。

サウジアラビアには、**イスラーム教の聖地メッカ**があります。イスラーム教の教えを絶対視する原理主義者たちは、聖地が近代文明に汚《けが》されたと一方的に決めつけて、欧米世界を憎悪しました。加えて冷戦後の国際社会が、アメリカやEUによってリードされる傾向に憤慨し、その影響がイスラーム社会に染み渡るのではと警戒しました。

アル・カーイダは、こうした状況下でつくられました。彼らの活動拠点は、ターリバーン※が政権を握るアフガニスタン。ターリバーンはイスラーム教のもつ反近代性を強調します。聖像を爆破し、女性に学問は必要ないというのはその一例でしょう。

アメリカは2001年、同時多発テロの温床と見た**アフガニスタンへの攻撃**を開始しました。アフガニスタン紛争はこうして始まったのです。

※ターリバーン…イスラーム神学生たちの意。

クリミア半島はロシア固有の領土か

クリミア危機　2014年

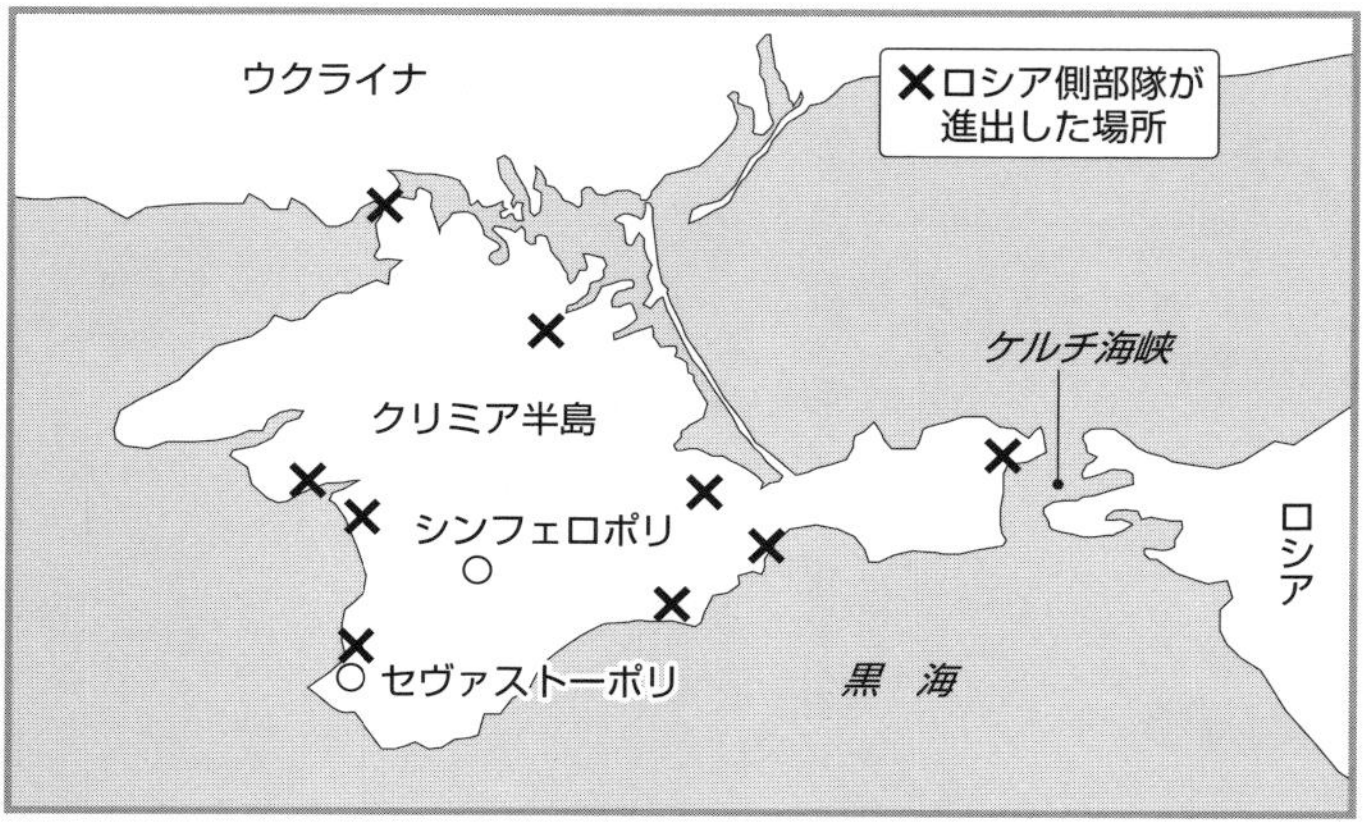
ウクライナ
✕ロシア側部隊が進出した場所
ケルチ海峡
クリミア半島
シンフェロポリ
ロシア
セヴァストーポリ
黒　海

ロシアによる軍事侵攻 クリミア半島はどこの土地？

2014年2月、世界は冷戦時代に戻ったかのようでした。**「クリミア危機」**の勃発です。

ロシア軍がウクライナ共和国のクリミア半島を占領したのです。場所は地中海に通ずる黒海北岸。「クリミア半島はロシア固有の領土。誰にも渡さない」。ロシアの強い意志を世界に轟《とどろ》かせるものでした。

この軍事行動に対して、アメリカやヨーロッパは、声をそろえて非難します。が、各国には温度差がありました。ロシアとの経済関係がネックになったのです。このため、非難以上の行動をとることはありませんでした。そのため、クリミア半島では、今もロシアの実効支配がまかり通っています。

ウクライナの立ち位置 現在の状況

クリミア危機は一見突発的のように思えますが、世界史と深く結びつくものでした。

そもそもクリミア半島は1792年、**ロシアがオスマン帝国から奪い取ったもの**でした。世界に出るための拠点、つまり**「凍らない港＝不凍港」**を求めたからです。以来、この地には多くのロシア人が移り住みます。

●ロシア語を話す住民

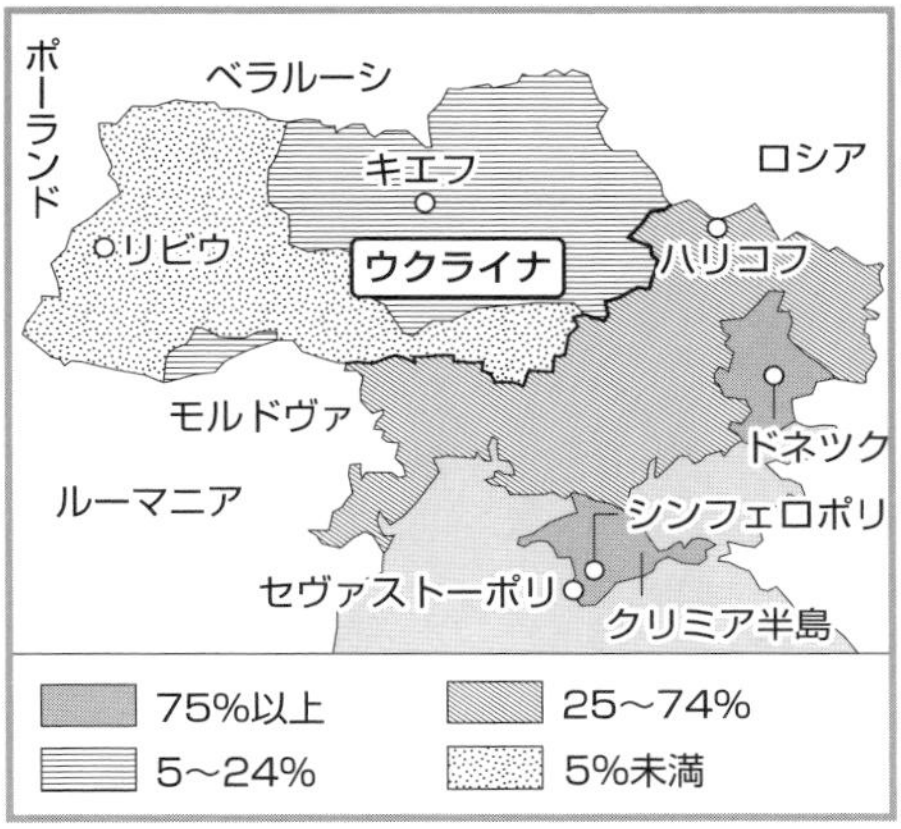
ポーランド
ベラルーシ
キエフ
ロシア
リビウ
ウクライナ
ハリコフ
モルドヴァ
ドネツク
ルーマニア
シンフェロポリ
セヴァストーポリ
クリミア半島
75%以上
25〜74%
5〜24%
5%未満

●クリミア戦争とトルストイ

『戦争と平和』などで有名な、19世紀のロシア文学を代表する文豪トルストイは、クリミア戦争で軍人として激戦地となったセヴァストーポリに赴いた。

人物に迫る!

ナイティンゲール

（1820〜1910年）

ナイティンゲールはクリミア戦争（1853〜56年）で、負傷兵の救護に走りまわり、看護師の地位を築いた女性。そして近代的な病院を考案した先駆者でもあります。負傷兵の収容施設の風通しをよくし、菌の繁殖を防ぎました。病室の壁も白いペンキで塗り替え、衛生的な環境を整えます。

1857年インド大反乱では、インドの衛生状態の悪さを訴えて、英兵士と現地人の健康問題を取り上げ、インド公衆衛生局の設立に貢献しました。

そして１９５４年になって、ロシアは現ウクライナ共和国にクリミア半島を譲ります。当時ソ連の一員だったウクライナを、ロシアの影響下に置くためでした。

しかし１９９１年には、ソ連がなくなってウクライナがひとつの国家として独立しました。そしてロシアよりもＥＵとの関係が重視されると、ロシアはそんなことは認めないという立場を鮮明にします。ロシアの軍事侵攻が起こったのは、こうした状況でのことでした。

２０１４年３月、ロシア人が多数を占めるクリミア半島で、住民投票が行われ、**ロシア領編入**が決定されました。

あとがき　～H氏を思う～

学生時代、国際政治史という授業にハマった。不勉強な著者には大変刺激的だった。特に興味深かったのは、1950年前後の東アジア事情。具体的には「共産中国の成立と朝鮮戦争」だ。

毛沢東は、建国間もないときに朝鮮戦争に参戦。これから自分の国をつくらなければならないときに、100万人の軍隊をつぎ込んだ。そんなことしている場合かよ……中国、余裕あるな、くらいにしか思わなかった。

朝鮮戦争の真相が明らかになったのは、冷戦が終わった1990年代のこと。その解明に生涯をかけて取り組んだ人物がいた。在野の日本人研究者H氏だ。米軍は朝鮮戦争で北朝鮮から大量の文書を持ち帰っている。それがワシントンにある国立公文書館（アーカイブス）に保管されていた。

H氏は定年前に仕事先を辞め、退職金をつぎ込んで渡米した。お会いしたとき、「現地に安アパートを借りて、公文書館に日参しましたよ」と話してくれたことを今でも思い出す。後年、その成果は報われ、文藝春秋から刊行された。

その内容に世界中が驚いた。朝鮮戦争は北朝鮮側で準備された、韓国に侵攻するという一大プロジェクトだったことが生々しく描かれていたからだ。今では高校の歴史教科書にも載っている「常識」が、戦後長い間、常識ではなかった。著者もその時代に高校生活をおくった一人だ。これが現代史の怖さである。特に戦争に絡んだものはそうだ。

北朝鮮・ソ連・中国という共産党独裁国家は、ウソをつき、世界をだましてきた。国家がフェイクの歴史をつくる――むしろ、その衝撃のほうが大きかった。

H氏は、戦争を憎み、戦争史を自分たちに都合よく描きあげ、善良な世界の人々をだます国家と権威を嫌った。H氏は名実ともに、私財をなげうって、戦後アジアの戦争史研究にのめり込んだ。とても情熱だけではできない。そのH氏が鬼籍に入られたことを最近、知らされた。H氏の偉業とはほど遠いが、本書を見たら、なんて、仰っただろうか。

祝田秀全（いわた　しゅうぜん）
東京出身。歴史学専攻。東京外国語大学アジア・アフリカ言語文化研究所研究員を経て、予備校と大学の両方で講師を務める。主な著書は『２時間でおさらいできる 世界史』『２時間でおさらいできる世界史〈近・現代史篇〉』（ともに大和書房）、『エリア別だから流れがつながる世界史』（朝日新聞出版）、『東大生が身につけている教養としての世界史』（河出書房新社）、『銀の世界史』（筑摩書房）など多数。趣味は古典落語鑑賞。夢はカリブ海のとある島に行って、収穫されたコーヒー豆のなかで溺れながら、コーヒー三昧すること。

参考文献>>>>>

■**『銀の世界史』** 祝田 秀全（著）／筑摩書房
■**『興亡の世界史 地中海世界とローマ帝国』** 本村 凌二（著）／講談社
■**『イエス・キリスト』** 土井 正興（著）／三一書房
■**『興亡の世界史 モンゴル帝国と長いその後』** 杉山 正明（著）／講談社
■**『コーヒーが廻り 世界史が廻る』** 臼井 隆一郎（著）／中公新書
■**『興亡の世界史 イスラーム帝国のジハード』** 小杉 泰（著）／講談社
■**『興亡の世界史 近代ヨーロッパの覇権』** 福井 憲彦（著）／講談社
■**『ヨーロッパ近代史』** 君塚 直隆（著）／筑摩書房
■**『日本近現代史講義』** 山内 昌之・細谷 雄一（編著）／中央公論新社
■**『北の詩人』** 松本 清張（著）／中央公論社
■**『民族問題入門』** 山内 昌之（著）／中央公論社
■**『英霊の聲』** 三島 由紀夫（著）／河出書房新社
■**『サイパンから来た列車』** 棟田 博（著）／TBSサービス
■**『戦後史入門』** 成田 龍一（著）／河出書房新社
■**『1969新宿西口地下広場』** 大木 晴子・鈴木 一誌（編著）／新宿書房

装幀　石川直美（カメガイ デザイン オフィス）
本文デザイン　小幡ノリユキ
ＤＴＰ・地図制作　中央制作社
イラスト　宮下やすこ
編集協力　ヴュー企画（野秋真紀子／志田良子）
編集　鈴木恵美（幻冬舎）

知識ゼロからの戦争史入門

2020年３月５日　第１刷発行

著　者　祝田秀全
発行人　見城 徹
編集人　福島広司
編集者　鈴木恵美

発行所　株式会社 幻冬舎
〒151-0051　東京都渋谷区千駄ヶ谷4-9-7
電話　03-5411-6211（編集）　03-5411-6222（編集）
振替　00120-8-767643
印刷・製本所　近代美術株式会社

検印廃止

ISBN978-4-344-90343-2 C2095
Printed in Japan
幻冬舎ホームページアドレス　https://www.gentosha.co.jp/
この本に関するご意見・ご感想をメールでお寄せいただく場合は、comment@gentosha.co.jp まで。